비혼입니다만,
그게 어쨌다구요?!

Original Japanese title: HIKON DESUGA, SORE GA NANIKA!?
Copyright © 2015 Chizuko Ueno, Kiriu Minashita
Original Japanese edition published by Business-sha Ltd.
Korean translation rights arranged with Business-sha Ltd.
through The English Agency (Japan) Ltd. and Danny Hong Agency.
Korean translation copyright © 2017 by Dongnyok Publishers

비혼입니다만, 그게 어쨌다구요?!
결혼이 위험 부담인 시대를 사는 이들에게

초판 1쇄 펴낸날 2017년 1월 16일
초판 4쇄 펴낸날 2020년 3월 10일

지은이 우에노 지즈코·미나시타 기류
옮긴이 조승미
펴낸이 이건복
펴낸곳 도서출판 동녘

전무 정낙윤
주간 곽종구

전무 정락윤
주간 곽종구
편집 구형민 정경윤 박소연
영업 권지원
관리 서숙희 이주원

교정 김지영
인쇄·제본 영신사 **라미네이팅** 북웨어 **종이** 한서지업사

등록 제311-1980-01호 1980년 3월 25일
주소 (10881) 경기도 파주시 회동길 77-26
전화 영업 031-955-3000 편집 031-955-3005 **전송** 031-955-3009
블로그 www.dongnyok.com **전자우편** editor@dongnyok.com

ISBN 978-89-7297-859-6 03300

비혼입니다만,
그게 어쨌다구요?!

결혼이 위험 부담인 시대를 사는 이들에게

우에노 지즈코 · 미나시타 기류 지음

조승미 옮김

동녘

일러두기

1. 한국어판의 전반적인 분위기와 한국적 맥락에 맞추기 위해 일부 장 제목과 소제목을 수정하였다.

2. 원서의 1장에는 도표 및 그래프가 삽입되어 있으나, 없어도 내용을 이해하는 데 지장이 없고, 오히려 가독성을 저해할 수 있다는 판단 하에 한국어판에는 넣지 않았다.

3. 단행본과 잡지 및 전시회 이름은 《》 안에, 단편소설·시·영화·만화책·애니메이션 등은 〈 〉 안에 넣어 표기하였다.

4. 본문에 나오는 단행본이 국내에서 번역 출간된 경우 국역본의 제목을 따랐으며, 원서 명의 병기를 생략하였다. 단, 245쪽에 나오는 《응석의 구조》 같은 경우 국역본 제목은 《아마에의 구조》이나 옮긴이의 판단을 존중하여 《응석의 구조》로 표기하였다.

5. 각주와 ()안의 주는 옮긴이의 것이며, 간혹 각주가 원서의 주일 경우 [원주]라고 표시해주었다.

추천의 말 결혼은 하나의 문일 뿐이다

이민경 (《우리에겐 언어가 필요하다》 저자)

"그렇게 말하는 사람이 제일 먼저 간다?" "나중에 정말 마음에 드는 사람을 만나도 절대로 결혼을 안 하겠다고?" "기왕이면 결혼을 하는 게 좋지, 굳이 안 할 이유는 뭐야?"

결혼할 생각이 없다는 말에 따라붙는 질문은 늘 한결같다. 상상력의 빈곤일까, 인생의 당연한 수순이니까 해야 한다는 믿음을 빼면 결혼할 이유가 남지 않아서일까. 막상 결혼해서 뭐가 좋았느냐는 반문에는 그럴듯한 대답을 들은 적이 없다.

영원히 업데이트될 생각이 없어 보이는 따분한 질문과는 달리, 들려오는 대답은 하루가 멀다 하고 달라진다. 최근 2년 새에 한국 사회에서 경제적인 이유와 무관한 동기로 비혼을 결심한 여성이 폭발적으로 증가한 것만 봐도 그렇다. 출생률 감소와 비혼 인구 증가는 어제 오늘 일이 아니지만, 이 현상은 삼포세대라는 표현이나 경제적 부담으로 인한 기피라는 기존의 진단만으로는 결코 설명될 수 없다는 점에서 또 새롭다. 2015년 초를 기점으로 페미니즘이 열풍처럼 불어닥치면서 여성들의 젠더 의식이 한층 진화했으나 결혼 제도는 같은 자리에 머물러 있다. 여성들은 이제 결혼으로 자신이 어떤 위치에 놓일지 잘 아는 동시에 그걸 당연하게 생각하지 않는다. 그 뿐 아니다. 나만은 다른 결혼 생활을 할 수도 있다는 환상을 품는 대신, '예외'라는 단어의 뜻을 새삼스레 곱씹기 시작했다. 물론 경제가 나아지면 결혼율이 다소 오를 것이나, 때에 따라 부침을 거듭하기 마련인 경제와 달리 낡아버린 제도는 시간이 지날수록 점점 더 낡아갈 뿐이다.

결혼은 사실 하나의 문에 불과하다. 결혼하지 않고 싶어졌다면 열려 있던 문을 닫아두는 것뿐이라고 말하자. 이유는 단순하다. 닫고 싶기 때문이다. 아마 닫으려는 문틈에 잽싸게 발을 끼우고, 혹시 모르니 열어둔 채로 두라거나 나중에 도로 열고 싶어지면 어쩔 것이냐고 묻는 이들이 나타날 것이다. 답도 간단하다. 그때 가서 도로 열면 그만이다. 등쌀에 못 이겨 잠자코 있다 보면 당연히 해야 할 결혼을 하지 못한 사람 취급을 받게 될 테니, 결혼하고 싶지 않으면 않은 대로, 결정하지 못하면 못한 대로 분명하게 의사를 표현하자. 마침 비혼 인구도 늘어났겠다, 비혼 의지를 전할수록 남의 문지방에 뜬금없이 발을 들이미는 이들이 줄어들 것이라 낙관해본다.

이제 결혼이 유일한 답이 아니라는 건 확실해졌다. 문제는 대신 내어놓을 답이 명확하지 않다는 것이다. 현실이 막막할수록 불안감은 커지는데, 불안은 시야를 좁아 들게 만든다. 결혼하지 않은 사람의 수가 절대적으로 늘어난 지금은, 자기 안에 예고 없이 찾아드는 불안과 싸워야 할 때다. 싸워야 하는 이유는 간명하다. 한국 사회에 결혼 제도의 한계를 보완한 그럴듯한 대안이 생긴다면, 결혼하지 않는 삶을 뒷받침할 또 다른 번듯한 문들이 생긴다면, 나는 그것을 오늘날의 우리가 만들어냈으리라고 믿기 때문이다. 그러니 그날이 오

비혼입니다만, 그게 어쨌다구요?!

도록 하기 위해 결혼할 수도 결혼하지 않을 수도 없는 지금을 잘 견뎌야 한다. 상상력도 부지런히 키워야 한다.

오지 않은 사회를 상상하기 위해서는 다른 사회를 살펴보는 게 도움이 된다. 우리와 닮은 듯 다른 일본 사회를 다룬 《비혼입니다만, 그게 어쨌다구요?!》가 상상력을 지피는 좋은 연료가 되어줄 것이다. 결혼하지 않는 사회는 낭만과 관계와 사랑이 사라진 사회가 아니라 그저 결혼이 사라져가는 사회다. 나와 마찬가지로 두 사회학자가 결국 하고 싶은 말은 이 한 마디다. 결혼을 선택한 이에게도 이 말은 평등하게 적용된다. 무엇보다 결혼하지 않아도 정말 괜찮을지, 그래도 결혼 말고는 미래를 그릴 방법이 없는 게 아닐지 고민하고 있다면, 대담이 어떻게 이 한 마디를 향해 가는지 따라가보기를 권한다. 막연하게 들어앉은 불안감이 잦아드는 걸 느낄 수 있을 것이다. 관습에 사로잡히기를 거부하며 용기 낸 우리, 불안에도 잠식되지 말자.

일본과 한국은 여러 면에서 닮았습니다. 일본에서 일어난 사회 변화가 단시간에 응축되어 나타나는 것이 한국 사회의 특징이 아닐까 합니다. 일본에서 일어난 고령화·저출산화·비혼화 같은 동향도 지금 한국에서 일어나고 있는 현상입니다. 일본에서는 생애 미혼자*가 늘어났는데 최근 통계를 보면 남성의 20퍼센트, 여성의 10퍼센트가 생애 미혼자입니다. 지금 30대인 남녀의 생애 미혼율은 앞으로 20년 후, 지금의 30대 남녀가 50대가 되어야 알 수 있지만 인구학자들은 남성 세 명 당 한 사람, 여성 다섯 명 당 한 사람이 생애 미혼자가 될 것으로 예측하고 있습니다. 저를 포함해 2차 세계대전 후 베이비붐 세대의 생애 미혼율이 5퍼센트 이하인 점을 생각해보면 변화가 큽니다.

일본인의 누적혼인율이 97퍼센트에 달했던 때는 1960년대 중반입니다. 100퍼센트에 가까우므로 모두가 결혼하던 '전원 결혼 사회'라 부릅니다. 이러던 게 이제 반세기만에 인구 다섯 명당 한 사람이 결혼하지 않는 '비혼 사회'로 바뀌었습니다.

'고령 사회를 좋게 하는 여성의 모임高齡社会をよくする女性の会'** 대

---

* 50세까지 한번도 결혼한 적이 없는 사람.

표 히구치 게이코樋口惠子는 "한 세대가 지나면서 일본인은 결혼을 아주 좋아하던 민족에서 결혼하지 않는 민족으로 변했다"라고 했습니다. 히구치 대표를 만났을 때 저는 "요즘 젊은이들이 결혼을 하지 않게 된 것은 히구치 대표를 포함해 이전 세대가 한 결혼이 하나도 행복하게 보이지 않아서겠지요?"라고 조심스럽게 물은 적이 있습니다. 히구치 대표는 즉각 "그렇고 말고요"라고 답했습니다.

긴 세월 동안 여성에게 결혼이란, 하지 않으면 살 수 없는 생활 보장재였습니다. 적어도 여성에게는 여성이 결혼하지 않아도 살 수 있는 사회, 이혼을 자유롭게 선택할 수 있는 사회가 그렇지 않은 사회보다 훨씬 더 살기 편한 사회라 할 수 있습니다.

그런데도 여성은 항상 결혼하라는 압력을 받습니다. 결혼하지 않은 여자는 결함이 있든지 규격에서 벗어난 사람 취급당합니다. 결혼한 여자는 남자에게 선택을 받은 여자, 여자로서 성공한 일종의 승자로 여겨집니다. 아무리 여성이 사회에 공헌하더라도 결혼해서 어머니가 되지 않는 한, 여성으로서 '제구실'을 하는 어엿한 어른으로 대접받지 않습니다. 우리는 이런 사회에 살고 있습니다.

작가 사카이 준코酒井順子는 비혼 여성인데, 자신을 포함해 결혼하지 않고 아이를 낳지 않는 여자를 자학하듯 '마케이누負け犬(패배한 개)'라고 불렀습니다. '패배한 개'란 말에는 패배한 척 하지만 실은 전혀 패하지 않은, 비혼을 선택한 싱글 여성의 자긍심이 들어 있기도 합니다. 2003년 사카이 준코 씨가 쓴 에세이《서른 살의 그녀, 인

•• 1989년 일본 교토에서 페미니스트 여성들이 발족한 모임. 성평등한 고령사회를 만드는 것을 목표로, 여성이 그간 주로 가족의 돌봄을 도맡아온 역할에서 벗어나 고령사회의 문제를 조사, 연구하고 관련 정보를 수집하는 등으로 활동하고 있다.

생을 논하다》(사카이 준코 지음, 김경인 옮김, 홍익출판사, 2003)***는 한국 어와 중국어로 번역 출간됐습니다. 이후 사카이 준코 씨는 한국·중 국·일본의 비혼 여성을 비교한 조사를 했습니다. 서울·상하이·도쿄 이렇게 세 도시에 사는 여성을 각 200명씩 설문 조사했습니다. 여기 에 인터뷰 조사를 더해서 2012년에 사카이 준코 씨는《유교와 패배 한 개儒教と負け犬》라는 책을 썼습니다. 한국·중국·일본 어느 나라건 비혼 여성은 시골에서 살기가 힘들어서 대도시권에 많이 살고 있다 고 합니다. 그래서 사카이 준코 씨는 도시 거주 여성만 조사 대상으 로 했다고 합니다. 썩 괜찮은 조사 방법입니다.

동아시아 유교 문화권은 한자 문화권이기도 한데, '패배한 개'의 번역어가 미묘하게 다릅니다. '패배한 개'를 한국어로 번역하면 '노 처녀', 중국어로 번역하면 '위뉘余女(남은 여자)'입니다. 듣고서 아주 많이 웃은 번역어는 대만에서 쓰인다는 '바이추엔뉘왕敗犬女王'이었 습니다. 패배한 개로 여겨지나 실은 자신감으로 가득한 싱글 여성이 껄껄 웃는 소리가 생생히 들리는 듯한 말입니다. 제가 2011년에 쓴 책《싱글, 행복하면 그만이다》(우에노 지즈코 지음, 나일등 옮김, 이덴슬리 벨, 2011)가 대만에 번역 출간됐을 때 '싱글'은 '다링뉘싱大齡女性(나이 많은 여성)'으로 번역됐습니다. 나이 많은 비혼 여성을 정상적으로 보 지 않는 문제가 대만에도 있다고 들었습니다.

그런데 싱글로 혼자 지내는 게 대체 뭐가 문제일까요? 도대체 누 가 문제로 만들고 문제시하고 있을까요? 혼인율이 낮아지는 것은 세

••• 이 책에서 사카이 준코는 결혼과 출산을 하지 않고 서른이 넘은 여성이 사회적으로 성공해도 주위에서 실패한 것으로 보고, 자신도 실패자로 여기고 자학한다며 미혼 여성을 비난하는 세태를 꼬집고 미혼 여성을 응원했다.

계사적인 추세입니다. 일본도 한국도 예외는 아니라고 할 수 있습니다. 그래서 이 책의 제목을 "비혼입니다만, 그게 어쨌다구요?!"라고 붙였습니다.

대담을 같이 한 미나시타 기류 씨는 열정이 넘치고 명석한 젊은 사회학자입니다. 결혼하고 출산했는데 남편이 육아를 잘 하지 않아서 어려움을 겪었습니다. 미나시타 기류 씨의 이야기를 들으며 저는 '젊은 부부도 전과 다르지 않고, 더군다나 아내가 페미니스트여도 그런가' 싶어서 암담한 기분이 들기도 했습니다. 이런 상태라면 여성이 결혼을 매력적으로 보지 않더라도 하는 수 없는 일입니다.

혼인율 감소와 출생률 감소는 연동하지 않습니다. 저출산 문제로 고민하는 일본은 젊은이들의 구혼 활동을 장려하고 있지만, 결혼하지 않고서 아이를 낳는 건 안 된다고 하는 사회가 문제입니다. 저출산이 문제라고 보고 잘 대처한 여러 선진국 가운데는 법률혼 밖에서 태어난 아이의 출생률이 신생아 출생률의 절반을 넘는 나라가 여럿 있습니다. 싱글맘이더라도 안심하고 아이를 키울 수 있게 된다면 아이를 낳는다는 게 이미 증명됐습니다. 페미니즘은 오랜 시간 동안 여성이 혼자서도 아이를 낳고 기를 수 있는 사회를 주장해왔습니다.

이 책이 한국 독자 여러분의 공감을 받을 수 있기를 바랍니다. 다만 이 책에 공감한다면 사실 일본과 한국이 얼마나 살아가기 힘든 사회인지를 알아차렸기 때문이라 할 수 있겠지요. 그래서 다소 맥이 빠지는 것도 사실이지만, 서로의 경험으로 더 배우고, 서로 격려하며 나아갈 수 있다면 정말 기쁘겠습니다.

우에노 지즈코

한국의 독자 여러분, 이 책을 읽어주셔서 정말 고맙습니다. 이 책 제목에 끌리셨나요? 제목 중 '비혼'이라는 단어에 어딘가 짚이시는 부분이 있었나요? 결혼하지 않은 것을 보통 미혼이라고 하는데, 미혼이란 말에는 '아직 결혼하지 않았다, 결혼을 하는 게 당연하다, 지금은 아니더라도 언젠가 결혼할 것'이라는 시각이 들어가 있습니다.

1950년대 중반에서 1970년대 초반까지 고도 경제성장기에 일본인의 혼인율은 크게 올랐습니다. 절정일 때는 혼인율이 100퍼센트에 가까웠습니다. 유럽이나 미국과 비교해도 높았습니다. 이런 시기를 당연하게 여기는 사람들은 요즘처럼 젊은이들이 결혼을 하지 않게 된 게 심각한 문제라고 생각합니다. 특히 인구가 줄어드는 것을 걱정하는 이들은 젊은이들이 결혼을 안 해서 저출산이 심화된다고 비판합니다. 그렇지만 이런 현상이 과연 젊은이들 탓일까요? 저는 의문이 듭니다.

젊은이들의 결혼을 가로막는 두 가지 장벽이 있습니다. 첫째, 연애에 뛰어드는 것에 대한 장벽입니다. 오늘날 일본의 젊은이들은 결혼을 전제로 연애 관계를 맺지 않습니다. 일본의 독신자 조사통계(국립사회보장·인구문제연구소의 출생동향 기본조사)를 보면, 2015년 독신인 18-34세 남녀 중 애인이 없는 사람이 남성은 전체 가운데 70퍼센트, 여성은 60퍼센트입니다. 그 이유는 연애가 귀찮아서입니다. 물론 연애는 일이나 학업과 달리, 시간을 투입하거나 비용을 쓰고 수고를 해도 꼭 열매를 맺고 기대한 효용을 얻을 수 있다고는 할 수 없는 것이죠. 연애 말고도 즐거운 일, 보람을 느낄 수 있는 일이 있다고 생각하는 사람들이 늘어나도 이상할 것은 없습니다.

둘째, 경제적 측면입니다. 결혼이나 출산으로 가족을 만드는 데에 돈이 너무 많이 들어서입니다. 일본은 아직까지도 결혼하고서 출산한다는 규범이 강고한데, 첫 아이 출산 후에 여성의 60퍼센트가 이직을 합니다. 그래서 남성이 혼자 벌어서 처자식을 부양할 만큼 소득이 없으면 결혼하지 않습니다. 또 한국과 마찬가지로 GDP국내총생산 대비 교육비의 가계 지출 비율이 정말 높습니다. 출산과 육아를 거쳐 아이가 고등교육을 받을 때까지 가계의 부담이 무겁습니다.

이 두 가지 장벽을 넘는 것이 어렵습니다. 지금 일본의 젊은이들에게는 "자신의 의사대로 자유롭게 연애결혼을 하라. 단 조건이 맞는 사람하고, 적절한 나이에"라는 식의 명제가 부과된다고 할 수 있습니다. 이런 명제에 따르기가 매우 어렵습니다. 원래 연애 감정이란 건 스스로 제어하기가 어렵죠. 또 결혼은 차치하고서, 순수하게 연애 감정만 우선시하다 보면 결혼 못 하는 '패배자 그룹'에 들어간 것처럼 여겨집니다. 그렇다고 해서 조건을 맞춰 결혼하려 하면 눈이 높다고 합니다. 어항 속 물고기처럼 처음부터 어느 정도 선별된 환경 속에서 차려진 밥상과 같이 연애를 하는 것만 옳다고 한다면, 많은 사람들은 이런 '올바른' 연애에서 탈락합니다.

2016년 일본에서 '저속한 불륜ゲス不倫'이란 말이 크게 유행했습니다. 이 말은 싱글인 여성 배우와 록 밴드 보컬인 기혼 남성이 불륜을 하자, 남성의 록밴드 이름인 '저속하기 그지없는 소녀ゲス極みの乙女'에서 따와서 붙인 것입니다. 2016년 일본에는 연예인의 불륜에 관한 보도가 많았습니다. 이런 보도 가운데서 어항 속 물고기처럼 하는 결혼 이외의 연애 관계에 대한 대대적인 비난을 찾아볼 수 있습니다. 어쩌면 사람들에게 '올바른 결혼'에 대한 믿음, '올바른 연애'에 대한 마치 종교와도 같은 신앙이 있는 것 같다는 생각이 들었습니다. 한국에서는 어떤가요?

이런 '올바른 결혼'에 대한 시각에서 보자면, 이 책에서 논한 '비혼'에 관련된 내용은 이단자와 같다고 할 수 있습니다. 그렇지만 비혼자 층은 점점 수가 늘면서 세력을 키워가고 있기도 합니다. 다양한 삶의 방식이 존중받아야 하지만, 이런 독단적인 신념dogma이 많은 사람들에게 갑갑한 인생을 살도록 강요합니다. 이런 사회 속에서 "비혼입니다만, 그게 어쨌다구요?!" 하고 받아치기가 얼마나 힘들까요. 이 책에서 저는 비혼 여성의 대선배 우에노 지즈코 선생님의 생각을 들으며 비혼에 대한 여러 가지 의문을 던져봤습니다. 어떻게 살 것인지 고민하고 계신 분들, 사회에 의문을 가진 분들께 조금이나마 참고가 될 수 있다면 정말 좋겠습니다.

미나시타 기류

너 나 할 것 없이 결혼하던 시대는 끝났다. 아마도 나중에 후세 사람들은 모두 결혼하던 시대가 한시적이었고, 이상했다고 할 것이다. 젊은 남녀가 결혼하지 않는다, 이것이 뭐 그렇게 잘못되었는가.

사회가 젊은 남녀의 결혼에 관심을 두는 것은 젊은 남녀가 아이를 낳아줬으면 하는 바람 때문이다. 일본에서는 결혼과 출산이 밀접하게 연관되어 결혼하면 곧 아이를 낳을 것으로 기대한다. 거꾸로 결혼하지 않으면 아이를 원해도 낳지 말아야 한다고 생각한다. 일본 사회에서 남자에게 속하지 않은 여자는 아이를 낳고 기를 자유가 없는 것이나 마찬가지다.

사회가 진짜 관심 있는 것은 비혼이 아니라 저출산이다. 국가의 부富가 저출산으로 인해 감소하기 때문이다. 하지만 결혼도 출산도 남녀 한 사람 한 사람의 개인적인 선택에서 비롯된다. 국가나 사회를 위해 아이를 낳는 것은 아니라는 소리다. 지금까지 역사를 보면 출산 장려책이나 억제책으로 인구 조절을 위해 다양하게 인위적 개입을 해왔지만, 어지간한 강제력을 수반하지 않는 이상 효과가 없음이 증명됐다. 공권력이나 정책은 애초에 개인의 의사 결정에 개입하지 말아야 한다.

결혼하지 않는 데는 그럴 만한 이유가 있다. 오히려 결혼하고 출산한 사람들에게 그 이유를 묻고 싶다. 모두 하니까 했는지, 그게 당연하다고 여겨서 했는지. 관습과 규범에 따라 결혼하고 출산한 경우를 제외하면, 대체 얼마나 되는 사람들이 자발적 의지로 결혼하고 출산을 했겠는가. 반대로 관습이나 규범의 힘이 약해진다면, 부부나 부모가 되려는 남녀가 줄어들 것이다. 제도나 경제적 상황이 결혼하면 이득이 되도록 작동하고 있으나, 강제력이나 압력이 없어진다면 결혼과 출산을 선택하는 남녀가 줄어들 것이다.

간단히 말해 지금까지 남자는 여자 없이, 여자는 남자 없이 자립할 수 없는 사회적 구조 때문에 남녀가 결혼했고, 결혼하면 아이를 낳는다는 규범 때문에 부모가 된 것이다. 사회적 압력이 없어진다면 결혼과 출산을 스스로 선택할 사람이 과연 얼마나 될까. 사회적 압력이나 규범이 없어져서 결혼하는 사람과 아이들의 수가 줄어든다 해도 그것이 개인의 자발적인 선택의 결과라면 아무런 문제가 없다. 그 선택에 맞춰 사회를 다시 설계하면 된다. 근대 이전의 사회를 봐도 모두 결혼하고 부모가 되는 시대는 예상 밖이었다. 인구가 급증하던 시기에는 거기에 맞춰 사회를 다시 설계하며 살아남은 것이다.

인간은 사랑하지 않아도 결혼할 수 있고, 사랑이 없어도 섹스 하고 임신하고 출산할 수 있다. 이런 결혼과 출산은 관습과 규범에서 오는 강제력이 없다면 줄어들 것이다. 그 결과 아이들도 줄어들 것이다. 사랑이 없는 결혼 생활을 견디며 사는 여자와 남자가 줄고, 사랑이 없는 부모 밑에서 자라는 아이들이 줄어들 것이다. 차라리 그게 낫다.

비혼자나 아이가 없는 부부·성 소수자들은 결혼과 출산에 대한 압력을 받지 않고 차별과 억압을 당하지 않을 것이다. 훨씬 낫다. 나아가 결혼 제도 안에서든 밖에서든 여성이 안심하고 아이를 낳아 기를 수 있는 사회가 온다면 얼마나 좋을까.

나는 베이비 붐 세대에 태어난 독신이고, 함께 대담한 미나시타 기류 씨는 베이비 붐 세대의 자녀 세대에 해당한다. 미나시타 기류 씨는 실수로 어머니가 되어 현재 육아를 하느라 악전고투한다. 부모 자식처럼 나이 차가 나는 두 사회학자가 자신의 경험과 거시적 데이터를 맞춰가면서 개인과 시대의 변화를 거침없이 논했다. 이 책이 비혼 시대에 살아가기 위한 지침이 되기를 바란다.

우에노 지즈코

차례

1장 지금은 비혼 시대　　　23

비혼이라는 낙인 | 결혼 소망은 여전하지만 혼인율이 떨어졌다 | 적극적 싱글의 증가 | 싱글의 실태 | 결혼하면 손해 본다 | 보수화·전업주부 지향이 만혼을 늘리다 | 여성의 적극적인 비혼은 합리적 선택이다 | 고소득층 남성에게 가족은 위험 부담이다 | 큰 전환점이 된 고도성장기 | 산업의 공업화로 혼인율이 상승했다 | 모두 결혼하던, 보기 드문 시대 | 평생 결혼 못 할 거라고 불안해하는 여대생들 | 전업주부를 바라는 여성이 늘어나는 이유 | 거세되지 않은 아들과 딸 | 신붓감 선호 조건이 바뀌었다 | 일반 가정에 가정부가 있던 시절 | 보수적인 결혼관이 비혼의 원인이다 | 왜 동거, 사실혼이 늘어나지 않는가? | 1960년대에는 32세도 노처녀 취급을 받았다

성의 사회 복귀를 막는 시책이다 | 10대의 임신율과 중절률이 높아졌다 | 공동 친권의 문제점 | 사회가 육아에 비용을 지불하는 나라들 | 변화가 없고 변할 수 없는 나라 | 남자다움, 여자다움의 재생산 | 회사에서 사육되는 남자와 집에서 사육되는 여자의 결혼 생활 | 육아 때문에 지역 커뮤니티 활동을 할 수밖에 없는 엄마들

4장 패배자 남성, 성장한 여성 문화

비혼이 아니라 '혼전 이혼' | 상류계급이라 할 수 있는 전업주부 | 여성 문화를 성장시킨 시장 | '패배자 남성'이라는 비참한 존재 | 애니메이션이나 아이돌에 정신이 팔려 결혼하지 않는 게 아니다 | 스토리 소비는 어느 시대나 있었다 | 실패했다고 강렬하게 느끼는 남자들 | 남성의 병리는 인기가 있으면 다 해결되나 | 돈과 권력이 있으면 여자가 따라오는 남자 | 남자들은 인기가 없다고 변명할 수 없다 | 남성성을 버리면 편하다 | 페미니즘은 불편한 진실을 밝혀왔다

5장 비혼 시대의 섹슈얼리티를 이야기하다

남자에게 편리한 여자들이 나타났다 | 돈이 애인을 만들 수 있는 필요조건이 아니다 | 여성은 대부분 이성애자라고 할 수 없다 | 데이트 매뉴얼 | 성 소수자도 혼자가 될 준비를 한다 | 히키코모리 | 사회적 자본이 있는 사람과 그렇지 않은 사람 | 이혼 손익계산서 | 남자의 응석 구조란 | 1990년대에 남자들이 빠진 '치유파 여자 연예인' | 더는 아들의 롤모델이 아닌 아버지

결혼과 출산이 분리되지 않은 사회 | 인간은 왜 아이가 필요하다고 생각하나 | 결혼과 출산이 줄어드는 것은 당연한 귀결 | 낳지 않는 이기주의는 낳는 이기주의에 패한다 | 주체적으로 욕망하지 말라는 억압 | 지금까지 언어화되지 못한 '엄마와 아들' 관계 | '엄마와 아들' 관계에서 보이는 기분 나쁜 도착 | 부모에게서 분리되지 않는 아이들 | 비혼도, 결혼도, 출산도 자유롭게 선택할 수 있는 사회를 향하여

1장

지금은
비혼 시대

비혼이라는 낙인

미나시타 비혼에 대해 이야기하기가 쉽지만은 않은 것 같습니다. 비혼 당사자들이 미혼이나 비혼이란 말 자체를 기피하려는 경향이라서 정작 핵심이 빠졌다고 할 수 있죠. 하지만 지금이야말로 비혼을 이야기해야 할 때가 아닌가 싶습니다.

우에노 비혼에 낙인이 따르니 비혼으로 사는 당사자들은 자기 이야기를 하지 않으려고 하죠. 저는 베이비 붐 시대인 1948년에 태어났는데, 저희 세대에는 낙인이 지금보다 심했어요. 차별하는 말이 많았죠. 제가 20대일 때만 해도 '시집 못 간 과부'* '서른에 후리소데振袖'** 란 말이 있었어요. 시집 못 간 과부란 말이 많이 쓰였죠.

---

* 시집 한번 못 가고 과부 신세가 되었다는 뜻. 여기서 과부로 번역한 일본어 '고케後家'는 남편이 죽은 뒤 집을 지키는 사람이란 뜻으로, 미망인未亡人(아직 죽지 않은 사람)과 마찬가지로 남편을 떠나보내고 홀로 살아남았다는 부정적인 의미가 있다.

** 후리소데는 미혼 여성이 주로 입은 일본 전통 의상이다. '서른에 후리소데'는 여자가 서른 살인데도 나이에 맞지 않게 옷을 입고 화장한다는 뜻으로, 여성을 비하하는 말이다.

미나시타 저도 《불량스러운 여자들無頼化した女たち》[*]이란 책을 쓸 때, 비혼 여성에 대한 차별어를 살핀 적이 있습니다. 결혼 적령기가 지나도 시집 안 간 여성에게 '올드미스old miss' '하이미스high miss'라는 말도 했고요.

우에노 둘 다 이제 죽은 말이 되었어요. 요즘 사람들이 그런 말을 알까요?

미나시타 하이미스는 몰라도 올드미스는 들어본 적이 있지 않을까 싶습니다. 요즘 학생들은 시집 못 간 과부란 말은 잘 모르더군요. 제가 강의할 때 이야기하니까 "무슨 뜻이냐"고 어리둥절해하던데요.

우에노 하하, 재밌네요. 신혼부부가 맞이하는 첫날밤을 두고 '초야를 치른다'고 하는 말도 이제는 안 쓰죠. 얼마 전에 죽은 사회민주당 대표 도이 다카코土井多賀子[**]를 두고도 "(도이 다카코는) 남편이 없어서 모를 것"이라는 등 국회에서 성희롱이 난무했죠.
　제가 그런 낙인을 없애려고 쓴 책이 《싱글, 행복하면 그만이다》입니다. 이 책이 큰 반향을 얻었으니 비혼자들이 상당히 편해지지 않았을까 싶기도 한데, 비혼에 대한 낙인은 여전하죠.

---

[*] 　대담자 미나시타 기류가 2014년에 쓴 책이다. 고도성장기 이후 여성의 삶을 페미니즘 시각에서 분석한 것으로, 전업주부가 크게 줄어들고 소수 엘리트 여성만 성공하는 현대 일본 사회에서 여성이 자립할 수 있는 대책을 논했다.

[**] 　2014년 작고한 일본의 여성 정치인. 사회민주당 소속으로 12선 의원에 당선했고, 대표를 역임했다.

미나시타 요즘 20대 여성이 보수적으로 변해가는 경향이 있는데, 이런 현상은 시대 분위기에 따른 것이라고 봅니다. 역사는 계속 발전하기보다 보수화와 반동을 왔다 갔다 하면서, 마치 시계추와 같이 발전한다고 생각합니다.

우에노 시대는 지그재그로 변하며 발전하죠. 그런데 여기 거시적 데이터를 보면 의외로 변화가 그리 크지 않아요. 결혼하고 싶어 하는 남녀의 비율은 변함없는데, 혼인율만 떨어지고 있어요.

미나시타 맞습니다. 결혼하고 싶다는 사람들이 여전히 많아요. 데이터를 보면 이상과 현실의 차이를 알 수 있습니다.

결혼 소망은 여전하지만 혼인율이 떨어졌다

우에노 "꼭 결혼하겠다"는 사람보다 "될 수 있으면 결혼하겠다"는 사람이 늘었죠. 사람들이 결혼을 바라는 마음은 여전한데 혼인율은 떨어졌어요. 방금 미나시타 씨가 말했듯이 역사가 시계추처럼 왔다 갔다 하는 걸 거예요.

미나시타 네, 그렇습니다. 실제 수치도 그렇고요. 말씀하신 것처럼 변화가 없습니다.

우에노 2011년 동일본 대지진 때 '사회적 네트워크' '네트워크'가 필요하다고 하도 이야기해서 한동안 네트워크 만들기가 유행했죠. 그래서 2011년에는 결혼이 늘어날 거라는 예측이 나왔는데, 실제로 혼인율은 늘지 않았어요.

미나시타 오히려 2011년에는 혼인 건수가 역대 최저였습니다.

우에노 그러니까 혼인율이 떨어지는 거시적인 추세를 뒤집을 만한 변화는 전혀 찾아볼 수 없는 거죠.

적극적 싱글의 증가

미나시타 젊은이들의 의식을 조사해보면 가족관이나 결혼관이 보수적으로 변하는데, 이런 흐름이 현실적인 가족 관련 행동으로 연결되지 않습니다. 그런데 일본국립사회보장·인구문제연구소에서 실시한 〈미혼자의 생애 결혼 의사〉 조사 결과를 보면, "평생 결혼할 의사가 없다"고 답한 적극적인 비혼파가 남성 쪽에서 과거 28년간 다섯 배 가까이 늘었습니다. 이게 눈에 확 띄는 점입니다.

우에노 비혼파 남성이 늘었군요. 지금까지 비혼자를 보면 딱히 결혼을 원하지 않는다기보다는 혼인하지 않은 상태로 서서히 싱글이 되는 게 특징이에요. 그러니까 적극적인 싱글은 매우 드물었죠. 그 가운데서도 적극적으로 싱글을 지향하는 여성이 더욱 드물다는 점은 널리 알려졌어요. 이제 적극적으로 싱글을 지향하는 남성이 여성보다 늘어났다는 겁니까?

미나시타　과거 28년간 적극적인 비혼파는 여성 쪽에서 두 배가 늘었습니다. 평생 결혼할 의사가 없는 여성이 갑절로 늘어난 셈이죠.

우에노　배가 늘었다고 해도 전체 비율로 보면 아직 한 자릿수예요.

미나시타　네. 8퍼센트 정도입니다. 남성은 10퍼센트가 넘었습니다. 큰 틀로 보면 대체로 남녀 85퍼센트가 "때가 되면 결혼하겠다"고 답했는데요, 설문 조사를 할 때 답이 '예' '아니오' '어느 쪽도 아니다'라고 나오면 일본인은 애매한 답을 선호하니까 대개 '어느 쪽도 아니다'를 고르죠. 그런데 이 조사에서는 10퍼센트가 넘는 남성이 "평생 결혼할 의사가 없다"고 딱 잘라 말한 답을 골랐는데, 이 배경이 무엇인지 조금 마음에 걸립니다.

우에노　어떻게 보시나요?

미나시타　결혼에 대한 부담이 무거워졌다고 할 수 있지 않을까 싶습니다. 종전의 결혼 형태에서는 남편이나 아버지 역할이 조금 무겁고 힘에 부친다고 느낀 남성이 많을지도 모르겠다는 생각이 듭니다. 물론 젊은 남성의 총체적인 임금수준이 떨어졌다든지, 임금 인상 둔화나 고용 문제도 관련 있겠지만 이런 문제보다 논의해야 할 문제가 있습니다. 이 문제는 앞으로 검증해봐야겠지요.

우에노 데이터를 좀 더 자세히 말해주셨으면 하는데요. "적극적으로 결혼할 의사가 없다"고 답한 10퍼센트 남성의 학력이나 연봉은 어떤가요?

미나시타 거기까지 다룬 데이터가 없습니다. 제가 앞으로 연봉이나 계층·연령별로 적극적인 싱글 지향 남성의 실태를 조사하려고 합니다. 수입이 어느 정도 있는데도 결혼에 부정적인 남성부터 조사할 예정입니다.

우에노 싱글을 살피려면 세대나 성별을 따지지 말고 스스로 독신을 선택한 싱글single by Choice과 어쩔 수 없이 독신이 된 채로 있는 싱글single by Force부터 구별해야겠지요. 똑같이 볼 수는 없으니까요.

미나시타 그렇습니다.

우에노 이 데이터를 가지고 10퍼센트 남성이 스스로 비혼을 선택했는지 아닌지 알 수 없어요. 다른 데이터(총무성이 실시한 〈취업 구조 기본 조사〉)를 볼까요? 먼저 남성을 살피면 혼인율과 연봉이 비례하죠. 정규직과 비정규직 고용 형태를 봐도 남성의 정규직 고용자와 혼인율이 비례해요. 이 가운데 결혼하지 않겠다는 남성이 어디에 분포하는지 알고 싶네요.

미나시타 네. 조사 질문지를 만들 때 신경 써야 합니다. 앞선 조사에서 "평생 결혼할 의사가 없다"고 답한 여성은 28년 전에 4퍼센트였고,

지금은 8퍼센트예요.

우에노 우리 세대는 적극적인 싱글파 여성이 1퍼센트 미만이었어요. 그게 28년 전에 4퍼센트로 늘었고, 요즘은 8퍼센트로 늘었다는 건가요?

미나시타 1982년 4.1퍼센트, 2010년 8.0퍼센트예요. 남성을 보면요. 18-39세 남성에게 물은 결과, 1982년에 "평생 결혼할 의사가 없다"는 남성은 2.3퍼센트였는데, 2010년에 10.4퍼센트가 되었습니다.

우에노 "평생 결혼할 의사가 없다"는 남성이 10.4퍼센트, 여성이 8퍼센트. 균형이 안 맞네요.

미나시타 그렇습니다. 1982년에 적극적인 싱글파 남성은 2.3퍼센트뿐이었습니다. 같은 시기 여성은 4.1퍼센트가 적극적인 싱글파였고요.

우에노 적극적인 싱글파 여성이 많았다가, 이제는 적극적인 싱글파 남성이 많다는 것이지요?

미나시타 1980년대 후반에는 적극적인 싱글파 남녀가 비슷한 비율이었습니다. 1990년대부터 결혼할 의사가 없는 남성이 결혼할 의사가 없는 여성보다 많아졌죠.

우에노 이 데이터에서 드러난 추이 자체가 논할 가치가 있네요. 1980 년대는 '여성 시대가 왔다'는 이야기가 나오고, 여성의 고용이 확대된 시기였어요. 제가 전부터 이야기했는데요. 사실 1980년대 이전에는 결혼이 여자들에게 '생활 보장재'나 마찬가지라서 결혼을 하지 않는다는 선택지가 아예 없었다고 할 수 있어요. 그러다가 여성의 고용이 늘어난 상황에서 여자들에게 생활필수품이던 결혼이 굳이 안 사도 되는 사치품 같은 성격으로 바뀌었다고 봐야겠죠. 1982년에 결혼하지 않겠다고 답한 전체 여성 중 4.1퍼센트는 모두 적극적인 싱글파라고 해석할 수 있겠어요.

당시 결혼 적령기를 맞이한 여성 가운데 작가 사카이 준코 씨가 있죠. 이들이야말로 결혼을 못 했다는 '여성 루저 세대'의 선구자가 아닐까요? 1980년대 후반부터 1990년대 중반까지 거품경제를 마음껏 누린 이 여성들을 지탱해준 것은 이들이 번 돈이죠. 이들에게는 부모의 경제력도 있었습니다. 남편보다 부모에 의존하는 게 편하고 확실하니까 이 여성들이 차츰 싱글이 되어갔지요. 이런 과정이 일어났을 거라고 봐요.

같은 시기에 적극적 비혼파인 남성은 2.3퍼센트인데, 이들은 스스로 노력하지 않아도 언젠가 배우자가 생길 거라고 기대했을 거예요. 그런 기대가 빗나간 것이 요즘의 흐름이고요.

2010년에는 여성 8퍼센트가 "결혼하지 않겠다"고 했는데, 전 이 수치가 별로 이상하게 느껴지지 않아요. 그렇지만 2010년에 "결혼하지 않겠다"고 답한 남성이 10.4퍼센트라는 건 좀 이해가 안 되네요. 미나시타 씨는 어떻게 보세요?

미나시타 첫째, 고용 환경이 악화돼서 그럴 겁니다. 자유롭게 쓸 수 있는 돈이 줄었고, 시간도 가족을 위해서 많이 써야 하고요. 자유가 없는 것에 대한 남성의 저항 의식이라고 볼 수 있지 않을까 싶습니다.

우에노 이 남성 10.4퍼센트가 소득이 낮은 계층에 집중되는지 알 수 있나요?

미나시타 직접적으로 관련된 데이터는 없지만, 저소득층일수록 남녀 모두 결혼이나 연애에 소극적이라고 밝혀졌습니다. 소득이나 안정된 고용 환경 같은 사회적 자원의 배분이 낮은 계층일수록 결혼이나 출산 등 가족 관련 행동을 결정할 때 심리적 부담을 느낀다는 거죠. 그렇다면 저소득층이 결혼이나 출산을 생각하는 것조차 부담스러워서 애초에 인생의 선택지에서 제거했다는 가설을 세울 수 있습니다. 그래서 적극적 비혼파가 증가했을 가능성도 있습니다.

우에노 그렇군요.

결혼하면 손해 본다

미나시타 큰 틀에서 보면 젊은 층일수록 처자를 부양하는 게 경제적으로 무리인 상황이죠. 하지만 고소득층 남성 가운데서도 적극적인 비혼파가 있거든요. 앞으로 고소득층 비혼파 남성을 만나서 그 이유를 인터뷰할 예정인데, 계속 마음에 걸려서 우에노 선생님께 여쭙고 싶었습니다.

우에노 "결혼하지 않겠다"는 답을 일종의 수사적인 자기방어, 그러니까 결혼할 수 없는 상태를 결혼하지 않겠다고 말을 바꾸는 것이라 해석할 수 있어요. 사회학자 야마다 마사히로山田昌弘[*]가 1990년대에 대학을 졸업하고도 부모에게 얹혀살면서 기초적인 생활을 의존하는 비혼자를 '기생충 싱글'이라 부르고 명쾌한 해석을 제시했죠. "젊은 남녀가 왜 결혼하지 않는가. 그건 남녀 모두 결혼하면 손해 보기 때문"이라고요.

그런데 여자와 남자가 손해 보는 내용이 달라요. 결혼하면 여자는 시간을 잃고, 남자는 돈을 잃는다는 거죠. 정말 명쾌한 결론이에요. 여자가 시간을 잃는다고 느끼는 건 가사와 육아는 전부 여자가 책임져야 한다는 결혼관 때문이고, 남자가 돈을 잃는다고 느끼는 건 남자가 가족을 먹여 살려야 한다는 결혼관 때문이라는 얘기죠. 야마다 마사히로는 남자가 밖에서 돈을 벌고 여자가 가사와 육아를 담당하는 '남성 생계 부양자형 모델'과 같은 보수적인 결혼관을 유지하는 남녀일수록 비혼을 선택하는 경향이 있다는 결론을 내렸어요.

---

[*]   주오대학 사회학과 교수. '기생충 싱글'을 다룬 《패러사이트 싱글의 시대》(야마다 마사히로 지음, 김주희 옮김, 성신여자대학교출판부, 2004), 가족사회학 저서 《우리가 알던 가족의 종말》(야마다 마사히로 지음, 장화경 옮김, 그린비, 2010) 등이 국내에 번역·출간되었다.

비혼입니다만, 그게 어쨌다구요?!

미나시타 1980년대 후반 이후, 1990년대 이후에 태어난 이들을 보면 오히려 보수적인 층이 재생산되는 것 같습니다.

우에노 잠깐만요. '보수성'을 무엇으로 측정할까 하는 것이 문제예요. 젊은 층의 의식 조사 결과 전업주부를 지향하는 여성이 늘긴 했지만, 이런 경향을 '보수화'로 볼 것인가는 다른 문제라고 생각해요. 전업주부를 지향한다고 해서 여성의 혼인율이나 기혼 여성의 무직률이 높아졌다든지 하는 구체적인 변화가 나타나지는 않았거든요. 2000년대 들어 기혼 여성의 무직률이 약간 상승했지만, 그건 보수화 때문이 아니라 불황으로 기혼 여성들이 직업을 잃은 탓이죠. 미나시타 씨가 말하는 보수성이란 무엇인가요?

미나시타 성별 분업을 긍정하는 가족관에 매우 친화적인 상태를 말합니다. 혼인율이 낮아지고 기혼 여성의 취업률 증가 추세가 지속되어 여성의 사회 진출이 늘었다고 보이기도 하지만, 그 속을 들여다보면 가족관은 극히 보수적입니다. 사회생활 기초 조사 결과를 보면 여성의 가사 시간이 얼마나 긴지 바로 알 수 있는데요, 보수적인 성별 분업을 긍정하는 이들이 늘면서 여성의 하루 평균 가사 시간도 증가하는 경향이 나타납니다. 심리적인 면이나 여성이 시간을 사용하는 면을 봐도, 종전 방식과 같은 이른바 '좋은 가족'을 지향하는 경향이 높아진다고 할 수 있습니다.

과거 30년간 기혼 여성의 취업률이 상승했지만 부부의 가사 노동 총량에서 아내가 85퍼센트를 담당하는 현상에는 아무런 변화가 없습니다. 기혼 여성은 평균적으로 하루 다섯 시간 이상을 가사에 씁니다. 기혼과 미혼을 불문하고 성별로 봐도 여성은 평균적으로 남성의 다섯 배나 되는 시간을 가사에 쓰지요.

그래서 여성은 '시간 빈곤'에 빠지기 쉽습니다. 이 사실을 어렴풋하게나마 아는 사람이 많고요. 취직해서 일하는 시간뿐 아니라 무보수 가사 노동까지 포함하면 평균적으로 여성은 하루에 남성보다 한 시간가량 더 일하고, 전체 연령층으로 봐도 여성은 남성보다 수면 시간이 짧습니다. 그러니까 여성은 보수적인 가족의 모습을 유지하려고 자는 시간조차 아껴가면서 억척스럽게 노력한다고 짐작할 수 있습니다.

가정뿐 아닙니다. 유치원과 학교 등 교육 현장은 여전히 전업주부 엄마를 전제로 운영되죠. 필요할 때마다 아이를 위해 달려올 수 있는 전업주부 엄마요. 저출산으로 아이나 보호자 수가 줄고 엄마들의 취업률도 올랐는데, 육아 현장은 여전히 보수적입니다. 이런 것에 맞춰서 생활하려면 여성은 자연스럽게 보수적이 될 수밖에 없고요. 저는 아이의 학교에서 학부모 활동에 참가한 뒤 제가 '이류 엄마'라는 점을 깊이 실감했습니다.

사회가 기혼 여성에게 기대하는 역할은 가사와 가정에 완벽한 책임을 지는 것입니다. 이것은 돌봄 노동을 아내에게 완전히 맡기는 모델이죠. 저는 이것을 '고도 경제성장기 시대 아내 모델'이라고 부르는데, 일하는 남자와 가사를 완벽히 책임지는 여자의 조합을 유지하려면 여성은 전업주부를 지향할 수밖에 없습니다. 현실에서 아내를 평생 전업주부로 있게 해줄 정도로 벌 수 있는 남성은 극히 적죠. 고도 경제성장기 시대 아내 모델을 지향하는 여성일수록 만혼이 되는 것도 이 때문입니다.

우에노 지금 말한 모델은 다른 말로 '남성 생계 부양자male breadwinner 모델'이라고도 하죠. 미나시타 씨는 보수화를 우려하는데, 저는 심각하다고 보지 않아요. 아무리 보수화되더라도 보수적인 사고방식mentality을 유지할 인프라가 해체된다면 보수화는 이뤄질 수 없다고 보기 때문입니다. 저는 하부구조 결정론자예요.

미나시타 하부구조가 바뀌었지만 상부구조인 의식은 좀처럼 바뀌지 않아서 불행한 사람들이 늘어나고 있습니다. 제가 우려하는 게 바로 그 점입니다. 보수화된 여성의 의식, 그러니까 전업주부를 바란다고 해도 이를 가능하게 해줄 인프라는 해체되었거든요. 그러나 여성은 그 점에 별로 관심이 없는 것처럼 보입니다.

오히려 어떤 여성은 나만은 돈을 잘 벌고 안정된 '좋은 남성'을 잡을 수 있다고 필사적으로 애쓰는 것처럼 보입니다. 최근에 저는 젊은 여성의 결혼에 대한 꿈과 희망 혹은 야망을 바꾸는 게 불가능하다고 깨닫기 시작했습니다.

우에노 남성도 그럴 거예요. 보수적인 사고방식을 지탱해주던 인프라가 변했으니까 의식과 현실의 차이가 크죠. '남성 생계 부양자' '고도 경제성장기 시대 아내 모델'이 불가능해진 현실을 남녀 모두 곤란한 현상으로 받아들일 가능성이 있죠.

저는 젊은 남녀가 아무리 보수적이라 해도 그 보수성이 혼인율이

나 출생률 상승으로 이어질 것이라고 생각하지 않아요. 제가 비혼 현황을 미나시타 씨보다 장기적으로 보네요. 쿨하죠?

미나시타   그렇습니까? 보수적인 의식의 영향이 그리 크지 않다는 말씀이에요?

우에노   의식의 변화보다 인프라의 변화가 영향력이 크다고 봐요. 아무리 보수적이라 해도 인프라가 쫓아가지 못하면 보수성은 현실에서 실현될 수 없어요. 결과적으로 1990년대에 사회학자 야마다 마사히로가 예측한 것처럼 결혼관이 보수적인 남녀가 비혼을 선택하는 경향이 계속 나오리라 봅니다.

　더욱이 저는 젊은 여성의 전업주부 지향을 '보수화'라고 해석하지 않아요. 심리학자 오구라 지카코小倉千加子*가 젊은 현대 여성이 전업주부를 지향하는 것을 '새로운 형태의 전업주부 지향'이라고 했는데요, 신자유주의 경쟁 사회에서 벗어나 경제적으로 여유 있는 생활을 하고 싶다는 바람을 젊은 여성들이 전업주부가 되고 싶다고 바꿔 말한 것이라고 봐요. 그러니까 사회적 성차인 젠더로 자기 바람을 이야기한 것뿐이죠. 이런 젊은 여성들은 결혼이나 출산을 해도 남편이나 아이의 이익을 최우선으로 하리라고 생각하지 않아요. 젊은 세대

* 　의학박사 겸 페미니스트 심리학자. 2003년 대담집 《페미니즘 ザ・フェミニズム》에서 오구라 지카코는 현대에 들어 전업주부를 지향하며 새롭게 등장한 젊은 여성을 '가부장제에 정착한 흰개미'라고 비유하며, 이들이 언뜻 보면 가부장제에 복종하는 듯하지만 실은 가부장제 그 자체를 내부에서 붕괴하는 데 가담하고 있다고 했다. 그는 "각종 조사에서 3고(고학력·고수입·고신장) 남편을 찾는 여성보다 남편에게 많은 것을 기대하지 않는 여성이 결혼 확률이 높은 것으로 드러났고, 전업주부를 지향하는 젊은 여성들이 만혼하는 현상이 나타남에 따라 원 가정에서 부부나 부모와 자식의 문제를 통해 가정의 붕괴를 가속화한다"는 근거를 들었다.

여성의 의식도 조금은 바뀐 게 아닐까요?

이렇게 볼 때 결혼할 의사가 없는 남성 10.4퍼센트, 여성 8퍼센트가 어떤 사람들인지 궁금하네요. 그들의 학력, 계층, 부모와 동거 여부 등이 말이에요.

미나시타 적극적인 싱글파 여성과 남성은 그 이유가 다를 겁니다.

우에노 네, 저도 여성과 남성이 비대칭적인 이유가 있을 거라고 봐요.

여성의 적극적인 비혼은 합리적 선택이다

미나시타 여자는 결혼하면 남자에게 소속되는 면이 크니까 결혼에 대한 반발도 있죠. 결혼이 싫다고 확실히 말하는 여자도 늘었습니다.

우에노 결혼과 소속을 구별하는 게 좋겠어요. 결혼하더라도 소속되었다고 느끼지 않는 여자도 있고, 반대로 결혼하지 않았는데도 소속감을 원하는 여자도 있죠. 결혼하고 싶다는 마음은 줄었는데 남자와 연애하고 싶은 마음은 사라지지 않았죠.

'벽 치기 키스'**나 "너는 내 여자야"라는 말이 상징하듯 남자에게 소속감을 원하는 여자가 있어요. 지금까지 이런 바람이 없어지지 않는 게 문제지만, 이런 현상이 나타난 것도 경제력이라는 인프라를

●● 로맨스 드라마나 만화에서 남자가 여자를 벽으로 밀어붙이고 키스하는 장면을 가리킨다.

갖추기 시작한 여자들이 '결혼할 것이냐, 안 할 것이냐' 선택할 가능성이 높아진 결과라고 볼 수 있죠.

미나시타 벽 치기 키스요? 우에노 선생님과 벽 치기 키스를 이야기하는 날도 있네요. 제가 전에 여자들의 문화 소비에 관한 논문을 쓸 때 '턱 들어 올리기'*나 '바닥 눕히기'**라는 말을 알게 됐어요. 처음 듣고는 전통 씨름 기술인가 싶었죠. 이렇게 패턴에 따라 남자 주인공의 유형을 나누는 말이 나온 것을 보면 남자에게 소속되는 여자의 감각이 이제 어느 정도 풍자할 수 있게 됐다, 패러디화되고 있다고 할 수 있어요. 물론 드라마나 만화에서 "너는 내 여자야"라는 말이 많이 나오는 걸 보면 그런 말에 불타오르는 여자가 여전히 많다고 볼 수도 있습니다.

순정 만화나 여기에 성적 묘사를 추가한 '틴즈 러브Teen's Love*** 만화'와 같이 문화 소비의 주체가 여성인 시장을 보면, 여자 주인공을 '내 여자'라고 하는 남자 주인공이 나옵니다. 이런 남자를 '거만한 녀석'이나 '사디스트 애인'이라고 하는데요, 이런 말로 틴즈 러브 만화를 분류해 장르가 나뉩니다. 여자들의 수요가 꽤 많다고 해요. 왜 자기 돈 내고 오락거리를 소비하면서 잘난 척하는 남자를 찾는지 저는 이해가 안 갑니다.

우에노 현실에서 잘난 남자가 드물다 보니 픽션에 불타는 것이지요.

---

* 로맨스 드라마나 만화에서 남자가 여자 턱을 잡고 들어 올려 키스하는 장면을 말한다.
** 로맨스 드라마나 만화에서 남자가 바닥에 여자를 눕히고 키스하는 장면을 일컫는다.
*** 이성애 커플의 연애나 섹스를 그린 만화에 대한 총칭. 'TL'이라고도 한다.

비혼입니다만, 그게 어쨌다구요?!

실력도 없으면서 벽 치기 키스를 하면 현실에서는 데이트 폭력 가해자나 스토커에 지나지 않죠.

미나시타 요즘 저한테 사회를 바꾸려면 어떻게 해야 하느냐고 묻는 이들이 있습니다. 저는 남성의 돈 버는 능력이 총체적으로 차츰 떨어지고, 거기서부터 서서히 변하는 수밖에 없다고 답합니다. 우에노 선생님처럼 하부구조의 변화로 바뀌는 수밖에 없다고 보는 것인데요, 하부구조의 변화가 어떻게 특정한 의식 변화와 연결될지 그 과정을 분석하고 싶습니다.

최근 일본은 산업 구성비가 크게 달라졌습니다. 남성을 주로 고용하던 제조업 분야가 점점 설 자리를 잃고, 지금은 3차 산업에 전 취업자의 70퍼센트가 고용되었습니다. 의료 복지 분야가 특히 많이 늘었는데, 이 분야는 압도적으로 여성을 활용하는 고용 시장입니다. 그러다 보니 '남성은 불황'인 상황이 되었죠. 젊은 층일수록 남성의 임금수준이 낮아, 기혼 여성이 일하지 않으면 가계를 유지하기 어렵습니다.

여성이 사회에 진출하는 데는 가정 밖으로 나올 수밖에 없는 이유와 고용 시장에서 끌어당기는 원인이 섞여 있습니다. 그런데 여성이 사회에 많이 진출했다는 것은 실상 파트타이머인 중·장년층 여성이 늘어났다는 의미입니다. 흔히 여성의 사회 진출이라고 하면 떠올리는 이미지가 은행가나 증권가에서 어깨를 펴고 당당히 걷는 커리어 우먼인데, 커리어 우먼이 늘어난 게 아닙니다. '커리어 우먼'이란 말도 이제 쓰지 않지만요.

지금 일본 사회에서는 이런 식으로 성 평등이 진행되고 있어요.

그래서 저는 성 평등이 후퇴하고 있다고 봅니다. 그동안 산업구성비나 생산연령인구 감소와 같은 구조적인 요인 때문에 여성의 취업이 늘 수밖에 없었죠. 맞벌이할 수밖에 없는 상황에서 지금까지 해온 것처럼 돌봄 노동을 죄다 아내에게 맡기는 남성이 주류인 방식은 이제 통하지 않습니다. 무리죠.

그러니까 저는 사회가 연착륙해야 한다고 봅니다. 이를테면 가족 세대를 전제로 한 사회보장제도를 개인에 맞춰 다시 설계해야죠. 보수적인 가족관이나 젠더 규범도 바꿔야 하고요. 그렇게 하지 않으면 급변하는 사회구조에 쫓아가지 못하는 사람들이 많아, 사회적 혼란이 클 겁니다. 그만큼 불행한 사람도 늘 거고요. 그렇게 되기 전에 조금씩 개인의 행복을 고려한 문화 전략을 취해야죠.

우에노 선생님께서는 하부구조가 변하면 시대적 요구에 따라 상부구조(보수적인 의식)도 저절로 변할 거라고 하셨는데, 어떻게 생각하시는지요?

우에노　그야 연착륙이 낫지요. 안 그러면 사회적인 비용이 크니까. 지금 대담을 하면서 미나시타 씨가 보수화 현상을 이야기할수록 하부구조가 바뀌면 의식도 변할 것이란 제 예측이 틀렸을지도 모르겠다는 생각이 드네요. 의식이 변하지 않는 상황에서 종전의 인프라가 많이 무너지다 보니 그 마찰이 크지 않을지 비관적인 생각이 드네요.

지금 미나시타 씨가 한 이야기에서 흥미로운 점이 있어요. 산업구조가 변하고 고용이 붕괴해서 남성도 비정규직으로 고용된 비율이 20퍼센트가 넘은 상황이니, 정규직에 고용된 남성이 다 결혼한다고 해도 80퍼센트가 안 되죠. 그렇다면 여자 쪽에서 20퍼센트가 허탕

　　　　비혼입니다만, 그게 어쨌다구요?!

을 치는 게 당연하네요.

미나시타 그런데 현실을 보면 무서우리만치 종전의 성별 분업이 바뀌지 않았습니다. 육아를 봐도 그렇습니다. 저는 동네에서 이웃의 육아를 지원하는 활동에 참여하는데요, 이웃한테 들어보면 육아가 아직도 전업주부를 전제로 하는 식입니다. 예를 들어 유치원에 아빠가 아이를 데리러 가면 "아, 아빠가 오셨군요. 그럼 엄마가 데리러 오실 때 말씀드릴게요"라고 하죠. 육아하는 아빠를 내쫓는 식인데요, 육아 현장에서 일어나는 남성 소외 문제도 고쳐야 합니다.

우에노 오늘날 전업주부라는 말에서 '전업'은 육아를 전업으로 하는 것을 뜻하는데, 여성의 육아 기간과 직장에 복귀하는 기간이 짧아졌죠. 보육 아동의 연령이 낮아지는 추세는 확실히 자리 잡았고요.

미나시타 트렌드는 그렇습니다. 그런데 여성이 직장에 복귀한 뒤 출산이나 육아에 들어가기 전과 같은 직위를 가질 수 있느냐, 승진이나 승급을 할 수 있느냐 하면 그렇지 않습니다.

우에노 전부터 큰 문제였죠. 그런 게 현재 여성의 비정규 고용률이 60퍼센트에 달하는 큰 원인이에요. 수지가 안 맞아서 더는 못 하겠다는 여자들이 생겨도 이상하지 않습니다. 적극적인 싱글파 여성이 8퍼센트에 달하는 것도 그런 맥락이죠.

미나시타 합리적인 선택입니다.

우에노 남자는 어쩔 수 없이 싱글이 되고, 여자는 선택에 따라 싱글이 되니까 남녀 간에 불균형이 나타나는 거죠.

고소득층 남성에게 가족은 위험 부담이다

미나시타 네. 일부러 비혼을 택하는 고소득층 남성이 있다면 그 비율이 얼마나 될지 궁금합니다.

우에노 1970년대만 해도 일본은 세계에서 두 번째로 임금격차가 적은 중산층 사회라고 했죠. 스웨덴 다음인데, 가장 많이 임금을 받는 사람과 가장 적게 버는 사람의 임금 차이가 적다는 겁니다. 불과 30년 만에 격차가 늘어 미국처럼 되어버렸어요.

경제 계층별 결혼 데이터를 보면 남성의 연봉과 혼인율이 비례해요. 그런데 연봉이 1,000만 엔(약 1억 원)이 넘는 남성 가운데도 5퍼센트 안팎으로 비혼자가 있어요. 이 사람들이 왜 결혼하지 않았는지는 조사해봐야 해요. 생활 만족도를 보면 연봉과 만족도는 비례하는데, 연봉 1,000만 엔이 넘는 경우 만족도가 다소 떨어져요. 만족도가 낮은 남성의 비율이 같은 층의 비혼율보다 높으니까 기혼 남성 가운데 만족하지 않는 이들이 있다는 점을 알 수 있고요. 이런 사람들에게 결혼 생활이란 무엇일까요?

예를 들어 고소득층인 금융업 종사자 남자에게 가족은 완전히 '비용cost'입니다. 딜러로 일하면서 자기 비행기나 퍼스트 클래스를 타고 세계를 누비는 남자들이 분명 있죠. 이런 남편에게 집을 자주 비우는 것을 인정해주고 묵묵히 육아나 돌봄을 하는 아내가 없다면, 그러니까 이런 남편의 아내가 남편에게 가사나 육아를 하라고 요구한다면 남편에게 아내는 정말 비용일 겁니다. 하지만 이 정도 고소득자라면 가사나 육아를 돈으로 얼마든지 '외주화'할 수 있어요. 이건 외국을 봐도 그렇고요.

미나시타 맞습니다.

우에노 높은 임금을 받는 노동자라면 남자는 물론 여자한테도 가족은 '비용'이자 '위험 부담'이에요. 그런 경향이 나타나죠.

미나시타 가족을 유지하는 데 비용이 많이 드니까 결혼하지 않는 고소득층이 있을 거라는 말씀이죠?

우에노 있을 거예요. 많지는 않겠지만.

미나시타 1970년대가 지나고 계속 임금격차가 벌어졌다는 말씀을 하셨습니다. 그러면 저소득층은 경제적 이유로 가족을 못 만들고, 고소득층은 경쟁이 심화됨에 따라 비용이 부담스러워서 가족을 만들려 하지 않는 셈인데, 가족을 만들면 인센티브가 없다는 말씀인가요?

우에노 《21세기 자본》(토마 피케티 지음, 장경덕 외 옮김, 글항아리, 2014)에서 격차를 논한 토마 피케티Thomas Piketty*처럼 데이터를 잘 보고 말해야 할 텐데요, 1970년대에 임금격차가 가장 적었습니다. 그 시기에 학력 간 임금격차도, 기업 간 임금격차도 가장 적었죠. 대졸자와 고졸자의 초임금도 별반 차이가 없었어요. 생애 전체를 보면 임금 차가 있지만.

1960-70년대는 재밌는 시대예요. 저는 그때 살아본 사람이니까 산증인으로서 말할 수 있겠네요. 당시는 공장에 근무하던 노동자도 직업란에 '회사원'이라고 썼죠. 그런 시대였어요. 그 후 1980년대부터 격차가 벌어졌고, 1990년대가 되면서 격차가 매우 커졌지요.

예를 들어 닛산자동차 사장의 임금은 평사원 임금의 130배예요. 이런 임금격차는 1970년대 일본 사회에서는 상상할 수 없었죠. 1970년대는 사장과 평사원의 임금격차가 세 배 정도였으니까. 미국은 1970년대에도 능력주의meritocracy라고 해서 자격이나 학력에 따른 임금격차가 일본보다 훨씬 컸어요. 일본처럼 초임급 평준화도 일어나지 않았어요. MBA(경영학 석사) 자격이 있으면 처음부터 동세대 사원 초임급의 네 배를 받는 식이었죠. 미국과 비교해보면 일본은 능력주의 사회라고 할 수 없는데 말예요.

미나시타 일본은 초대졸자 일괄 채용입니다. 연령에 따라 임금을 더 받는 연공임금**이고요. 이거 꼭 고립되고 진화가 없는 갈라파고스 같지 않아요?

우에노 갈라파고스는 맞는데, '일본식 경영 시스템'이 태어난 곳이

• 프랑스의 경제학자로 소득과 불평등을 연구한다.
•• 장기 고용을 전제로 근속 연수에 따라 임금이 인상되는 방식. '연공서열' '일본식 경영 시스템'이라고도 불린다.

비혼입니다만, 그게 어쨌다구요?!

1920년대 미국이라는 통설이 있어요.

미나시타 지역 커뮤니티도 전부 1920년대 미국이 모델입니다.

우에노 맞아요. 고도성장기에 미국을 따라 해서 성공했다고 보니까 관성처럼 미국을 따라갔죠.

큰 전환점이 된 고도성장기

미나시타 고도성장기에 성공한 경험이 있어서인지 그 시기에 형성된 습관을 전통문화처럼 뿌리 깊은 것이라 여기는 이들이 많습니다.

우에노 많다마다요. 하지만 전통의 뿌리는 얕죠. 정말 가까운 과거니까요.

미나시타 옛날부터 여성이 집에서 가사나 육아만 해온 것처럼 말하는 이들이 많은데, 이것도 직장과 주거가 분리된 형태로 일하는 방식이 생기고 나서 발생한 일입니다. 전통 사회, 그러니까 1차 산업 종사자가 많던 시절에 여성은 가사나 육아만 하지 않았어요. 근대 일본에서 메이지유신이 일어났을 때조차 90퍼센트에 이르는 사람이 농민이나 어민이었습니다.

우에노 고도성장기 직전인 1950년대까지 일본은 농업국이었죠.

1960년대는 '생활 혁명 시대'*라고 하는데, 생활 방식이 가장 심하게 바뀐 시기죠. 산업별로 보면 1950년대까지 1차 산업 종사자 비율이 30퍼센트인데, 부차적으로 농업을 하던 이들을 포함하면 농가 세대 비율이 50퍼센트가 넘었어요.

2차 세계대전 후 태어난 베이비 붐 세대를 축으로 보면, 그 전 세대와 완전히 다르죠. 부모와 전혀 다른 생활을 하고 부모가 전혀 모르는 인생을 사는데, 마치 옛날부터 그런 것처럼 착각하는 거예요. 지금 부모들은 앞으로 자녀가 자신과 같은 생활을 한다고 장담할 수 없다는 점을 알아둬야 해요.

미나시타 우에노 선생님 어머니 세대는 산업 구성비로 보면 농가에 시집간 며느리가 많았습니다. 그 후 샐러리맨의 아내로 크게 바뀌었고요. 일본 기혼 여성의 역할이 극적으로 바뀐 셈이죠. 소속이나 생활 양식도 많이 바뀌었습니다. 농가의 며느리는 농사일로 중노동을 하고 가사나 육아는 물론, 나이 든 부모를 돌봐야 했습니다. 그런데 전업주부들이 많던 시대처럼 전업주부로서 가사나 육아를 면밀하게 하도록 요구받지는 않았습니다. 육아는 농사일을 은퇴한 노인이나 조금 더 성장한 아이들이 많이 했고요. 육아가 아내에게 전적으로 부과되지 않았죠.

우에노 농가 세대는 전업주부가 존재하지 않는 '일가족 노동단'이나 마찬가지였어요.

● 대규모 인구가 농촌형 자영업에서 도시형 고용자로 생활양식을 바꾼 변화를 일컫는다. [원주]

비혼입니다만, 그게 어쨌다구요?!

미나시타 일가족 노동단이라니, 딱 맞는 말씀이네요. 친족 공동체가 하나 된 노동 집단이었습니다. 그런 형태에서 변해온 것인데도 마치 옛날부터 현재와 같은 가족이 쭉 있었던 것으로 착각을 합니다. 인간은 한 세대만 지나도 제인 제이콥스Jane Jacobs**가 말한 것과 같은 '집단적 기억상실'***에 빠집니다.

우에노 정말 그래요. 2011년 3월 11일에 일어난 대지진만 봐도 그래요. 원전 사고가 난 지 얼마 지나지 않아서 그것을 잊어버렸죠. 정말 빨리 잊어요.

산업의 공업화로 혼인율이 상승했다

미나시타 미국 시카고대학교에 있는 사회학자 야마구치 가즈오山口一男 교수가 일본의 관리직을 조사한 결과, 고졸 남성과 대졸 여성을 비교하면 고졸 남성이 출세하여 관리직이 된다고 분석했습니다. 그는 성별 같은 선천적인 속성이 후천적인 사회적 지위에 이토록 영향을 미친다면, 봉건사회와 다를 게 없다고도 했습니다. 고도성장기 일본에서 남성은 사회적 지위를 얻는 데 유리하게 대우받은 덕분에 고졸이나 공장노동자인 남성도 자동차와 자기 집을 가지고 전업주부를 부

** 저널리스트 출신 사회운동가 제인 제이콥스는 1950년대 미국 뉴욕에서 도시재개발에 반대하는 운동을 했고, 1960년대부터 근대의 도시계획을 근본적으로 비판하는 도시학자로 주목받았다.
*** 2004년 《암흑기 이전에Dark Age Ahead》에서 자동차 보급 이후 일어난 도시재개발로 이전의 도시 생활이 송두리째 파괴되고, 많은 이들이 도시의 옛 모습을 하나도 기억하지 못하는 것을 두고 '집단적 기억상실'이라고 불렀다.

양할 수 있었지요.

우에노 1950-60년대에 혼인율이 상승해요. 누적 혼인율이 정점에 달한 때는 1960년대 중반이에요. 이때 누적 혼인율은 남성 97퍼센트, 여성 98퍼센트 가까이 됐죠. 이게 일본 최고 기록인데, 그 후로 낮아지기 시작해요. 저는 이 현상을 '순간 최대 풍속'이라고 부릅니다. 거의 모두 결혼하는 사회였으니까 '전원 결혼 사회'라고 말하는 이도 있죠. 결혼을 몹시 좋아한, 보기 드문 시대였어요.

미나시타 확실히 그렇게 볼 수 있겠습니다. 선진국 가운데서도 드물게 혼인율이 높았어요.

우에노 미나시타 씨가 지적했듯이 공업화 때문에 혼인율이 급상승했죠. 공업화 덕분에 농촌 가구에서 이탈한 농가의 차남·삼남이 도시에서 가정을 꾸릴 수 있게 되었어요. 같은 시기 출생률은 지속적으로 떨어집니다. 출생률이 낮아지는데 출생 건수가 늘어난 것은 혼인율이 상승했기 때문이죠.

미나시타 맞습니다. 부모의 재산을 물려받지 못하는 차남이나 삼남도 공업화로 안정된 직장을 얻고, 아내를 맞이할 수 있게 됐습니다. 이렇게 국민 생활이 평준화되면서 남성은 누구나 평등하게 결혼할 수 있다 보니 고도성장기 전원 결혼 사회가 온 거죠.

비혼입니다만, 그게 어쨌다구요?!

우에노 맞아요. 가족사회학자 오치아이 에미코落合惠美子[*]가 '재생산 평등주의'[**]라고 했는데, 노골적으로 말하면 남자에게 여자를 평등하게 분배하는 것이라고 할 수 있어요. 근세에 농가의 차남이나 삼남은 독립을 못 하고 평생 부모나 장남 집에 살았죠. 자기 가족을 꾸릴 수가 없었어요. 이들은 장남이 없어졌을 때를 대비한 예비용이었죠.

미나시타 요컨대 장남을 대체할 사람들이군요.

우에노 예비용이죠. 1957년에 나온 소설《동북 지방의 신들東北の神武たち》은 일본 동북 지방의 가난한 산골 마을이 배경인데, 장남이 작은 논밭을 물려받고 차남과 삼남은 장가를 못 가는 내용이 나와요. 차남과 삼남도 여자와 섹스는 할 수 있지만 결혼은 못 하죠. 통계가 없어서 이런 차남이나 삼남이 얼마나 되었는지 파악할 수 없지만, 같은 연령대 인구의 20퍼센트가 차남이나 삼남이었어요. 이런 일이 계속되던 시대가 전근대사회죠.

미나시타 지역에 따라 달랐겠지만 대체로 맞는 것 같습니다. 근세 에도시대에는 남자 네댓 명이 유녀 한 명을 사기도 했습니다. 혼자서

---

[*] 교토대학교 교수. 국내 출간된 번역서로《근대 가족, 길모퉁이를 돌아서다》(오치아이 에미코 지음, 전미경 옮김, 동국대학교출판부, 2012)가 있다.

[**] '재생산 평등주의'는 오치아이 에미코가 든 현대 가족 체제의 특징 가운데 하나로, 사회 구성원이 대개 적령기가 되면 결혼해서 아이를 두셋 낳는 가족을 만드는 것을 가리키는 말이다.

유녀를 사려면 돈이 드니까 남자 몇 명이 돈을 나눠 내고 유녀 한 사람을 공유하는 거죠.

우에노 그런 건 화폐경제가 발달한 도시 지역에 한정된 일이있을 겁니다.

미나시타 네. 에도시대 도시에서 그랬습니다.

우에노 시골에는 '요바이夜這い'라고 해서 성인이 된 젊은이들이 혼인 전에 마을공동체의 규제 아래 자유롭게 성관계하는 풍습이 있었어요. 섹스는 할 수 있어도 부모가 될 수는 없었고요.

미나시타 요바이를 하다가 아이가 태어나면 어떻게 했나요?

우에노 당시 혼인은 아내가 낳은 아이를 남편의 집단으로 소속시키는 도구라고 할 수 있는데, 이런 면에서는 잘 완성된 제도죠. '씨'를 따지지 않았어요.

미나시타 그러다가 어떻게 근대화 이후 가부장제로 가게 되죠?

우에노 가부장제는 메이지 시대에 생긴 민법으로 강화됐어요. 가장이 허락하지 않으면 가족 구성원이 결혼을 못 하거나, 처녀성의 가치가 상승하는 일이 일어났죠. 2004년에《요바이의 민속학·성애론夜這いの民俗学·夜這いの性愛論》을 쓴 민속학자 아카마쓰 게이스케赤松啓介

씨한테 들었는데, 요바이를 하다가 태어난 아이를 '요바이 아이'라고 불렀대요.

미나시타 요바이 아이라니 재밌네요.

우에노 아카마쓰 게이스케 씨가 남부 오카야마 지방을 거점으로 현장 조사를 하다가 안 사실이라고 하더군요. 예를 들어 남자가 우는 아기를 어르고 달래면서 아기 얼굴을 보고서 "뭐야, 나하고 하나도 안 닮았잖아"라고 하더라도, 마을에서 공동체의 아이로 인정하니까 내 아이가 아니라고 부정할 수 없는 거죠.

미나시타 전통 사회에서 결혼이란 집안과 집안의 인수 합병 같네요.

우에노 딱 맞는 말이에요. 인수 합병을 하면 톱은 장남 한 명만 있으면 되죠. 차남과 삼남이 있어봤자 가족을 꾸릴 수는 없으니까.

미나시타 그렇다면 이성애자 커플의 일부일처제 같은 오늘날의 결혼 제도가 1,000년 전부터 있던 게 아니네요.

우에노 1970년대에 '근대 가족론'*이 유럽에서 일본으로 들어왔어

●　민주적이고 보편적 이상으로 제시된 근대의 '가족'이 상식적인 가족이라고 믿는 가족관에서 벗어나려 한 유럽 가족사회학자들의 연구를 말한다. 근대 가족이 실제로 산업화에 따라 진전된 성별 분업 체제(남자는 바깥일이라는 공적 영역, 여자는 가정이라는 사적 영역)에서 보호와 교육의 대상이 될 아이를 중심으로 부모와 자식 간, 부부간에 정서적인 유대를 요구하는 사적 영역이란 점을 밝히며 사회학이나 경제학·법학 등의 연구에서 가족을 다시 정의하도록 패러다임을 바꿨다.

요. 당시 유럽에서 근대 가족의 신화가 무너졌죠. 학문의 세계에서는 가족을 둘러싸고 패러다임을 전환했지만, 사회에서는 아직 패러다임이 바뀌지 않은 것일 수도 있고요.

미나시타 사회에서는 패러다임이 전혀 바뀌지 않았습니다. 그 차이를 좁히는 게 꽤 힘들죠.

우에노 음… 아까 미나시타 씨가 '집단적 기억상실'이란 말을 인용했죠? 100년 전으로 거슬러 올라가 보면 중혼도 했고, 아이를 못 낳아도 정실부인의 지위는 흔들리지 않았어요. 아이가 없으면 밖에서 데려오면 되니까.

미나시타 혈연이나 같은 피를 나눈 아이를 찾는 현상은 근대화 이후에 일어났나요?

우에노 그렇다고 봐야죠. 가족 안에서 비혈연자나 방계친족을 배제하려는 움직임도 근대화 이후에 일어났고요. 이런 움직임을 인프라의 변화로 설명하면, 무서운 기세로 몰려온 공업화 때문이라 할 수 있죠.

미나시타 맞습니다. 산업 구성비가 이렇게 변했는데도 가족을 논할 때는 포괄적으로 보지 않고 감정적인 부분만 이야기합니다.

우에노 한두 세기 범위로 생각해보면 지금 일어나는 비혼 현상도 실은 평범한 사건일 수 있어요. 전근대에는 인구의 20퍼센트 정도가 비혼 남녀였고요. 이런 현상을 당연하게 받아들이면 모두 결혼하는 사회가 오히려 한때였고, 보기 드문 시대라고 볼 수 있죠. 역사적으로 보면 일시적 시대고, 두 번 다시 안 올 수도 있어요.

평생 결혼 못 할 거라고 불안해하는 여대생들

미나시타 제가 대학에서 수업할 때 그렇게 이야기하면 여학생들이 울상을 짓습니다.

우에노 왜요? 가르치는 학생들이 그렇게 순진합니까?

미나시타 학생들이 평생 결혼 못 할 거라고 불안해합니다. 어쩌면 좋으냐고 반문하죠. 특히 여학생들이 그래요. 선배 여성처럼 결혼에 실패한 전철을 밟고 싶지 않다고 합니다. 정보화 사회에서 젊은 여성들이 수박 겉핥기식 정보를 많이 듣는 거죠. 어떻게 보면 불행한 건데, 불안해하다가 어쨌든 결혼해야 한다고 굳게 결심하죠.

우에노 수박 겉핥기라도 정보를 다양하게 접할 텐데요. 지금 미나시타 씨 이야기로는 표준 규격에 맞추려는 동일화가 진행되고, 젊은 여성들이 규격에서 벗어나는 것을 두려워하는 것처럼 들리네요.

미나시타 결혼에 실패한 사례를 듣기 싫어하거나, 불안해질 이야기만

모아서 듣는 거죠. 정보화가 상당히 진전되었는데도 이상한 현상이 일어나고 있습니다. 저는 결혼의 다양한 방식을 인정하자고 말해주는데, 왜 그런지 모르지만 그런 이야기에는 관심이 없습니다.

우에노 요즘은 대학생 수가 많지요. 어느 정도 수준의 대학이에요?

미나시타 중간 정도입니다.

우에노 여학생들이 결혼을 '생활 보장재'라고 여기는 걸까요? 그러니까 나는 결혼 못 하면 생활할 수가 없다고 생각하는 건가요?

미나시타 울상이 된 여대생이 있던 학교는 괜찮은 대학입니다. 지금 우에노 선생님 말씀을 들으니 결혼하면 생활이 보장될 거라는 희망이라기보다, 인정받고자 하는 욕구 때문에 결혼하고 싶어 하는 것 같다는 생각이 듭니다.
　제가 수업 후에 감상을 적어달라고 하는데요, 성적이 가장 좋은 학생들 바로 아래 여학생들이 불안해하는 것 같습니다. "커리어를 쌓겠느냐, 가정을 만들겠느냐"고 물으면 "가정을 만들겠다"고 합니다. 입시 성적이 높은 학생들이 가는 대학에서는 "여성의 가사나 육아에 친화적인 기업에 취직을 하겠다" "생활수준을 떨어뜨리기는 싫으니까 결혼 상대를 열심히 잘 찾겠다"는 답이 나옵니다.

우에노 돈 벌 자신이 있기 때문이겠죠. 울상을 짓던 여대생들은 부모의 경제력이 어떻습니까?

미나시타 그럭저럭 괜찮은 편입니다.

우에노 자기가 돈 벌 능력에는 기대하지 않는 학생들인가요?

미나시타 개중에는 좋은 회사에 취업이 정해진 학생도 있습니다. 그런데도 불안해하죠. 결국 인정받고 싶다는 욕구가 문제 아닐까 하는 생각이 듭니다. 공부를 그럭저럭하는 편이지만 경력을 제대로 쌓을 자신은 없는 층이죠. 불안을 없애려고 결혼해서 인정받고 싶어 하는 게 아닐까 싶습니다. 일본 사회가 뛰어난 커리어를 지향하지 않는 젊은 여성이 안정될 수 있도록 인정해주거나 자신감을 심어주지 않거든요. 이게 심각한 문제입니다.

전업주부를 바라는 여성이 늘어나는 이유

우에노 1980년대 이후 정사원 자리를 비정규직으로 고용하는 악덕 기업이 늘어나서 '악덕 기업화'가 진행됐죠. 남녀 모두 노동을 기피하고 두려워하는 마음이 생긴 것도 이 때문이라 봐요. 될 수 있으면 일을 안 하고 싶어 하죠.

미나시타 저널리스트 시라카와 도코白河桃子가 2014년에 쓴 르포 《전업주부가 되고 싶은 여자들專業主婦になりたい女たち》을 보면, 전업주부가 되고 싶은 이유로 "집안일은 해본 적이 없지만 좋아한다"고 답하는 여학생들이 꽤 나옵니다. 그런데 자세히 읽어보면 실상 집안일을

좋아하는 게 아니라 집에 있는 게 좋다는 이야기입니다.

우에노 그 점을 보면 남녀의 차이가 줄었다는 생각이 드네요. 여성도 경쟁 사회를 기피하는 마음, 공포심이 커졌다고 볼 수 있겠어요.

미나시타 그런 경향이 있습니다.

우에노 여자들에게 결혼은 노동시장 밖으로 나가도 되는 핑계가 될 수 있어요. 집안일을 좋아한다든지, 결혼하고 싶다든지 이렇게 사회적 성별 차인 젠더를 담은 말로 바꾸는 거죠. 하지만 남자들은 그게 안 되니까 집에 있는 외톨이가 된다든지, 갑자기 이성을 잃고 뚜껑이 열리는 수밖에 없죠.

미나시타 저도 같은 의견입니다. 수업 후에 감상을 받아보면, 취업 활동 시기가 지나 갑자기 전업주부가 되고 싶다는 여학생들이 배로 늡니다.

우에노 일하기를 피하고 싶은 마음을 완곡하게 표현한 거네요.

미나시타 네, 맞습니다.

우에노 그럴 겁니다. 이런 완곡한 표현이 여자는 가능하지만 남자는 불가능하죠.

미나시타 그래서 남자들이 집안일하는 것으로 인정받는 여자들을 질투하죠.

우에노 미워하기도 하고 부러워하기도 해요. '너희 여자들은 좋겠다. 집에 있는 외톨이라도 집안일을 한다고 할 수 있으니까' 이런 심정이겠죠.

거세되지 않은 아들과 딸

우에노 미나시타 씨가 여대생들이 결혼으로 인정받으려는 욕구가 있다고 했는데요, 요즘 여자들은 남자한테 선택을 받으면 비로소 자신이 사회적으로 존재한다고 여기나요?

미나시타 예를 들어 사법시험 재수생 남자 친구를 뒷바라지하거나, 예술 계열에서 꿈을 좇는 남자 친구를 지원해요. 그런데도 결혼하고 싶다고 합니다. 이 여자들한테 결혼은 생활 보장재가 아니죠.

우에노 지금 사례는 다르게 해석할 수도 있어요. '증여의 경제'로 풀어보면, 투자가 물거품이 될지도 모르니까 불안하고 두려운 거죠. 일본에서 사법시험은 세 번까지 볼 수 있는데, 남자 친구가 사법시험에 실패한다면 뒷바라지한 여자는 어떻게 할까요? 다른 남자 친구로 갈아탈까요? 자기 미래상을 변호사의 아내로 그리는 거죠.

미나시타　그럴 겁니다. 사법시험을 준비하는 남자와 사귀던 여자는 그다음에 공무원 준비 재수생 남자 친구를 사귀었습니다. 왜 시험을 준비하는 사람과 사귀느냐고 물어보니까, "엘리트 샐러리맨이 이런 나를 사랑해주지는 않을 거"라고 답하더라고요. 특이한 경우입니다.

우에노　아니, 특이하지 않아요. 결정되지 않은 상태를 유지하고 싶은 것은 자신에 대한 평가가 낮고, 어린아이 같은 감각을 유지하고 싶기 때문이죠. 그런 점에서 보면 남자도 여자도 어린아이처럼 되고 있다고 할 수 있어요. 이건 정신과 의사 사이토 다마키斎藤環 씨가 말한 대로 "거세되지 않았다"는 겁니다.* 무엇 하나 성취한 게 없는데, 내가 마음먹으면 뭐든 할 수 있다는 유아기의 감각을 버리지 않는 거죠. 꿈과 현실의 간격을 자각하지 못한 채 현 상태를 유지하려는 젊은이들이에요. 공무원 준비 재수생도, 사법시험 재수생도 그렇지 않습니까?

미나시타　맞습니다. 전에는 재수·삼수를 허용하지 않는 사회적 분위기도 있었고요. 자의식이 달랐습니다.

우에노　어린아이처럼 '마음먹으면 나는 뭐든 할 수 있다'고 생각하면서 실제로 아무것도 하지 않죠. 그런데도 이런 것을 허용하는 부모들이 있어요.

---

* 　정신분석에서는 남녀를 불문하고 인간의 성장에 '거세'란 개념을 비유적으로 사용한다. '거세되었다'는 것은 '페니스가 있으면 만능'이라는 감각을 버리는 것, 즉 인간이 성장하면서 타인과 만나 교류하며 '내가 마음먹으면 언제든 뭐든 할 수 있다' 같은 유아기의 생각을 버리고 사회 속으로 들어가는 것을 뜻한다.

비혼입니다만, 그게 어쨌다구요?!

미나시타 '이직 증후군'**이라고 천직을 찾아 이직을 되풀이하는 사람들이 있다고 합니다. 여자도 있어요. '파랑새증후군'이라고, 이상을 좇아 일이나 학교·애인을 계속 바꾸는 식이죠. 인내심 없는 젊은이들이 자기가 하는 일은 안 될 리가 없다고 여기는 겁니다.

우에노 저는 도쿄대학교에서 가르칠 때 그런 학생들을 많이 봤어요. 이룬 게 없는데 '나는 언제든 마음먹으면 할 수 있다'고 믿어 의심치 않죠.

미나시타 '내가 진짜 마음먹으면 다 할 수 있어'라고 계속 생각하죠.

우에노 원래 그런 경향은 남자들이 강했는데, 여자들도 이 경향을 좇아가고 있어요. '거세되지 않은 아들과 딸'이라고 부를 수 있어요. 전에는 여자애들이 태어날 때부터 거세된 상태였는데 이제 그렇지 않은 거죠.

미나시타 요즘은 남자도 여자도 '왕자'니까요.

우에노 맞아요. 저는 '여자 얼굴을 한 아들'이라고 하죠. 아이가 줄어든 탓이에요.

미나시타 남자애처럼 키워진 여자들이 취업 활동으로 힘들어지면 갑

●● 원어는 '트라바유トラバーユ 증후군'. 《트라바유》는 일본의 구직 정보지로, 트라바유 증후군은 천직을 찾아 이직을 되풀이하는 젊은이를 가리킨다. [원주]

자기 남자들한테 선택되지 않을까 하면서 공주가 되는 데 관심이 쏠립니다. 그러면 왕자님을 기다리던 여자들하고 구혼 시장에서 경쟁하는 거죠. 레드 오션입니다.

우에노 남자들한테 선택받을지 못 받을지 말인데요, 그 왕자님이 누구나 괜찮은 게 아니라 자기가 인정한 남자들을 말하는 거죠? '이 정도 남자와 어울리는 나', 이렇게 자기평가를 하니까.

미나시타 그렇습니다. 왕자 대접을 받다가 그것을 내려놓은 여자들이 자기평가를 하는 거니까요.

우에노 저는 남녀 차이가 이런 식으로 좁아진 상황이 정말 어렵다고 봐요.

미나시타 어렵다는 건 무슨 말씀이죠?

우에노 그러니까 딸이 마치 거세되지 않은 아들처럼 되어간다는 거예요. 프로이트 식으로 말하면 딸은 엄마 뱃속에 페니스를 놓고 나온 탓에 태어나면서부터 거세되었어요. 다시 말해 어릴 적부터 '여자애니까' '여자인 주제에'라면서 의욕이 꺾여왔어요. 그걸 거세라고 할 수 있죠.

미나시타 전에는 여성에게 자존감을 갖지 못하게 하는 수법이 잘 먹혔어요. 지금은 조금이나마 자존감 비슷한 것이 있긴 한데, 실은 자존감이 없다고 할 수 있지 않을까요?

우에노 그래요. 그렇게 자란 여자아이들은 자존심이 허락하지 않는 남자는 안 고를 거예요. 남자 친구가 사법시험이나 공무원 시험을 준비할 때는 가치가 있죠. 하지만 계속 떨어진다거나 시험을 준비하는 생활을 끝낸다면 이야기가 달라져요.

미나시타 아, 그러네요. 아까 그 여성도 남자 친구가 몇 년 지나도 시험에 떨어지니까 다른 시험을 준비하는 사람을 만난다고 했거든요. 설명을 들으니 그 이유를 알겠습니다. 왜 그렇게 시험을 준비하는 남자만 고를까 궁금했거든요.

우에노 남자의 미래를 사는 거죠.

미나시타 미래를 산다….

우에노 고도성장기에 여자가 '연애'라는 명목으로 남자의 장래성을 산 것과 마찬가지예요.

미나시타 반대로 대단한 엘리트 회사원이 접근한다면 어떨까요?

우에노 바로 사귀겠죠.

우에노 사법시험 재수생을 뒷바라지하는 여성과 반대로, 여성한테 투자하는 남성은 좀처럼 없어요. 요즘 사법시험을 보는 여성이 늘었는데, 지원하는 사람이 남자 친구나 남편이 아니라 부모, 정확히 말하면 엄마예요.

배우자 선택 조건이 바뀌고 있어요. 남자들이 신부를 고르는 조건이 유럽이나 미국처럼 되고 있죠. 엘리트 남성은 배우자를 선택할 때 돈 벌 능력이 있는지 봐요. 복지국가의 유형을 제시해서 유명해진 요스타 에스핑-안데르센Gøsta Esping-Andersen[*]은 《끝나지 않은 혁명》 (요스타 에스핑-안데르센 지음, 주은선·김영미 옮김, 나눔의집, 2014)에서, 싱글일 때 격차가 커플이 되면 배가 된다고 했어요. 부자끼리 결혼하는 경우와 가난한 사람끼리 결혼하는 경우에 격차가 크게 벌어진다는 거죠.

세대주 소득이 높을수록 배우자의 노동률이 낮아지는 것을 일컫는 '더글러스 아리사와 법칙'[**]이 있어요. 일본 여성은 고학력일수록 전업주부가 되는 게 수수께끼라고 하는데, 그렇지 않아요. 남편이 돈 벌 능력이 있다면 아내는 일하지 않는 게 현실이죠.

1990년대까지 이런 법칙이 들어맞았는데, 2000년대부터 변하고 있어요. 계층을 다섯 개 분위로 나눴을 때 가장 위인 5분위에서 아내의 취업률이 상승했거든요. 고소득 전문직 여성과 고소득 전문

---

[*] 스페인 폼페우파브라대학 사회학 교수.

[**] 미국의 경제학자 폴 더글러스Paul Douglas가 발견하고 일본의 경제학자 아리사와 히로미有沢広巳가 증명한 법칙. 남편이 수입이 높으면 아내는 일하는 비율이 줄어드는 것을 말한다. [원주]

직 남성 커플이 생기기 시작한 거죠.

미나시타 남녀 모두 고소득층인 '파워 커플'이 늘어나는 거군요. 요즘 동질혼으로 부부들 간에 격차가 벌어지고 있습니다. 의사인 여성 기혼자의 경우 70퍼센트가 남편이 의사입니다.

우에노 남성의 배우자 선호 조건이 '가정을 지켜줄 여성'에서 '벌이가 좋은 여성'으로 변하고 있어요.

미나시타 고소득층일수록 그렇고요.

우에노 유럽에서는 이런 현상이 일본보다 20년 전에 일어났어요. 유럽에서 먼저 신붓감 선호 조건이 변했고요. 일본에서는 지금도 신붓감 조건으로 용모나 성격을 보지만, 최근에 학력과 소득으로 바뀌는 추세죠. 앞으로 확실히 변할 거예요. 그건 결코 남편이 아내의 재능에 투자해서가 아니라, 원래 계층이 높은 부모가 투자한 딸을 계층이 높은 남자가 고르는 것일 뿐이죠.

일반 가정에 가정부가 있던 시절

미나시타 미국에서 맞벌이 부부를 취재한 저널리스트 지부 렌게治部れんげ 씨와 대담한 적이 있는데, 아내가 수입이 더 많으면 남편은 자신이 가사나 육아에 전념하는 게 합리적이라고 생각한다고 합니다. 남

편은 아예 퇴직하거나 반쯤 퇴직하는 형태로 다음 헤드헌팅이 들어올 때까지 아내가 버는 것으로 먹고살며 기다리죠. 그동안 재취업을 위해 기술을 배우거나 실력을 향상하는 식으로 새로운 생활 방식을 추구하는 남성이 미국에는 드물지 않다고 합니다.

우에노 그런 남성도 통계적으로 보면 소수일 거예요. 경제력이 있으면 가사나 육아는 외주화할 수 있으니까요. 엘리트 남녀가 끼리끼리 결혼하는 동질혼은 남녀 모두 기회비용이 크거든요.

미나시타 일본의 경우 가사 노동은 시간이 길뿐더러, 가정을 돌볼 책임과 육아 같은 돌봄 노동을 같이 해야 하는 일체형 노동이죠. 전에 우에노 선생님께서 "전업주부에게 시간은 대기하는 시간"이라고 말씀하셨는데요, 저도 그렇다고 생각합니다. 전업주부의 대기 시간을 전제로 남성이 일하는 방식이 성립되니까요. 육아도 그렇고, 아이가 초등학교에 갈 때까지 뭔가 일이 생기면 전화 한 통에 달려올 전업주부가 있다고 당연하게 여기죠.

우에노 일본에는 가사 노동자라는 선택지가 없으니까요.

미나시타 지금 정부가 필리핀 여성을 가정부로 들이려 하고 있습니다.

우에노 어디까지 진심인지 알 수 없는데, 들인다면 들이는 대로 문제가 생길 거예요. 필리핀 가사 노동자나 육아 노동자를 쓰는 싱가포르나 홍콩에서는 일하는 여성들에게 일과 가사, 일과 육아의 양립은 아무런 문제가 아니죠.

미나시타 지금 일본인은 가정 지원 센터든 가사 노동자든 '남을 가정에 들이지 말라'고, 외국인은 더욱 들이지 말라고 강하게 기피하는 상황입니다.

우에노 일시적일 거예요. 2차 세계대전이 발발하기 전에 중류층 가정에서는 가사 노동자로 하녀를 들이는 게 보통이었으니까요. 1910-20년대 급여 생활자의 집은 기껏해야 30제곱미터 넓이인데, 그 좁은 주택에도 입주 하녀의 방이 있었어요. 1948년생인 저도 어릴 때 집에 가사 노동자가 있었어요.

미나시타 하녀나 하인이 있던 시절이 2차 세계대전 직후까지 계속됐군요. 저희 어머니도 우에노 선생님과 같은 세대인데, 어릴 적에 도우미 언니와 할머니가 계셨다고 했습니다.

우에노 그랬을 거예요. 가정에 남이 있는 게 아무렇지도 않았죠.

미나시타 엄마가 저를 봐주시던 도우미 할머니가 음치라서 너도 음치가 됐다고 말씀하셨어요. 외증조부가 크게 사업을 해서 집도 저택이었는데, 가족이 집안일을 다 할 수 없어 집안일을 돕는 여성을 쓰다 보니 집이 시끌벅적했다고 합니다.

우에노 그런 가정이면 있었겠죠. 1950년대에는 도우미가 아니라 하녀라고 했어요.

보수적인 결혼관이 비혼의 원인이다

우에노 저는 젊은 남녀의 결혼관이 최근 들어 보수적으로 바뀌었다
고 생각하지 않아요. 전과 똑같은 결혼관을 거의 비슷하게 유지할
뿐인데, 사회가 바뀐 것이라고 봐요.

미나시타 유지한다고요?

우에노 네. 장기간에 걸쳐 보수적인 결혼관을 유지하는 게 비혼의 원
인이라고 생각해요. 이 점은 20년쯤 전부터 관련 데이터를 조사한
사회학자가 늘 말해왔죠. 그 추측이 맞았어요. 보수적인 결혼관을
바꾼다면 결혼할 남녀가 늘어날까요, 늘어나지 않을까요? 어떻게 보
십니까?

미나시타 결혼관을 바꾼다, 안 바꾼다 논하기 전에 말만 해서는 바뀌
지 않을 거라 봅니다. 많은 이들이 논의하기도 전에 상식이라고 생각
하는 결혼을 선택하거든요. 그래도 일단 보수적인 결혼관을 바꾼다
면 변화가 빠를 겁니다. 좋게 말하면 바뀌는 게 빠르다고 할 수 있고,
나쁘게 말하면 경박하다고도 할 수 있죠. 또 바뀌고 나면 바뀌기 전
의 가치관은 싹 잊어버릴 겁니다. 최근에 받아들인 것만 전통이라고
굳게 믿겠지요.

비혼입니다만, 그게 어쨌다구요?!

우에노 동의합니다. 거시적인 인구 동향을 보면, 1970년대부터 선진 공업국에서는 대개 '성 혁명'이 진행됐어요. 그 가운데 이혼율과 혼외 출생률도 상승했어요. 실제 데이터를 보면 혼외 출생률이 높아진 원인은 사실혼, 즉 동거가 늘어났기 때문이에요. 선진국에서 대개 법률혼은 만혼이 되는데, 사실혼의 시작 연령은 장기적인 추세로 볼 때 별로 변화가 없어요. 사실혼으로 태어난 아이들이 많아서 혼외 출생률이 높고요.

외국에서 온 인구학자를 만나면 항상 의아한 표정으로 "일본은 법률혼 시작과 동거 시작이 일치하는데 왜 그러냐"고 물어요. 또 한 가지 물어보는 게 섹스 문제예요. 섹스는 주택문제이기도 한데, 동거 시작과 법률혼 시작 연령이·일치하고 만혼 추세니까 성적으로 가장 왕성한 나이에 젊은이들은 어디에서 섹스를 해결하느냐는 거죠.

미나시타 그렇군요. 프랑스 철학자 미셸 푸코Michel Foucault*가 일본에 왔을 때 러브호텔(모텔)을 예찬했다지요?

우에노 그래요. 저도 "섹스는 가정 밖으로 아웃소싱 했다"고 답하죠. 아웃소싱이 일어나서 모텔이라는 대단한 도시 인프라가 일본에 완비되었다고요.

•   후기구조주의를 대표하는 프랑스의 철학자이자 사상가. 인간·이성·주체와 같은 서구의 근대성이 역사적으로 어떻게 성립돼왔는지를 연구 주제로 삼아 철학뿐 아니라 인문학 전반과 사회과학에도 인식론적 전환을 불러일으킬 만큼 지대한 영향을 주었다. 이 대담집에서는 2장 〈싱글 사회와 저출산 시대를 맞이하다〉, 5장 〈비혼 시대의 섹슈얼리티를 이야기하다〉에서 푸코의 저작을 들며 푸코가 제시한 권력에 대한 개념이나 섹슈얼리티를 언급한다. 한편 푸코는 1970년과 1978년에 일본을 방문했다.

미나시타 숙박부에 이름을 안 적고 들어가는 곳도 있다고 합니다. 푸코는 일본에 대해 큰 오해를 하고 프랑스로 돌아갔군요.

우에노 오해가 아닐지도 몰라요.

미나시타 섹스는 주택문제라는 말이 딱 맞는 것 같습니다. 좁은 집에 사는 부부는 애들을 재우고 모텔에 가기도 하니까요.

우에노 싱글 남녀가 모두 부모와 동거하는 비율이 높은데, 이성 친구를 집에 데려오기는 힘들죠.

왜 동거, 사실혼이 늘어나지 않는가?

미나시타 섹스는 주택문제라는 말이 정말 재밌습니다. 또 하나 일본에서 법률혼을 하지 않으면 비혼(싱글)이라고 구분하는데요, 거시적으로 보면 대개 맞긴 합니다. 유럽이나 미국에서는 법률혼이 아니더라도 파트너십이 있잖아요. 그래서 북유럽이나 프랑스에서는 혼외 출생자, 그러니까 법률혼 밖에서 태어난 아이들이 절반이 넘습니다. 이게 북유럽이나 프랑스에서 출생률을 높인 원인이기도 하고요. 일본은 그렇지 않아요.

우에노 일본에서는 법률혼과 남녀의 동거 시작이 일치하니까요.

미나시타 네, 동거 시작과 법률적인 혼인이 같은 시기에 일어나야 한다고 보는 거죠.

우에노 선진국에서는 1970년대 성 혁명 이후 40년간 큰 변화가 일어났어요. 사실 선진국에서도 1970년대까지 성 의식은 극히 보수적이었어요. 미국의 성 의식이 얼마나 보수적이었는지 상징하는 말로 '페팅petting'이 있죠. 성기를 애무하지만 삽입하지 않는 성적 테크닉이에요. 이 말도 이제 안 쓰지만요.

결혼할 때까지 처녀로 순결을 지켜야 한다는 규범의식이 페팅 같은 특수한 말을 만들었는데, 지금은 아무도 쓰지 않아 없어졌죠. 대신 혼전 성교가 당연해져 사실혼이 널리 퍼졌는데, 일본에서는 그런 현상이 일어나지 않았어요. 1972년에 가미무라 가즈오上村一夫가 젊은이들의 동거를 그린 만화 〈동거시대同棲時代〉가 나왔어요. 당시 동거가 많이 늘어날 거라는 기대가 있었는데 그렇지 않았죠.

저는 그 원인을 몰랐다가 나중에 알게 되었어요. 동거가 늘어나지 않은 것은 부모의 인프라를 이용하는 게 가능했기 때문이에요. 부모의 인프라를 이용해야 남자와 동거하는 것보다 높은 생활수준을 유지할 수 있으니까요.

미나시타 '기생충 싱글'이라 불리던 사람들이 있습니다. 남자 친구와 동거하기보다 부모와 함께 사는 게 훨씬 쾌적하고 안전하다는 거죠.

우에노 생활수준이 높고, 엄마라는 주부가 딸려 있으니까요. 자식들도 "밥 줘, 목욕물 받아줘, 이제 잘래" 하는 식으로, 아저씨가 하는 생활 방식으로 사는 거죠.

미나시타 거시적으로 보면 동거는 늘지 않았습니다.

우에노 맞아요.

미나시타 베이비 붐 주니어 세대* 이후 변화 가운데 대학이 수도권 교외에 자리 잡았다는 점도 있습니다.

우에노 그래요. 주택문제로 보면 베이비 붐 세대는 집을 떠나 외지에 있는 대학에 진학한 경우가 많아요. 당시는 주택 형편이 정말 나빠서 5제곱미터(약 1.5평) 한 칸짜리 집에서 동거하기도 했으니까요.

미나시타 5제곱미터에서 동거하다니 지금 젊은이들은 상상조차 못 하겠군요. 그렇다면 부모집이 훨씬 더 쾌적한 게 확실하죠.

우에노 남자와 동거해서 생활수준이 떨어지는 것을 선택하지 않고 부모의 인프라에 의존했죠. 그게 가장 좋은 조건이니까요.
　　한 가지 더 있어요. 아까 법률혼과 동거의 시작이 거의 일치한다는 이야기를 했는데, 저는 성 행동에서 큰 변화가 있었다, 즉 결혼과 섹스의 분리가 일어났다고 봅니다. 이 대담을 시작할 때 제가 사회민주당 대표 도이 다카코가 국회에서 성희롱 발언을 들었다고 했는

* 　전후 첫 베이비 붐 세대(1947-49년생)의 자녀 세대(1971-74년생).

　　　　　　　　　　　　　비혼입니다만, 그게 어쨌다구요?!

데요. 성희롱한 녀석들은 법률혼을 안 하면 섹스도 안 할 거라고 전제했죠. 결혼해야 성생활을 시작한다는 거니까 나이 든 싱글 여성이 굉장히 차별적인 성희롱을 당한 거예요.

가장 나쁜 성적 괴롭힘은 아저씨들이 음담패설을 하는 자리에 독신 여성 한 명을 두는 거죠. 그리고 아랫도리 화제가 통하는지 테스트해요. 받아들이고 함께 웃어주면 "뭐야, 벌써 (섹스) 한 거야?" "벌써 (섹스를 경험)했으면 내가 손대도 괜찮은 여자구먼" 하죠. 받아들이지 않고 놀라면 "어? 모르네? 그 나이까지 아직 처녀인가 봐" 하면서 바보 취급하고요. 어떤 답을 골라도 웃음거리가 되죠. '숫처녀' '처녀'란 말이 쓰이던 시절은 정말이지 잔혹한 시대였어요.

미나시타　그렇습니다. 이중으로 억압되었으니까요.

우에노　이제 섹스와 결혼이 따로 가는 시대가 되었기 때문에 이런 성적 괴롭힘은 완전히 효력을 잃었어요. 싱글로 지내는 것에 대한 부담이 가벼워졌죠. 제가 실감해왔어요.

1960년대에는 34세도 노처녀 취급을 받았다

미나시타　지금 하신 말씀은 추리소설가 마쓰모토 세이초松本清張가 1961년에 쓴 단편소설 〈화분을 사는 여자鉢植えを買う女〉 같은 이야기네요. 노처녀라고 불리면서 괴로움을 당하던 직장 여성이 주인공이죠. 취미로 저금을 하다가 주변 사람들에게 이자를 붙여 돈을 빌려

쥐서 모두 싫어하니 당연히 연애 대상도 못 되고. 이 여자가 서른네 살인데, 사람들이 절대 결혼할 수 없는 할머니 취급하죠. 이 소설이 1993년에 드라마로 만들어졌을 때 서른두 살로 나이 설정이 바뀌었고, 드라마를 리메이크한 2011년에는 쉰두 살로 설정되었습니다.

우에노 오! 스무 살가량 차이가 나는군요. 성 경험이 없는 쉰두 살 처녀로 설정한 건가요?

미나시타 처녀인지 아닌지는 모호합니다.

우에노 이제 처녀인지 아닌지 따지지 않죠.

미나시타 드라마에서도 그랬습니다.

우에노 수십 년 만에 변화가 일어났다고 할 수 있겠네요.

미나시타 그렇습니다. 반세기가 지나는 동안 절대 시집갈 수 없다고 이야기하는 나이가 스무 살이나 많아졌으니까요.

우에노 요즘 같으면 쉰두 살은 재혼 적령기죠, 하하. 성 행동에 관한 데이터를 보면 저희 세대는 첫 섹스 상대가 결혼 상대인 여성의 비율이 높아요. 70퍼센트쯤 될 겁니다. 요즘 여성은 첫 섹스 상대가 결혼 상대인 경우는 드물어요. 마사코 왕세자비가 나루히토 왕세자와 결혼하며 관심을 모았을 때, 마사코가 처녀인지 따지는 언론이 없는 것을 보고 시대의 변화를 통감했어요. 화제로 삼지도 않았죠. 그런 보도를 억제한 면도 있지만요. 1990년대에 시대가 변했다고 생각했어요. 가부장제의 화신이라 할 수 있는 천황 가도 바뀐 거니까요.

미나시타 그렇군요. 몇 년에 결혼했죠?

우에노 1993년이에요. 제가 도쿄대학교에 부임한 때라 기억이 나요. 그래서 제가 나중에 농담 삼아 이야기했어요. 마사코 씨는 황실로 시집가서 적응하기 힘들었지만, 저는 도쿄대학교에서 태연하게 잘 지냈다고요.

미나시타 마사코 씨는 외교를 하고 싶어서 결혼한다고 했죠?

우에노 그건 겉으로 한 이야기가 아닐까요? 이중·삼중으로 압력을 받았을 거예요.

미나시타 포위되었다고 볼 수 있을까요?

우에노 청혼에 '노'라고 하면 안 된다는 압력을 받았거나, 나라를 위해 눈물을 삼키라고 부모한테 설득당해서 결혼했겠죠. 자라온 환경과 문화가 다르니까 적응하는 데 문제가 생길 법도 해요.

미나시타 외국에서 자랐으니 적응하기 더 힘들었을 거예요. 그런데 동서(왕세자 동생 아키시노노미야의 부인)가 아들을 낳자 그전까지 이야기되던 여성 천황제가 쏙 들어갔죠?*

우에노 네, 정말 무서운 일이에요.

미나시타 히사히토가 어른이 되면 상당히 힘들 것 같습니다.

우에노 과연 누가 결혼해주려고 할지 모르겠네요. 저는 여성 천황제
에 반대하는 보수주의자들이 오히려 천황 가의 멸망을 앞당긴다고
말하죠.

미나시타 맞아요. 강고한 보수주의의 근간을 잘 보면 그런 문제가 있
습니다. 순수성을 굳게 지킨다고 집착하면, 현실적인 조건이 맞지 않
을 경우 내부에서 붕괴가 시작될 가능성이 높아지니까요. 그래도 아
까 이야기가 나온 것처럼 언론을 비롯해 일본 사회가 변하고 있으니
희망이 있다고 생각하고 싶네요.

---

* 나루히토 왕세자와 마사코 왕세자비가 2001년 딸 아이코를 낳고 왕세자 동생 부부에게도
아들이 없자, 초대 여왕 논의가 나왔다. 하지만 2006년 말 동생 부부가 아들 히사히토를 낳으면
서 히사히토가 왕위를 계승하게 되었다.

비혼입니다만, 그게 어쨌다구요?!

2장

싱글 사회와
저출산 시대를 맞이하다

사회보장에 싱글이 낄 자리는 없다

미나시타 고도성장기에 확립한 결혼관이나 가족관을 뜯어고치면 싱글도 살기 편한 사회가 될 거라고 보시는지요.

우에노 글쎄요… 우리가 처음 본 데이터를 다시 보면 인구의 약 20퍼센트가 남녀 싱글이고, 앞으로 약 20퍼센트가 항상 싱글인 사회가 될 가능성이 있어요. 그 20퍼센트 가운데 남자를 보면 20퍼센트는 낮은 계층에 집중되어 결혼 제도에서 배제되겠지요. 남자는 결혼하고 싶어도 할 수 없고, 여자는 결혼을 선택하지 않는 것일 텐데, 이런 '젠더 간 비대칭성' 때문에 결혼하지 않는 인구 20퍼센트가 결혼으로 연결될 가능성이 극히 낮다고 할 수 있어요.

아까 말한 것처럼 선택해서 싱글이 된 사람과 어쩔 수 없이 싱글이 된 사람이 있어요. 어쩔 수 없이 싱글이 된 사람을 사회적으로 배제한다면 여러 가지 문제가 일어날 거예요. 특히 사회보장제도가 거의 결혼한 가족 세대 단위로 짜인 경우 싱글에 대한 배제는 그대로 사회적인 위험 부담으로 이어집니다. 특히 가족을 형성한 적이 있느냐 없느냐가 노후에 영향을 미치죠. 앞으로 큰 문제가 될 거예요.

미나시타 씨는 의식 문제로 이야기하는데, 저는 인프라 결정론자라서 20퍼센트에 해당하는 이 사람들의 사회경제적 상황이 몹시 궁금하네요.

미나시타 2014년경부터 언론에서 여성의 빈곤 문제를 다루면서 어린이들의 빈곤 문제도 관심을 받았습니다. 문제는 사회보장제도가 가족 세대를 전제로 만들어졌다는 점입니다. 전과 똑같아요. 우에노 선생님이 방금 사회보장제도가 세대 단위로 만들어졌다고 하셨는데, 비혼자도 사회보장제도의 틀에서 제외됩니다. 유럽 각국에서는 대개 1970년대부터 2000년대에 걸쳐 사회보장제도의 최소 단위를 세대에서 개인으로, 돌봄도 개인 단위로 부담시키는 것을 전제로 바꿨는데, 일본에서는 손도 못 대고 있죠.

우에노 맞아요. 가족에 의존하는 그대로니까.

미나시타 최근에야 '배우자공제'나 '제삼자 피보험 제도'를 폐지하자는 논의가 시작되었습니다.* 그런데 폐지되어도 문제입니다. 두 제도는 몸이 크게 자란 아이가 작은 옷을 입어 꽉 끼는 것이나 마찬가지

---

* 일본의 사회보장제도는 소득세에서 배우자공제 한도액을 높게 책정하거나, 샐러리맨의 아내가 보험료를 내지 않아도 연금보험을 받을 수 있도록 하는 등 가족에 바탕을 둔 정책이었다. 배우자공제란 여성(아내)이 주부로 집에 있으면서 일정 소득 이하만 번다면 남성(남편)의 소득세를 매길 때 배우자공제액에 혜택을 주는 것이다. 제삼자 피보험자 제도란 전업주부가 샐러리맨 남편을 둔 경우 보험료를 납입하지 않아도 국민연금 가입자가 되는 것이다.

비혼입니다만, 그게 어쨌다구요?!

입니다. 제도가 시대에 안 맞는 거죠. 그래도 아이를 맨몸으로 거친 들판에 나가게 할 수는 없으니까 새롭게, 예를 들어 개인 단위로 돌보는 시간을 보장하는 형태로 사회보장이 재편될 필요가 있습니다. 기혼이거나 미혼이거나 차별해서는 안 되죠. 지금 배우자공제는 아내만 적용돼요. 아내라면 누구나 가족을 돌보는 역할을 하리라고 전제하는 건데, 현실과 맞지 않습니다.

예컨대 미혼인 채로 연로한 부모를 돌보는 사람도 있습니다. 종전의 '아내'가 아니라도 돌보는 사람은 얼마든지 있고, 앞으로 늘어날 것으로 예상됩니다. 그래서 그 부담을 기본으로 사회보장제도를 바꿔야 한다고 봅니다. 지금은 문제 제기조차 하지 않는 상황입니다. 자민당은 문제의식이 전혀 없고, 될 수 있으면 이혼하지 않는 사회로 만들자는 수준이니까요.

우에노　그러게요.

미나시타　이혼하지 않고 살면 사회보장비가 싸게 드니까요.

가족관이 보수적인 나라일수록 저출산이 진행된다

우에노　일본의 사회보장제도에는 '가족은 자산'이란 사고가 뿌리 깊이 박혀 없어지지 않는 현실이 있어요. 최근 눈에 번쩍 띄는 논문을 읽었어요. 1장에서 언급한 가족사회학자 오치아이 에미코의 논문인데요, "가족에게 이 정도로 무거운 짐을 지우면 가족이 높은 위험 부담이 되기 때문에 가족관이 보수적인 사람일수록 가족을 기피하게 된다"고 썼더군요.

미나시타 옳습니다.

우에노 보수적일수록 가족이 높은 부담이 된다는 건 아이러니하죠. 사회보장제도의 적용을 개인 단위로 바꾸면 가족 부담은 확실히 줄어들 텐데 말이죠.

미나시타 요즘 전업주부가 되고 싶어 하는 여성들을 보며 저도 그 부분을 되풀이해서 이야기합니다. 정말로 보수적이면서 가족을 지키려고 하는 사람들이 실은 가족을 내부에서 붕괴시킵니다. 순수한 사람일수록 내부에서 붕괴시키는 길을 걷습니다.

우에노 1장 대담 말미에 이야기한 여성 천황제 문제와도 비슷하죠. "보수적인 가족관을 유지하려는 사람들이 가족의 붕괴를 앞당긴다." 오치아이 에미코가 핵심을 잘 짚어주었어요.

미나시타 우에노 선생님은 당연히 잘 아시겠지만, 국제적인 통계를 보더라도 현모양처를 강하게 지향하고 가족관이 보수적인 선진국일수록 저출산이 진행되는 상황입니다.

우에노 그래요. 일본뿐 아니라 이탈리아·스페인도 그렇죠.

미나시타 경제 위기가 닥쳐도 가족 규범이 매우 강합니다. 아까 말한 인구 20퍼센트에 해당하는 남녀가 사회적으로 배제되고 비혼자가 되기 쉽습니다.

우에노 저는 반대라고 봐요. 비혼자가 사회적으로 배제 대상이 되는 거죠.

미나시타 그러면 '배제의 변증법'이 일어나지 않나요?

우에노 '변증법'이란 그리운 단어를 들으니 반갑군요. 무슨 뜻으로 물은 거죠?

미나시타 영국의 사회학자 조크 영Jock Young* 이 '배제형 사회'라는 말을 했습니다. 서로 배제함으로써 자신의 지위를 확보하려는 하류층이 늘어나는 사회를 뜻합니다.

우에노 그런 것도 있겠지요. 니찬네루(2CH)**에서 '여성 때리기'를 하는 인터넷 우익 남성들이 그래요. "나를 안 고른 여자들을 저주한다"고 하죠.

미나시타 진부한 방식으로 여성에 대한 적대심을 보여주는 거예요. 제

---

* 영국의 문화사회학자이자 범죄사회학자. 켄트대학교에서 사회학을 가르쳤고, 일탈 행동을 연구했다.
** 일본의 최대 인터넷 커뮤니티 사이트.

가 《한부모 여성 가장의 빈곤シングルマザ―の貧困》에서 싱글맘에 대한 이해가 필요하다고 썼더니, 니찬네루에서 "제멋대로 이혼한 여자를 지원하자고 이야기하니까 이 나라가 궁핍해지는 것"이라는 말이 나왔습니다.

우에노 그렇게 '약자 때리기'를 하는 전형적인 모델이 미국에도 있어요. 아까 배우자공제 이야기가 나왔는데, 그 문제를 놓고 다투는 이들은 빈곤층이 아니에요.

미나시타 그렇습니다.

한부모 여성 가장 때리기

우에노 싱글인 비정규직 여성, 싱글맘은 정말 힘듭니다. 미국의 사회 보장제도를 둘러싼 논의에서도 한부모 여성 가장 때리기는 단골 소재예요.

　2000년대 들어 일본에서 격차 문제에 대한 논의가 시작됐는데, 여성 단체 '한부모여성가장포럼'이 사회 격차 문제로 한부모 여성 가장에 관한 이슈를 일으키는 데 성공했어요. 그래서 모자 수당을 폐지하려는 움직임을 막아낼 수 있었고요.● 이것은 현대 사회운동으로는 드물게 성공한 사례예요. 물론 미국과 달리 일본에서 모자가정은

●　2000년대 들어 생활보호 수급자가 급증함에 따라 한부모 여성 가장을 포함해 한부모 가정에 지급하는 모자 수당을 폐지하려는 움직임이 나온 적이 있다.

비교적 납세자의 합의와 동정을 이끌어내기 쉽지만요.

미나시타 동정이 포인트입니다. 미안한 표정을 짓고 불쌍하거나 가련해 보이는 어머니라면 동정하겠지만, 반대로 당당하게 권리를 주장하는 어머니나 약자에게는 비난이 거셉니다.

러시아워에 유모차를 끌고 전철 타는 엄마를 비난하는 논쟁을 봐도 그렇지 않습니까? 미안한 표정으로 주위에 "미안합니다, 실례합니다"를 연발하면서 유모차를 끌고 가는 어머니는 괜찮지만, 멋 내고 당당하게 유모차를 끌고 가는 건 허용할 수 없다는 말이 나왔죠.

그런 논쟁이 벌어졌을 때 제가 신문에 칼럼을 썼어요. 외국에서 살다 온 독자가 그 칼럼을 읽고 "일본에서는 아이를 데리고 걷기만 해도 하루 종일 사과하며 다녀야 한다. 난 잘못한 게 없는데"라고 말하더군요.

농촌의 공동체 같은 집단에서 아랫사람이 윗사람에게 항상 말씀을 고맙게 받아들이겠다고 하는 것과 같은 식입니다. 먼저 사과하고 집단의 구성원에게 인정받는다는 식으로 몸에 밴 매너를 보여줘야죠. 직장에서 여성이 임신이나 출산·육아를 하면 그 때문에 해고하거나 퇴직을 강요하는 식으로 '모성에 대한 괴롭힘maternity harrassment'이 일어납니다. 유모차를 끌고 다니는 어머니에 대해서도 그렇고, 한부모 여성 가장 때리기도 그렇고.

지금까지 한부모 여성 가장에 대해서 이야기할 때 동정을 구하는 방식이 많지 않았습니까? 정보화가 계속되면서 어떤 이들은 이렇게 생각하죠. "아무리 봐도 좀 당당하지 않냐, 지나치게 당당하지" 하면서 당당한 한부모 여성 가장이 있다고 알게 된 겁니다. "저것 봐

라. 생활보호로 돈을 많이 받으면서 그 돈이 부족하다니, 여행도 하고 싶다니, 아이들한테 취미 생활도 시키고 싶다니, 사치 부린다" 하면서요. 이렇게 보이는 한부모 여성 가장이 나오면서, 한부모 여성 가장을 눈엣가시처럼 여기는 사람들이 늘고 있습니다.

어린이집 입학은 수혜가 아니라 권리다

우에노 눈엣가시처럼 여겨지는 사람들이 누구인지 좀 더 정밀하게 조사해야 할 거예요. 한부모 여성 가장이 동정받는 대상이 되는 순서를 살펴보면, 배우자와 사별한 경우가 가장 많이 동정을 받고, 그다음이 이혼이나 별거한 경우, 가장 적게 동정을 받는 게 비혼 여성이죠. 이혼·별거하거나 비혼인 한부모 여성은 동정은커녕 제멋대로 사는 여자라고 비난을 받아요.

미나시타 네, 그렇습니다. 이혼을 쉽게 선택하는 사람이 어디 있겠습니까? 남편이 아내에게 이혼을 요구하는 사유는 '성격 차이'가 압도적으로 많습니다. 아내가 남편에게 이혼을 요구하는 사유는 단지 성격 차이가 아닙니다. 가정 폭력이나 생활비를 주지 않는 문제, 정신적 학대와 같이 현실적으로 여성의 몸과 마음이 손상되어 이혼에 이를 수밖에 없는 경우가 많습니다. 여성은 자신이나 아이의 생명·건강을 지키기 위해 이혼을 선택합니다. 제멋대로 살려고 이혼하는 게 아니란 말이죠. 인간으로서 당연한 권리 아닙니까? 그런데 이 사회에서는 여성이 이혼을 선택하는 게 권리가 아니라 제멋대로 구는 것이라고 여깁니다.

우에노 지금 이야기를 들으니 도쿄의 한 구의원이 운영하는 블로그가 떠들썩하던 사건이 떠오르네요. 구립 보육원에 아이를 입학시키려다가 떨어진 어머니들이 행정 불복 심사청구를 냈죠. 획기적이고 역사적인 사건입니다. 보육원에 아이를 입학시키는 건 수혜가 아니라 "우리 권리다. 권리인데 침해당했다"는 이야기였어요. 그러자 서른일곱 살인 그 구의원이 블로그에 "공적 지원을 요구할 수 있다. 그런데 좀 더 공손하게 부탁하라"고 써서 여성들의 비판이 거셌죠.

청구를 낸 어머니들이 한부모 여성 가장은 아니에요. 여성이 아이를 보육원에 맡기고 일하러 가는 건 수혜가 아니라 권리라고 본 거죠. 상식이 바뀌었어요.

과거에는 아이를 키운 경험이 있는 아주머니들이 이런 여자들에게 불평했어요. 예컨대 아이를 유모차에 태우고 전철에 타면 대개 "젖먹이를 데리고 나다니지 말라"거나 "전철이 만원이니 아이를 태우지 말라"고 했죠. 우리 때는 그러지 못했는데, 너희 세대가 하는 건 허용할 수 없다는 거예요. 이제 그런 아주머니들이 없어진 대신, 젊은 남자들이 일하는 엄마 때리기를 해요. 젊은 남자들의 원한과 증오·여성 혐오는 단지 약자인 한부모 여성 가장에 대한 분노 때문이 아니고, '나를 선택하지 않은 여자들'에 대한 증오에서 비롯됐다고 봐요.

미나시타　베이비 붐 세대는 연애결혼을 했다, 1960년대 이후 연애결혼이 중매결혼을 앞질렀다는 게 유명한 이야기인데, 정말 연애결혼을 한 것일까요? 같은 세대로서 어떻게 보십니까?

우에노　저는 베이비 붐 세대가 연애결혼을 했다고 생각하지 않아요. 그 연애란 게 대체 무엇이었는지 말해볼까요?

미나시타　네, 꼭 듣고 싶습니다.

우에노　데이터를 보면 1960년대 중반에 배우자 선택 행동이 중매에서 연애로 바뀌긴 했어요. 좀 더 세밀하게 거주지·계층·부모의 직업 등을 살펴보면 첫째, 연애로 결혼했다고 하는 사람이 동질혼을 하는 경향이 중매결혼보다 강하다는 점을 알 수 있어요. 결국 비슷한 사람들끼리 고른다는 점, 연애결혼으로 오히려 동질혼의 경향이 강화되었다는 점을 볼 수 있죠.
　둘째, 당시 여자들은 '남자의 미래에 건다'고 했어요. 현재가 아니라 미래를 사는 거죠. 저는 스탕달Stendhal이 쓴《적과 흑》의 주인공 쥘리앵 소렐이 떠올라요.[•] 일본의 베이비 붐 세대가 연애결혼을 한 때는 그 세대 전체가 학력이나 계층의 상승을 경험했어요. 예를 들어 농가 출신 아들이 도쿄의 이름 있는 대학에 진학해서 관료나

[•]　《적과 흑》은 프랑스혁명 이후 왕정복고 시기인 1830년대를 배경으로 평민 출신 남자 주인공 쥘리앵 소렐이 결혼으로 신분 상승을 꿈꾸는 내용이다.

회사원으로 출세하는 거죠. 농가의 아들도 출세가 가능한 직무 경력을 쌓을 수 있었어요. 그러자 여자들이 저학력인 지방의 자산가 아들과 결혼하기보다 자산은 없어도 고학력인 남자에게 장래성이 있다고 생각했죠. 계층 이동이 커졌을 때 여자들이 장래의 경제 계층에 투자한 셈이에요.

당시 베이비 붐 세대는 부모 세대보다 계층 상승이 가능했어요. 그러니까 어떤 남자를 골라도 큰 실패가 없는, 낚시하면 물고기가 바로 미끼를 무는 상태였다고도 할 수 있죠.

미나시타　과연 그렇군요. 그 전에는 집안이나 재산이 문제였죠.

우에노　고졸이라도 대기업에 들어가면 장래가 보장되니까 출신 계층이나 현재보다 미래를 구매하는 거죠.

미나시타　베이비 붐 세대는 미래를 샀군요.

우에노　저는 그 모습을 보며 '당신은 이 남자의 현재가 좋은 건 아니군요'라고 생각했어요. 현재가 아니라 미래를 고른 거니까. 고도성장기다 보니 그 미래가 개연성이 높고, 예상대로 잘 맞았죠. 당시는 고졸인 지방 자산가 아들보다 가난하더라도 대졸인 남자가 장래성이 있었어요. 여자들은 '연애결혼'이란 명목 아래 '합리적 선택'을 한 거죠. 피게티가 말했듯이 고도성장기에는 노동생산성이 자산 이득을 웃도는 시기가 있었어요. 1980년대 이후 자산 이득의 상승률이 높아지자, 자산 보유자의 가치가 다시 상승하지만.

미나시타 확실히 요즘은 똑같지는 않지만 2차 세계대전 이전으로 돌아갔다고 할 수 있겠네요.

우에노 제가 교토에 있는 여자대학교에서 가르칠 때 부모가 송이버섯이 잘 나는 산을 가진 학생이 있었어요. 일본은 패전 후 농지 해방 덕분에 중산계급이 두터워지는 기반을 마련했어요. 이 점에서는 점령군에게 감사해도 모자라죠. 일본이 혼자 힘으로 농지 해방을 달성할 수 있었다고 볼 수는 없으니까요. 농지 해방을 못 했다면 일본의 경제성장은 더 늦어졌을 거예요.

그런데 산림 해방은 못 해서 산림 지주가 방대하게 남았어요. 산림 지주 가운데 해마다 송이버섯 철이면 업자가 산 하나에 300만 엔 정도로 버섯 입찰을 하는 산을 가진 사람들이 있어요. 그런 산이 세 개면 1,000만 엔을 그냥 얻는 셈이죠.

제가 가르치던 여학생은 어릴 때부터 집안을 잇는 딸로 자라, 부모의 뜻에 따라 데릴사위를 들인다는 생각을 했어요. 자기 인생에 다른 선택지는 없다고 여겼죠. 제가 연애결혼 하고 싶지 않느냐고 묻자, 이 학생이 "남자보다 송이버섯 나는 산이 가치 있어요"라고 하더군요. '결혼은 생활 보장재'라는 생각을 뼛속 깊이 내면화한 거죠. 빤히 내다보이는 미래를 버리는 선택은 하지 않아요.

고도성장기에는 자산보다 수입이 가치 있었고, 그 수입을 획득할 기대치가 보장된 세대 집단이 드물게 존재했다고 할 수 있어요.

미나시타 베이비 붐 세대가 자산보다 수입에 기대한 건 역사에서 특이한 시기라고 할 수 있습니다.

비혼입니다만, 그게 어쨌다구요?!

우에노 맞아요. 그때 중매결혼과 연애결혼의 비율이 바뀌었어요. 하지만 선택을 연애란 이름으로 불렀을 뿐, 거기에 애정이 따른 것인지 계산한 것인지 알 수 없어요. 거시적인 데이터로 확실히 알 수 있는 것은 연애결혼이라고 불린 것이 중매결혼보다 동질혼의 경향이 강하다는 점이에요. 즉 부모가 고를 상대와 크게 다르지 않은 상대를 '스스로 고른 것'이라고 믿었을 뿐이죠. 이걸 설명할 수 있는 개념이 사회학자 피에르 부르디외Pierre Bourdieu가 말한 '아비투스habitus'예요.● 아비투스에 공통점이 없으면 결혼 상대로 고르지 않아요. 애초부터 집단적으로 선별하니까, 그다음에는 집단에서 누구를 골라도 별다른 차이가 없는 짝짓기가 일어나는 것이라고 할 수 있죠.

고도성장기에는 기업에서 짝을 맞춰 결혼했다

우에노 연애결혼에서 사내 결혼이 많았어요. 여자가 직장에 다니는 목적은 결혼 상대를 찾는 것이었어요. 제가 여자대학에서 가르치던 1980년대에 학생들이 "나는 남자 보는 눈이 없으니까 회사가 골라준 남자와 결혼하는 게 확실하다"고 하더군요. 어떤 남자를 골라도 큰 차이가 없는 집단에서 마음이 맞는 사람을 고르는 것을 '연애'라고 불렀지요.

●   프랑스 사회학자 피에르 부르디외는《구별 짓기: 문화와 취향의 사회학La Distinction: Critique sociale du jugement)》에서 사회적 계급을 형성하는 기제로 '아비투스'를 들었다. 아비투스란 계급 의식을 반영·재생산하는 문화적 취향으로, 경험을 축적한 개인이 자각하지 않고 사고나 행동을 결정하는 취미나 기호 같은 것을 말한다.

미나시타 연애결혼을 위해 '차려진 밥상'이라고 할 수 있겠네요. 그 시대는 확실히 그랬을 것 같습니다.

우에노 교제할 시간이 없을 정도로 바쁜 님자 사원을 위해 회사가 밥상을 차려준 거죠. 친구의 소개나 요즘 하는 미팅도 차려진 밥상 같은 결혼이나 마찬가지고.

미나시타 상사가 젊은 남녀 사원을 이어주기도 했나요?

우에노 회사에서도 신원이 확실한 아가씨를 결혼할 때까지 맡아둔다고 여겼을 거예요. 직장에 들어간 여자는 목표를 이뤘으니 결혼하자마자 퇴직하고요. 반면 한 사람당 300만 엔 정도 들여 채용한 남자들은 종신 고용으로 회사에게는 평생 가야 할 사람이고. 회사가 연애나 이성 교제를 할 틈노 없이 바쁜 남자들의 배우자 후보를 사내에서 길러준 셈이죠. 여자가 직장에서 만난 남자와 결혼하면 남편이 사내에서 받는 처우나 회사 분위기를 이해하기도 하고. 그러니까 누구나 가면 물고기를 잡을 수 있는 낚시터와 같았다고 할 수 있죠.

미나시타 잡은 물고기를 수조에 넣어두는 것처럼, 아가씨는 바다를 보지 못하고 그대로 결혼해서 손잡고 소풍 가듯 신혼여행 가는 열차를 타는 거네요.

우에노 당시는 사람들 앞에서 남녀가 손잡는 시대가 아니었어요. 신칸센이 개통되던 무렵에는 고속철도를 타고 온천에 가는 게 신혼여

행의 정석이었죠. 신랑 친구들이 플랫폼에서 신랑한테 에너지 드링크를 단 화환을 걸어주면서 "만세! 오늘 밤 열심히 해라"라고 하던 시절이었어요. 첫날밤이 성생활의 시작이라고, 일단 표면적으로 그렇게 해야 하니까요.

미나시타 회사가 마치 촌락공동체 같네요. 마을 사람들끼리 결혼하듯 했군요.

우에노 네, 그래요.

미나시타 그렇다면 결혼하기 위해 굳이 소통하지 않아도 괜찮은 시대였네요? 연애하려고 의사소통 스킬을 기를 필요가 없었나요?

우에노 필요 없었을 거예요. 결혼이 풍속이었으니까.

미나시타 어느 정도 선별된, 마치 양식 낚시터 같은 커뮤니티에 있다면 처음부터 그런 낚시터에 있던 사람들끼리 결혼하는 거니까 누구를 골라도 큰 차이가 없는 거군요.

고도성장기에 결혼으로 팔자 고친 남자들

미나시타 요즘은 그런 상황이 완전히 바뀌었고 특히 여성은 비정규직이 늘었는데, 직장 내 성희롱 문제가 악화되고 있습니다. 촌락공동체

같던 예전의 회사라면 같은 회사 사람이 지켜줬다고 할 수 있는데, 그런 방패막이도 없어진 셈입니다.

우에노 비정규직은 고용이 보장되지 않으니까 진보다 나빠졌어요. 전에는 여성이 놀림을 받아도 의지만 있으면 회사에 남을 수 있었는데, 지금은 그 선택지조차 없어졌어요.

미나시타 두세 달에 한 번씩 목이 잘리고 그런 목을 이어가는 것 같은 고용 형태니까 어디에 호소해야 좋을지 모르는 형편입니다.

우에노 지난 30여 년 사이 여성이 고학력이 됐다는 것이 예전과 아주 다른 점이에요. 그러니까 이제는 여성의 학력과 출신 계층이 일치하죠.

미나시타 맞습니다.

우에노 예를 들어 전문대졸 여성과 대졸 여성을 비교해볼게요. 전에는 가정 형편이 어렵고 전문직을 지망하는 여학생이 유명 사립대에 들어갔고, 전문대에 다니는 여학생이 경제 계층이 높았습니다. 전문대졸 여성이 취직도 유리하고 이름 있는 기업에 잘 들어갔고, '일등 신붓감'이었죠. 그런데 여성의 고등교육 진학률을 보면, 1996년에 유명 사립대가 전문대를 앞질렀습니다. 1996년 이후 성적과 학력, 여성의 출신 계층이 연동합니다.

비혼입니다만, 그게 어쨌다구요?!

미나시타　신붓감으로서 브랜드 가치를 높여주는 전문대의 가치는 점차 하락하고 학력과 출신 계층이 단순히 일치하게 된 거군요. 전에는 평범한 봉급생활자 남성이 회사 중역이 될 수 있는 시대였습니다. 그러나 당시 고액 세납자 자료로 계층을 살펴보면, 봉급생활자 남성이 중역이 되어도 아내의 출신 계층이 높습니다. 그러니까 가족이나 친족이 경영하는 회사에서 봉급생활자 남성이 전무의 딸과 결혼하여 혈연관계를 맺고 출세하는 식이죠. 결혼으로 팔자를 고치는 비율은 여자보다 남자가 높았습니다.

우에노　여자는《적과 흑》의 주인공 쥘리앵 소렐처럼 자산이 없어도 신흥 부르주아계급이 될 수 있는 남자를 고르는 게 합리적이고, 남자는 자산이 있는 계층 여자를 고르는 게 경제적으로 합리적이었죠. 부르디외가 결혼은 경제계약이라고 말했는데, 그런 현상이 일어난 거예요. 부르디외가 처음으로 연구한 것이 프랑스 남부 지방에서 일어나는 결혼 전략이죠.

미나시타　문화 자본도 자산도 아내 쪽이 높았습니다.

우에노　맞아요.

미나시타　아내들끼리 어울리거나 아이를 데리고 클래식 콘서트나 전통극을 보러 가면서 우리 남편은 봐도 모른다고 하잖습니까? 남편은 집을 지키죠.

우에노 동질혼이 일어났을 때 출신 계층에서 이동한 계층을 살피면, 여성보다 남성의 이동이 많아요.

미나시타 맞습니다.

우에노 고도성장기에는 시골을 떠나 도시로 온 남자가 압도적으로 많았어요. 지방 출신 남자가 도시에서 자란 아가씨와 결혼한 거죠. 이때 경제 계층은 아내가 높고요. 시골에서 올라온 남자는 차남이나 삼남이니까 아내 쪽 가족이나 친족에 둘러싸여 살게 되었죠.

고독한 남성

미나시타 약간 비약하는 것일 수도 있겠는데요, OECD 경제협력개발기구 조사 결과를 보면 일본 남성은 일 외에 인간관계가 거의 없거나 아예 없다는 사람이 유달리 많습니다. 세계에서 가장 고독한 게 일본 남성이라고도 하겠는데, 계층 이동이 많았기 때문일까요?

우에노 그 원인도 있겠지요. 고향의 연줄 같은 자원을 잃은 것일 수 있지만, 반대로 회사가 계층 이동한 남성이 있을 곳이 되기도 하고요. 회사 커뮤니티와 연결되는 거죠.

미나시타 퇴직하면 회사 커뮤니티가 아무것도 아니라는 사실을 모르는 것 같아요.

우에노 퇴직할 때가 되기 전에는 생각하지 않겠지요. 전에는 정년이 쉰다섯이었고 퇴직하면 얼마 되지 않아 금방 죽을 거라 여겼지만, 초고령사회*가 되고 그런 예상도 다 깨졌으니까요.

미나시타 회사 커뮤니티에 속한 사람이 에덴동산 같은 회사에서 추방되면 평균 몇 년이나 더 살까요? 직업별로 본 평균수명에 관한 데이터가 있나요?

우에노 아뇨. 있다면 한번 살펴보고 싶군요.

미나시타 모 대기업은 정년퇴직하면 바로 죽는 사람이 많다고 해서 그 기업의 정년 연령이 '죽음 타이머'라는 무서운 이야기가 떠돌고 있습니다. 진위는 알 수 없지만 일본 남성이 회사 제일주의인 것은 확실합니다. 직업별 수명 자료에 맞춰 검증하고 싶네요.

우에노 그렇군요. 직업별 사망률과 직업별 치매 발생률 같은 데이터도 살펴보면 좋겠네요. 원인은 모르겠는데, 교사로 일한 집단의 치매 발병률이 높다고 합니다. 증거가 없으니까 단정하긴 어렵지만, 방금 미나시타 씨가 예로 든 죽음 타이머 같은 게 아닐까 싶어요.

●　한 사회 인구 가운데 약 20퍼센트가 고령 인구인 사회. 일본의 베이비 붐 세대(현재 65-69세)는 1,000만 명에 이른다.

우에노 제가 명문 여대를 졸업한 사이좋은 세 친구를 아는데, 모두 연애결혼을 했어요. 한 사람은 의사, 한 사람은 기업 경영자의 아들, 한 사람은 변호사와 결혼했죠. 어디서 만났느냐고 물어보니 승마 클럽 아니면 요트 클럽이더라고요.

미나시타 전형적인 아비투스의 예네요.

우에노 취미나 기호 같은 아비투스로 선별되어 만났으니, 첫 진입 장벽을 뛰어넘으면 누구라도 괜찮은 거죠. 그걸 연애라고 불러요.

미나시타 결국 같은 계층에 속하는 사람끼리 결혼하는 거군요.

우에노 네. 동질혼이죠.

미나시타 동질혼은 전부터 있었습니다. 그야말로 양갓집 규수로 가사를 돕는 정도로 직업도 없고 수입도 없는 이들이 꽤 동질혼을 했는데, 지금까지 거의 논의된 적이 없을 뿐이지요. 최근에 동질혼 지향 풍조가 갑자기 높아진 것도 아니라고 봅니다.

우에노 같은 동질혼이라도 배우자를 선택하는 의사 결정권자가 본인으로 바뀌었다는 점이 예전과 달라요. 푸코 식으로 말하면 사목권력

pastoral power*의 내면화가 일어났다고 할 수 있어요.** 그러니까 본인에게 배우자 선택 시 판단 기준이 입력되었다고 볼 수 있죠.

미나시타 '중매쟁이 소프트웨어가 몸에 설치됐다'고도 할 수 있겠네요?

우에노 그래요. 스스로 설치한 것이고, 이 현상은 지금도 바뀌지 않았어요. 여자들이 결혼 상대와 연애 상대를 선택하는 기준이 달라요. 결혼 상대는 부모한테 보여줘도 창피하지 않아야 한다고 여기죠. 아내와 애인을 고르는 이중 기준은 원래 남자에게 있었는데, 이제 여자에게도 남자와 같은 이중 기준이 있어요. 이게 잘 들어맞는 지역이 현실주의적인 분위기가 강한 오사카 쪽 간사이 지방이에요.

미나시타 그럴 것 같습니다.

우에노 간사이 지방에서는 겉과 속이 일치하는 편이라 체면치레를 하지 않아요. 그러니까 규범도 내면화하고, 사목권력도 내면화되어 작동하죠.

미나시타 그렇군요. 이런 현실주의적 성향의 여자들은 내면화된 규율

* 목자가 양 떼를 이끌듯이, 개인이 자발적으로 내면화하여 복종하도록 하는 눈에 보이지 않는 권력을 가리킨다. [원주]
** 사목권력이란 푸코가 제시한 권력 개념에서 '개인의 내면화된 자발적 권력'이다. 사목권력이 내면화되었다는 말은 양을 치는 목자에 따라 한쪽으로 몰려가는 양 떼처럼 권력이 의도하는 바와 같은 의지를 내면화한 개인이 권력에 자발적으로 복종하도록 작용하는 것이다.

discipline*에 대해 스스로 선택한다고 생각할 뿐, 분열을 느끼지 않나요?

우에노 분열을 느끼지 않아요. 권력이 철저히 지배합니다.

미나시타 무서운 일이군요.

우에노 근대적 개인주의가 원래 그런 거니까요.

미나시타 어떤 소프트웨어를 설치하려고 하면 다운되는 저 같은 사람은 정말 살기 힘든 사회입니다.

우에노 하하. 미나시타 씨는 여성으로서 OS(운영체제)가 잘 설치되지 않았겠죠.

미나시타 네. 잘 설치되지 않아서 앞으로의 인생이 훤히 예상됩니다. 어머니는 이런 저를 간파해서 어릴 때부터 말씀하셨죠. "너는 정말 괴짜 같은 사람을 만나지 않으면 시집가기 어렵고, 취업을 해도 상사나 주위 아저씨들한테 귀여움 받을 타입이 아니니까 잘하는 걸 찾아서 평생 밥벌이를 해라."

우에노 그렇군요. 미나시타 씨가 결혼한다니까 어머니는 어떤 반응을

• 권력의 메커니즘에서 일어나는 개인의 행위를 말하는 푸코의 용어.

비혼입니다만, 그게 어쨌다구요?!

보이셨나요?

미나시타 결혼할 때는 벌써 돌아가셨습니다. 어떻게 생각하실지 궁금했는데.

우에노 살아 계셨다면 미나시타 씨가 결혼하는 것을 뜻밖의 일로 받아들였을까요?

미나시타 네. 전혀 예상치 못했을 것 같아요.

우에노 미나시타 씨 본인은 어때요? 예상 밖의 일이었나요?

미나시타 네. 남편하고 같은 대학원 연구실에서 9년이나 있었는데, 어느 순간 결혼하면 자료 구입비나 광열비·주거비를 아낄 수 있다고 설득하더라고요. 맞는 말이다 싶어서 결혼했어요.

우에노 그런 이유라면 동거해도 되잖아요. 경제적 합리성을 찾아 결혼했나요?

미나시타 네. 결혼하면 각종 세금 공제도 받을 수 있고요. 설득당하다가 투항한 겁니다. 나중에 '뭐야, 내가 결혼을 해버렸네' 했습니다.

우에노 하하. 결혼은 평생 갈 거라고 생각했어요?

미나시타 애초에 저는 결혼에 맞는 체질이라고 생각하지 않았습니다. 원래 저는 후조시腐女子*이기도 하고요, 혼자서 뭘 읽거나 쓰거나 게임을 하면 행복한 백수 타입이기도 합니다. '과연 결혼 생활을 유지할 수 있을까' '내일 이혼할지도 모르겠다'고 생각하면서 지내온 게 벌써 12년째네요. 제가 아이를 낳은 것도 깜짝 놀랄 일이고요.

베이비 붐 세대의 결혼 시기는 출산율 절정기

우에노 아까 베이비 붐 세대가 결혼 적령기에 이르렀을 때 왜 동거가 늘지 않았느냐고 물어보셨는데, 생각난 게 있어요. 우리 세대는 결혼하면 바로 임신하려고 했죠. 새가 날려고 퍼드덕퍼드덕 날갯짓하듯이. 당시에는 여자들이 믿을 만한 피임법이 없기도 했지만, 사실 피임을 정말 못 했어요. 베이비 붐 세대의 출산 절정기가 1973년인데요, 이 말은 베이비 붐 세대 여성은 대학을 졸업하자마자 임신해서 아이를 낳았다는 뜻입니다. 당시 여성들은 결혼하지 않고 싱글맘이된다는 선택지를 고를 수 없었죠.

미나시타 1970년대 인구통계 가운데 속도위반 결혼 비율이 얼마나 되나요?

● 이성 커플의 연애에는 관심이 없고, 보이즈 러브Boys' Love(BL)라 불리는 남성의 동성애를 그린 소설·만화를 좋아하거나 BL을 소재로 직접 소설을 쓰거나 만화를 그리는 여성을 가리킨다. 이말은 1990년대부터 쓰기 시작해 2000년대 중반부터 널리 알려졌다. BL 장르 만화나 애니메이션에 빠진 여성이 사회적으로 비난을 받자 "그래, 이런 취향을 가진 나는 썩은(腐) 여자女子다"라고 반격한 데서 유래한 말로, 청초하고 정숙한 여성을 뜻하는 '후조시婦女子'를 패러디한 것이다.

비혼입니다만, 그게 어쨌다구요?!

우에노 그런 통계는 없어요.

미나시타 없을까요? 찾아보고 싶네요.

우에노 1980년대 후반에 국립사회보장·인구문제연구소에서 '임신 선행형 결혼' 데이터를 산출하기 시작했을 거예요.

미나시타 불륜이나 속도위반 결혼은 통계를 잡기 어렵습니다. 불륜 결혼의 비율은 알 수 있나요?

우에노 임의적 샘플을 든다면 있긴 해요. 예를 들어 여성지《와이프ゎぃふ》[••]에서 독자적으로 실시한 기혼 여성에 관한 데이터, 여성지 기자였던 오가타 사쿠라코小形桜子[•••] 씨가 여성들을 취재해서 쓴 보고서가 있죠. 무작위로 샘플링 한 통계는 적은데요, NHK가 2002년에 낸《일본인의 성 행동·성 의식日本人の性行動·性意識》이란 책이 있어요.

육아 지원에 우호적이지 않은 베이비 붐 세대

미나시타 화제를 바꿔볼까요? 여성에 대한 폭력을 보면, 사적인 거니까 내가 참으면 된다는 여성의 의식 규범은 놀라울 정도로 변하지

•• 여성이 회원으로 가입하여 기사를 투고하는 잡지로 1963년 창간됐다. [원주]
••• 프리랜스 편집자. 여성지《모어MORE》에 여성의 성을 주제로 한 기사를 투고한다. [원주]

않았다고 생각합니다.

우에노 가정 폭력이나 데이트 폭력 등 친밀한 관계에서 일어나는 여성에 대한 폭력이 줄지 않았고, 남편들이 못되게 굴거나 난폭하게 구는 것도 여전해요. 남녀 관계가 수십 년이 지나도 변하지 않으니 기가 막힐 때가 많아요.

미나시타 제가 아이를 데리고 동네에서 열린 세미나를 들으러 갔는데, 70대 할아버지가 저더러 나가라고 하더군요. 아이가 세 살 때 일인데, 가기 전에 주최 측에 아이를 데려가도 되는지 물어봤거든요. 누구든 올 수 있다, 환영한다는 답을 들었고요. 아이가 가만있지 못하니까 쫓겨나다시피 해서 밖에 있는 모니터로 세미나를 들었습니다.

우에노 세미나에서 그런 일이 일어나다니, 주변 사람들 반응은 어땠나요?

미나시타 조용하더군요. 나중에 제가 겪은 일을 듣고 힘들었겠다고 말해준 사람은 있지만, 그 할아버지가 저더러 나가라고 할 때는 아무도 말하지 않았습니다.

우에노 그 세미나는 행정 당국이 주최한 거 아닙니까? 시 당국은 어떤 반응을 보였나요?

미나시타 무시하더라고요.

비혼입니다만, 그게 어쨌다구요?!

우에노 뭐라고요? 정말로?

미나시타 그런 일이 비교적 자주 일어나는 것 같습니다. 세미나가 끝나고 주최 측에서 설문 조사를 했는데, '아이는 아직 시민이 아니니까 세미나에 데려오면 안 된다'고 쓴 사람이 있다고 하더군요. 저와 아이를 내쫓은 그 할아버지가 쓴 모양인데, 그런 말이 실제로 먹히더라고요. 초등학생이나 미취학 아이들은 시끄럽다고 출입을 아예 금지한 지역 센터도 있습니다.

우에노 정말이에요?

미나시타 네. 베이비 붐 세대 할아버지들은 집에 있으면 가족이 거추장스러워하고 자기도 심심하니까 하루 종일 지역 센터에 나와서 바둑이나 장기를 두고 도서관에서 신문을 보는데, 아이들이 뛰어다니는 모습을 보면 화를 냅니다. 목소리도 아주 크죠. 아이들은 뛰어다니려고 지역 센터에 오는 건데 말이죠.

우에노 좁은 집에서 뛰어다닐 수도 없고요.

미나시타 제가 참여하는 육아 지원 단체에서 아이들이 지낼 공간을 마련해달라고 저희 지역 센터에 몇 차례나 요청했지만, 할아버지들이 워낙 많아서 이길 수가 없습니다.

우에노 베이비 붐 세대 정년퇴직자들은 자기들만 있는 식으로 지역 센터를 이용하는군요.

미나시타 남성은 있을 곳도 갈 데도 없으니까 여러 공공장소에 나타나죠. 그냥 있으면 좋은데, 여성이나 아이를 배제하려고 하니까 어떻게든 그걸 막고 싶어요.

우에노 배제하는 것뿐 아니라 관리하려고 하죠.

미나시타 맞아요. 위압적으로 나오거나, 불평을 터뜨리거나, 관리하려고 나섭니다. 그런 언행을 보면 '이 사람들은 다르게 소통하는 방법을 모르는구나' 실감하죠. 그런 할아버지들을 자주 봅니다.

우에노 그런 사람들이 있다는 건 상상하기 어렵지 않지만, 주위에서 내버려둔다는 게 믿을 수가 없네요. 문제 제기하는 사람이 없나요?

미나시타 남자 이용자들이 압도적으로 많고요, 아이들은 조용히 시켜야 한다는 분위기도 있습니다.

우에노 그럼 세미나를 듣는 동안 아이를 맡아달라고 확실히 조치를 취하도록 해야겠네요. "아이가 시민이 아니라도 나는 시민이다. 아이를 맡길 곳이 없는데 어쩌라는 거냐"고 해야죠.

미나시타 그 세미나에서 아이를 맡아주기는 했는데, 제가 참가 신청할 때는 탁아 신청 마감이 지났다고 하더라고요. 탁아 신청자도 별로 없었는데…. 그래서 아이를 데려갈 수밖에 없었죠. 아이를 데려가려면 일찍 계획을 세워서 참가 신청을 해야 하는데, 그런 게 정말 힘듭니다.

우에노 아, 처음부터 아예 배제하려는 태도로 나오는군요. 저출산 대책을 세워야 한다면서도 아이를 키우는 세대한테 비우호적인 분위기는 전혀 안 바뀌었네요. 더 나빠졌어요.

미나시타 동네 세미나에서 토의하는 내용을 듣고 있으면, 고령자들이 각자 진정을 제기하는 식으로 경쟁이 벌어집니다. 그래서 제가 참가하는 육아 지원 단체 회원인 엄마들한테 될 수 있으면 지역 세미나에 나가라, 존재를 어필해라, 육아 지원 예산에 대한 이야기를 해달라고 부탁해요. 실질적으로 사회자본(인간관계망)을 가진 사람은 지역 내 초등학교와 중학교에 다니는 아이를 둔 엄마들이니까요. 주민자치 조직이나 학부모회, 지역 내 비영리단체를 이끌어가거나 그런 곳에서 활동하는 이들이 엄마들입니다. 그렇게 많은 일을 하는데 정작 의사 결정의 장에는 없는 셈이죠.

2011년 3월 11일 대지진과
원전 사고 이후 주부들의 고민

우에노 엄마들 사이에서 탈脫원전이나 정치에 관한 이야기가 금기라고 들은 적이 있는데 정말인가요?

미나시타 제 주변에서는 이야기하는 편입니다.

우에노 드문 경우 아닌가요? 탈원전이나 정치 이야기를 꺼내면 은근히 따돌림을 당한다고 들었어요. 저는 이해할 수 없지만.

미나시타 제가 있는 육아 지원 단체에서는 한때 후쿠시마에 사는 여성을 오키나와로 피난시키는 걸 도왔습니다. 그때 후쿠시마의 여성들은 여러 가지로 힘들었어요. 엄마들은 아이를 생각해서도 잠시나마 피난하고 싶은데, 지역사회에서 "모두 힘든데 너만 도망가느냐"면서 잡아둡니다.

우에노 "이제 가면 다시 돌아오지 말라"는 말도 나왔던 것 같은데요.

미나시타 결국 후쿠시마에서 피난하기를 바란 여성들이 대부분 "정말 떠나고 싶지만… 죄송해요, 취소하겠습니다"라고 하더군요.

우에노 그랬어요?

미나시타 정부는 방사능의 영향이 바로 나타나지 않을 거라고 했는데, 가족 관계에는 바로 영향이 나타난 거죠.

우에노 주변에 육아를 경험한 여성들이 있을 거 아닙니까? 그 사람들이 왜 아무 말도 안 하죠?

미나시타 그러게요. 인습에 눌려서 아무 말 안 하는 건지, 그 부분은 확실히 검증할 필요가 있다고 봅니다.

과거 40년간 세상은 변하지 않았다

우에노 요즘 저는 다큐멘터리영화 〈무엇을 두려워하랴, 페미니즘과 함께 살아온 여자들何を怖れる フェミニズムを生きた女たち〉* 상영회 토크쇼에 다니고 있어요. 저도 이 영화에 출연했고요. 토크쇼에서 젊은 관객들의 말을 듣고 지난 40년간 세상이 변하지 않았다는 걸 느껴요. 남녀 관계나 부부 관계에 관한 이야기가 그래요.

미나시타 일하는 여성은 늘었는데, 싸게 쓸 뿐 대우도 안 좋고 관리직 비율도 낮습니다. 아이를 데리고 다니는 여성을 비난하는 것도 여전하고요. 아까 한 구의원이 여성들은 공손하게 부탁을 하라고 했다가 거센 비판을 받은 이야기를 했는데요, 이런 문제가 이제야 사회적으로 인식되기 시작하는 것 같습니다. 하지만 생활양식이나 문화 규범은 전혀 변하지 않았습니다.

우에노 저는 의식이 먼저 바뀌는 일은 거의 없을 거라 봐요. 의식은 현실의 변화에 따라오는 것일 뿐이니까요.

● 1970년대 일본의 여성해방운동인 '우먼 리브 운동'을 한 여성들을 인터뷰하는 형식으로 다룬 다큐멘터리영화. 2014년에 제작됐다. 우먼 리브는 '우먼 리버레이션women liberation'의 줄임말이다.

미나시타 학생들의 의식을 조사해보면, 확실히 남학생들은 맞벌이를 지향하게 되었어요. 단, 맞벌이 지향하는 남학생도 '여성이 그토록 일하고 싶으면 허락해주겠다'는 식이에요. 꽤나 건방진 태도죠.

우에노 1980년대에 나온 데이터를 보면 아내가 취업하는 것을 남편이 동의하느냐 안 하느냐, 그러니까 남편의 태도가 달라지는 분기점이 연봉 300만 엔 선입니다. 아내가 300만 엔 이상 벌면 남편이 일을 그만두지 말아달라고 부탁한다는 거죠. 아내의 수입 유무에 따라 가계 규모가 달라지니까.

미나시타 30대 남자의 연 소득 중간치를 보면, 1990년대 후반부터 2000년대 후반까지 10년간 200만 엔 정도로 낮아졌습니다. 데이터를 어떻게 잡느냐에 따라 중간치 소득 추세는 더 달라지겠지만, 평균 120만-130만 엔은 떨어졌어요. 젊은 층일수록 연봉이 줄어드니까 남자 혼자 벌어서는 살기 힘들죠.

우에노 젊은 층도 그렇게 생각하지 않을까요?

미나시타 아무래도 학생들은 그렇게 생각하지는 않는 듯합니다. 사회에 나와서 몇 년 지나면 바뀌겠지만, 여자들이 일하도록 인정해주겠다는 식으로 남학생들이 오만하게 평등을 지향하는 경향이 마음에 걸립니다.

비혼입니다만, 그게 어쨌다구요?!

우에노 남녀공학에 다니면서 같은 세대 여자들이 어떻게 행동하는지, 어떻게 리더십을 발휘하는지 보고 자란 남자들이 왜 여자들한테 거들먹거리는지 이해가 안 돼요. 이런 건 왜 바뀌지 않을까요?

미나시타 그런 오만함에 대한 통계적 수치가 있는 건 아니지만, 요즘 대졸자 신규 채용 비율을 보면 여자가 남자보다 높습니다. 고용 유지 여부는 논외로 치고, 여성을 선호하는 직종이 있기 때문이죠. 그런데 남학생들이 이런 사실을 제대로 받아들이지 않는다고 생각합니다. 기업 채용 담당자한테 취직 시험이나 면접 성적 순위대로 사원을 뽑으면 여자들만 채용하게 되니까 잠재력을 감안해서 남학생들의 점수를 올려서 채용한다는 소리를 들은 적이 있어요.

우에노 그렇겠죠. 여학생들 성적이 좋잖아요. 채용할 때 여자 비율을 정해놓고 드러나지 않도록 하는 거라고 추측할 수 있어요.

미나시타 이런 말이 어떨지 모르지만, 지금까지 점수를 올려줬기 때문에 남학생들이 아직 현실을 모르는 게 아닐까 싶습니다.

우에노 그러니까 이런 경우는 여성 차별 사회라기보다 남성 우대 사회죠. 대학 합격률을 봐도 여학생이 높고요.

미나시타 빼어난 여학생, 그러니까 엘리트가 될 수 있는 여성은 별로 문제 될 게 없습니다. 반대로 이른바 여성으로서 힘이 있다고 일컬어지는, 그러니까 종전의 여성 역할을 자연스럽게 연기할 수 있는 여성도 갈등은 없을 겁니다. 이런 여학생은 "저는 열심히 노력해서 아이를 많이 낳겠습니다"라는 식입니다.

문제는 중간 정도 대학을 나오고 전문직으로 갈지 종전의 여성 역할을 할지, 어느 한쪽으로 가지 않고 찝찝한 상태인 중간층 여성일 것 같습니다.

우에노 그런 상황에서 자란 중간층 여성 가운데서 일본의 여성해방운동이 태어난 겁니다. 엘리트 여성은 여자이기 때문에 차별받는다고 하면 꼴사납다고 생각했고, 하층 여성은 재빠르게 종전의 여성 역할을 하는 것을 자원으로 삼아왔죠.

미나시타 그렇군요. 지금은 그 중간층 여성의 불만이 여성해방운동으로 이어지지 않습니다. 집단으로 이의를 제기하는 게 들이는 품에 비해 수지가 맞지 않는다고 생각하는 걸까요?

우에노 불만이 꼭 사회적 행동으로 연결되지 않더라도 배우자를 선택한다든지 가정에서 남편과 투쟁하는 식으로 연결될 겁니다.

미나시타 남편을 회유하려고 할지언정 정면으로 부딪쳐 싸우는 건 피하지 않습니까?

우에노 그런 것 같아요. 남녀 모두 갈등을 회피하는 경향이 있어요.

우에노 결혼하고 나서 남편한테 "내가 당신보다 성적이 좋았는데"라고 말하는 여자가 꽤 있지요. 평생 그 말을 합니다. 원망을 쌓아두었다가 아이한테 전부 쏟아내죠. 그래서 저는 베이비 붐 세대 남성들한테 이렇게 말해요. 당신들이 실력이 좋아서가 아니라 자신이 속한 세대와 성별이 유리하게 작용해서 고학력을 갖춘 것뿐이니, 자기 능력이라고 착각하지 말라고요.

다큐멘터리영화 〈무엇을 두려워하랴, 페미니즘과 함께 살아온 여자들〉에 등장한 사쿠라이 요코櫻井陽子 씨가 재밌는 이야기를 했어요. 사쿠라이 요코 씨가 젊었을 때 회사에 들어가자마자 여자 직원들이 같이 들어간 대학 동기 남자 직원들이 참가하는 아침 회의에 차를 타서 날라야 했대요. 대학 다닐 때 시험을 보면 동기 남자애들이 우는소리를 해서 노트도 빌려주고 졸업할 수 있게 도와줬는데, 우리가 이런 녀석들 차까지 타준다고 분개했다죠. 그래서 차 타기 거부 투쟁을 벌였는데 완전히 실패했대요. 사쿠라이 요코 씨처럼 성적이 좋은 여성들은 직장이나 가정에서 착실하게 여성해방운동을 했죠.

미나시타 요즘은 성적이 좋은 여학생들이 개인으로 싸우지 운동에 참가하려고 하지 않습니다. 중간층 여성은 커리어와 결혼 가운데 자신을 인정해줄 만한 것을 찾아 헤매는 것처럼 보입니다.

우에노 사립학교에서는 남학생과 여학생 비율이 정해졌는지도 모릅니다. 예전에 도립 고등학교에서 여학생 비율을 미리 정해놔서 큰 문제가 되었지요.

미나시타 대학 진학률이 높은 고교에서 여학생 비율이 정해진 예는 드물지 않죠. 제가 나온 대학원은 대학 진학률이 높은 고교 출신이 많이 다녔는데, 저희 세대가 고등학생이던 1980년대에 대학 진학률이 높은 지방 고교에는 남학생이 많았다고 들었습니다. 지금은 어떤지 몰라도 지방에서는 여학생이 대학에 진학하려면 진입 장벽이 높았다고 해요. 고등학교에 진학할 때부터 그 장벽이 시작되었겠죠. 남학교였다가 최근에 남녀공학으로 바뀐 학교는 상위권 대학 진학률이 껑충 뜁니다. 여학생들이 진학률을 높이는 거죠.

우에노 반대로 여학교였던 곳이 남녀공학으로 바뀌면 상위권 대학 진학률이 떨어지죠. 여학교를 남녀공학으로 바꾸려고 하면 동창회에서 반대하는 것도 이 때문이에요.

미나시타 사실 여성 할당제*가 지금까지 남자들이 우대 받아온 부분을 조금 떨어뜨리는 정도라고 봅니다.

우에노 저도 그렇게 생각해요. 남자들이 실력보다 부풀려져 우대 받아온 부분을 낮추도록 하는 거죠.

미나시타 그런데 여성 할당제 소리만 나오면 역차별이라고 여성 때리

* 남녀평등을 실현하기 위해 조직의 일정 수를 여성에게 할당하는 제도. [원주]

비혼입니다만, 그게 어쨌다구요?!

기가 빈번합니다.

우에노 누가 그러는 겁니까?

미나시타 국회에서도 그렇고, 인터넷 뉴스 댓글에도 꼭 그런 말이 달립니다.

우에노 그런 소리를 하는 건 소수 인터넷 세대인가요?

미나시타 그렇기는 합니다. 아예 이해하지 않으려 하니 기운이 빠지죠.

남녀 학력 격차는 능력 차이가 아니라 부모의 투자에 따른 결과다

우에노 교육에 대한 투자 측면에서 보면 지금까지 일본의 남녀 학력 격차가 OECD 가입국 중에서 가장 커요. 18세 인구의 진학률은 여성 52퍼센트, 남성 50퍼센트로 여성이 조금 앞서는데, 유명 사립대로 한정하면 남성이 거의 50퍼센트, 여성이 40퍼센트로 격차가 있어요. 고등교육이란 게 부모가 사적으로 투자해야 하니까요. 부모들이 딸에게 돈 들일 마음이 없다는 뜻이죠.

미나시타 GDP를 보면 일본은 선진국 가운데 가계에서 교육비 부담 비율이 제일 높습니다. 여기에서 부모의 의중이 노골적으로 드러납니다. 유명 사립대로 한정해서 봐도 여학생들이 가정학부·예술계·문학부 등 출세와 거리가 먼 전공을 선호하는 경향이 있거든요. 애초에 부모가 딸의 출세를 염두에 두지 않는 것 같습니다.

우에노 이를테면 전문대에 가는 여성, 대학에 가는 여성의 학력 격차는 능력이 반영된 게 아니라 부모가 회수할 것을 기대하지 않는 교육 투자를 2년간 할 것이냐 4년간 할 것이냐 그 차이일 뿐이죠. 저는 전부터 이렇게 생각해왔어요.

여성 의사와 변호사가 급증한 이유

우에노 대학에 진학해서 전공을 선택할 때 성별 분리가 일어나죠. 지금 미나시타 씨가 말한 대로 돈이 되지 않는 예술이나 교양 계통 학과를 여학생이 선호하는 상황은 1990년대에 들어 바뀌었어요. 여성의 고학력화, 특히 유명 사립대 진학률이 급속도로 늘어난 1990년대에 여학생들은 법학과 의학을 압도적으로 많이 선택했죠.

미나시타 그러고 보니 요즘은 의대생 가운데 40퍼센트가 여자입니다.

우에노 2000년대에 의사 국가시험 합격자 가운데 여성이 30퍼센트에 이렀고, 사법시험에서도 여성 합격률이 30퍼센트가 넘었어요. 기술이나 자격을 획득하는 직업인 의사나 변호사는 개인플레이를 할 수 있어서 조직에 들어가지 않아도 된다는 점이 재밌죠.

비혼입니다만, 그게 어쨌다구요?!

미나시타 2013년에 초등학생들에게 장래 희망을 물었더니, 여학생은 1위가 의사, 2위 어린이집 교사, 3위 파티셰로 나왔습니다. 자격을 획득하는 직종이 인기죠. 이 조사에 응답한 아이들 부모가 교육열이 높은 사람들이 많은 점을 감안해야 하겠지만요. 같은 조사에서 남학생은 1위가 축구 선수, 2위가 야구 선수로 나왔는데 이건 예전과 똑같습니다.

우에노 야구나 축구 모두 팀플레이를 하죠.

미나시타 일종의 자격이 필요한 직종이라고 할 수 있습니다. 스탠드플레이*가 가능하고요. 일류 대학에 갈 성적이 되는 여학생들은 법학부에 진학하거나, 이과 계통인 경우 공대에 가더라도 제조업 직장은 힘드니까 의학부에 다시 진학합니다.

우에노 그 여학생들의 뒤에는 엄마라는 수호천사가 있어요. 부모의 인프라가 딸의 고학력을 가능하게 하는데, 특히 엄마가 뒷받침하지 않으면 딸은 고학력이 될 수 없어요. 이때 엄마들은 딸이 조직의 일원이 될 선택을 하게 두지 않아요. 자기가 직장 생활을 해봤으니 여자가 조직에서 어떤 취급을 받는지 똑똑히 알거든요. 이건 제가 세운 가설이지만 어느 정도 확신이 있어요.

미나시타 여자는 조직에 속해봤자 좋은 일이 별로 없다, 조직에 속하

* 관중을 의식한 과장된 동작이나 플레이.

지 않는 편이 투자를 회수할 수 있는 방법이라는 말씀이네요? 이런 점에서는 아까 논의와 마찬가지입니다.

우에노 그건 모르는 일이에요. 어쩌면 남편에게 무슨 일이 벌어질지도 모른다고 생각해서 딸에게 투자하기로 선택한 것일 수도 있으니까요.

결혼 후 일하지 않는 여자 의사들

우에노 요즘 여자 의사들이 논란이 되고 있어요. 의사 자격을 딴 여자들이 일하지 않는다는 문제죠.

미나시타 '여자 의사 문제' 논란 말씀이죠? 산부인과의는 장시간 근무에 고된 일이다 보니 계속하기 어려울 수도 있지 않을까요?

우에노 여자 의사들은 대부분 자기와 같은 수준이거나 그 이상인 남자와 결혼하는데, 그들이 결혼이나 출산을 하면 복귀하지 않는다고 해서 논란이 되고 있죠. 행여 무슨 일이 벌어지면 의사 자격증이 도움이 될 수 있다, 당분간 일하지 않아도 상관없다고 남편이나 여자 의사의 가족이 허용하는 겁니다. 일에 복귀하더라도 비상근으로 근무할 수 있는 고임금 파트타임 직이어서 야근도 잔업도 없어요. 원래 출신 계층도 높은 경향이 있는데, 특히 국공립 의대는 세금을 투자해서 의사를 양성하니까 여성들에게 교육비를 들이는 건 잘못이라는 논의가 나오죠. 앞으로 여자 의사가 나라를 망하게 한다는 소리가 나올 수도 있어요.

미나시타 다른 나라에서는 힘든 분야를 선택한 사람들은 장학금을 조금 더 준다거나 다른 조치를 하는데, 일본은 그런 게 없습니다. 그러니까 전문의들이 위험 부담이 적고 단독으로 개업하기 좋은 분야를 택하지 않습니까? 피부과나 안과를 개업하려는 여성들이 많고요.

우에노 그것도 야근이 없고 장시간 노동하지 않는 조건으로, 가정생활과 양립을 전제로 선택하는 거죠.

머리 좋은 여자가
'여자'에게 주어진 자리에 만족하다

미나시타 저는 대학에서 학생 취업이나 경력 지원 업무도 하는데요, 여학생들이 국가공무원 시험을 보면 1종이나 2종에 다 붙고도 2종에 더 붙고 싶었다면서 1종을 과감히 포기하는 사례가 많아* 좀 놀랐습니다.

우에노 이해가 됩니다. 제가 명문 여자대학에서 한 학기 동안 젠더론 수업을 할 때 충격을 받았어요. 수업이 끝날 때마다 감상 쪽지를 받

---

* 국가공무원 1종은 각 행정 부처의 간부로 승진할 수 있는 데 반해, 2종은 행정 부처 과장 정도에 머물고 1종보다 임금도 적다.

는데, 그중에 이런 감상이 있었어요. '선생님 수업을 듣기 전에는 종합직을 목표로 했지만, 수업을 듣고 나니 일반직이 더 현명한 선택이라는 걸 깨달았다. 진로를 변경하겠다'*는 내용이었죠.

미나시타 충격받으실 만하네요.

우에노 저는 수업할 때 프로파간다처럼 페미니즘을 선전하는 말은 별로 안 하는 편이에요. 데이터를 보여주고 있는 그대로 이야기하죠. 그 여학생은 수업에서 제시한 데이터를 보면서 종합직보다 일반직이 여성으로서 살아가기에 유리하다고 판단했겠지요.

미나시타 머리가 좋은 여학생들은 군이 선생님의 수업을 듣지 않아도 그렇게 생각할 겁니다. 가정생활과 일을 병행하고 출산휴가와 육아휴직도 받기 쉬운 일반직이 있는데, 군이 관리직으로 갈 수 있는 종합직이 되려고 하지 않는 거죠. 종합직에 들어간 여성을 채용 후 추적해보면 70퍼센트가 10년 이내에 처음 들어간 회사에서 이직했다는 것을 알 수 있습니다.

우에노 《육아휴직 세대의 딜레마「育休世代」のジレンマ》**란 책을 쓴 저널리스트 나카노 마도카中野円佳 씨도 방금 미나시타 씨처럼 말하더군

---

* 종합직과 일반직은 일본의 기업에서 관리하는 직무에 따른 인사 제도를 말한다. 종합직은 중견 기업이나 대기업에서 중심적인 일을 하고, 전근이나 출장도 하면서 관리직으로 승진할 수 있으며, 임금이 많다. 일반직은 보조적인 일을 하면서 승진에도 큰 제약이 따르고, 임금이 적지만 전근이 없다. 종합직에는 대개 남성과 소수 여성, 일반직은 대다수 여성이 채용된다. 일반직으로 채용된 여성은 종합직으로 전환이 매우 어렵다는 점에서 여성 차별이나 다름없다는 비판을 받아왔다.

요. 여성이 남성과 같은 종합직에 취업을 해도 여성이라는 이유로 겪는 어려움 때문에 이직하는 경우가 많다는 거죠. 반대로 '지정석'에 감수하고 만족하며 머무르는 일반직 여성이 장기간 근속하는 경향이 나타난다고 했어요.

미나시타 맞습니다. 여러 통계를 봐도 분명합니다. 종합직 여성은 짧고 굵게 쓰이고 버림받는 겁니다.

야마구치 가즈오 교수가 낸 통계를 보면, 종합직으로 입사한 여성이 10년 뒤에 출세하는 경우는 10퍼센트에 불과합니다. 출세한다 해도 여성은 남성보다 시간이 걸립니다. 출세하는 여성 10퍼센트는 같은 수준으로 출세한 남성보다 장시간 노동을 많이 하고요. 그러니까 우에노 선생님이 예전에 말씀하신 '명예 남성'과 같다는 말입니다. 날마다 남성보다 오래 일해도 출세가 늦고, 그러다가 잘되면 겨우 관리직이 됩니다. 투입한 노력에 비해 얻는 게 적으니까 머리 좋은 여자들은 선택하지 않는 겁니다.

능력 좋은 여자들이
종전의 남성 중심 사회를 존속시키다

우에노 그렇게 해서 의욕이 왕성하고 능력도 좋은 여성들이 '남성 생계 부양자 모델'에 뛰어난 적응력을 보이는 사태가 생기죠. 이 여성

•• 여성들이 육아휴직을 쓸 수 있게 된 후에도 대부분 회사를 그만두거나 일할 의욕을 잃는 현실을 그렸다.

들이 협력하는 공범 관계로 지금의 시스템이 유지되고요.

미나시타 저도 아이를 맡길 곳을 일일이 찾으면서 육아를 하고, 남편 이상으로 장시간 일합니다. 그러니까 집을 관리하는 역할도 전부 하는 셈이죠. 어떻게든 가정이 돌아가게 하려고 남편의 협력과 이해를 구하고 설득하기를 되풀이하면서 하루하루 살아가는데, '내가 하는 일이 혹시 여성 전체가 일하기 힘든 상황을 조장하지는 않을까' 불안하기도 합니다.

우에노 가부장제의 재생산을 말하는군요.

미나시타 영화 《매트릭스》에 나오는 휴먼 배터리Human Battery가 된 느낌입니다. 내가 건전지가 되었다는 사실을 알면서도 사회를 유지하기 위해 건전지로 있을 수밖에 없는 딜레마에 빠집니다. 남편과 제가 시간강사로 일하다 보니 당장 살아가기도 벅차고요. 비유하자면 넓은 바다에서 조각배를 타고 둘이 손으로 노를 젓는다고 할까요? 조각배라도 노를 저어야 한다는 현실에서 살아가는 수밖에 없습니다.

우에노 좀 전에 이야기한 저널리스트 나카노 마도카 씨가 자신과 같은 엘리트 여성을 '신자유주의 세대 우등생'이라고 했죠. 이름을 잘 붙였어요.

미나시타 정말 잘 붙인 이름이네요.

우에노 그만큼 적응력이 좋다는 거죠.

육아를 하지 않는 남편들

미나시타 직접 말하기는 뭣하지만, 밟히고 차여도 어떻게든 살아갈 수 있는 저 자신이 슬퍼질 때가 있습니다. 저는 학원이나 전문학교°에서 여러 과목을 가르치기도 했거든요. 30과목 이상 가르치기도 하고. 동료 선생님이 갑자기 아프면 아침 9시부터 저녁 9시까지 수업한 적도 있고, 전공도 아닌 과목을 사흘 만에 외워서 수업한 적도 있습니다. 어느 날 정신을 차리고 보니 전문학교에서는 사회학 주임이 되었고, 시간강사인데 다른 선생님들 논문 심사까지 하고 있더라고요.

우에노 시간강사한테 그런 일까지 시키나요? 있을 수 없는 일이네요. 1990년대에 진행된 '파트타이머의 기간基幹 노동력화'°°를 쏙 빼닮았군요.

미나시타 네, 정말 악질적인 직장이었습니다. 그래도 어떻게든 아이를 키우며 살아온 건 제가 정말 애썼기 때문인데요, 남편은 아마 모를 겁니다. 출산휴가도 받을 수 없어서 원고를 쓰다가 아이를 낳았고,

---

° 1-2년 교육과정으로 취업에 필요한 전문 기술을 가르치는 고등교육 학교.

°° 비정규직 노동자 고용이 확대되면서 정규직 노동자가 담당해온 업무를 서서히 비정규직 노동자에게 이행시키는 변화를 '기간 노동력화'라고 한다. 예컨대 일본의 슈퍼마켓은 파트타임 노동자의 기간 노동력화가 가장 먼저 진전된 업종으로, 대부분 기혼 여성이 일한다.

아이 낳고 딱 사흘 쉬었습니다. 일을 안 하는 날이 거의 없었다고 보면 됩니다.

우에노 미나시타 씨가 알려주지 않으면 남편은 절대 모를 거예요. 말을 안 해도 알아주겠거니 기대하는 건 무리예요. 제가 도쿄대에서 여학생들을 보고 느낀 점이 있어요. 이 학생들은 의욕도 머리도 능력도 좋으니까 현실 적응력이 뛰어나서 어떻게든 일을 잘 처리하려고 하죠. 적응력이 떨어져서 몸과 마음이 망가질 것 같은 사람들은 그 학교에 오지 않기도 하고요. 그래도 망가지는 사람들이 많아요.

이 일 저 일 다 잘하는 능력 있는 여학생들이 취직해서 몇 년 지나고 출산이나 육아할 시기가 되면 제게 와서 우는소리를 해요. 남편이 아무것도 안 해준다고. 제가 남편한테 무엇을 요구했느냐고 물어보면 요구하지 않는다고 하죠. 말해봤지만 소용없었다고요.

그래서 앞으로 남편과 어떻게 할 거냐고 물으면 "이제 포기했다"고 답해요. "포기한 남자랑 평생 같이 살 거냐"고 물으면 금세 울 것 같은 얼굴이 돼요. 저는 육아를 하는 시기, 가장 여유가 없이 초조한 시기에 남편과 제대로 해 나갈 방도를 찾지 않으면 남편은 육아를 함께할 친구는 안 될 것이라고, 남편이 육아에 참여하지 않은 것을 원망하면서 평생 후회하며 살아갈 거라고 하죠.

그러면 굉장히 강한 여성은 친정 엄마가 애를 봐줄 거고 나도 수입이 괜찮다, 남편은 스트레스다, 같이 있는 것만으로 스트레스인 남편이라면 헤어지는 편이 좋겠다고 말합니다.

미나시타 《한부모 여성 가장의 빈곤》을 쓸 때, 그나마 이혼할 수 있는

비혼입니다만, 그게 어쨌다구요?!

여성들은 친정 엄마가 아이를 봐주는 경우가 많다는 것을 알았습니다. 제가 인터뷰한 한부모 여성들은 비교적 혜택을 받은 환경에 있었지만, 대다수 한부모 여성 가장은 가난합니다. 80퍼센트가 넘는 한부모 여성 가장이 일을 하는데 절반 이상이 빈곤하죠. 이런 참담한 상황이 통계로 나왔습니다.

이런 현상은 결국 여성의 빈곤 문제, 가사와 육아를 하면서 여성이 늘 시간에 쫓기는 '시간의 빈곤 문제'가 누적되어 나타난다고 할 수 있습니다. 우에노 선생님한테 와서 우는소리를 한 여성들은 그럴 시간이라도 있는 겁니다.

우에노 육아휴직 중인 여성들이었어요. 모두 종합직이니까 육아휴직을 쓰죠.

미나시타 좋겠네요. 육아휴직을 쓸 수 있는 우수한 인재들이군요. 저 같은 사람들은 정말 거친 세상에 아이를 데리고 다니는 늑대 같은 엄마거든요.

우에노 왜 그런지 모르지만 능력 있는 여자들만 제게 와요. 능력 있는 여자들도 육아에 허덕이며 산다는 방증이겠죠. 육아할 때 남편이 동지가 되기는커녕 스트레스인 거고. 지나치게 열심히 일한 나머지 건강을 해친 사람, 마음이 병든 사람도 있어요. 졸업하고 5년에서 10년 정도 지나서 저를 만나러 오는 거예요. 외국 기업을 그만두고 환경 관련 일을 한다고 알려주기도 하고요.

미나시타 아이가 어릴 때나 초등학교 저학년 때 여러 가지 일이 일어나는데, 그때마다 불만을 이야기해서 잘 협력하는 식으로 부부 간의 문제를 해결하지 않으면 나중에 재앙의 씨앗이 됩니다.

우에노 정말 그래요. 인생의 여러 단계 중에 특히 아이가 어릴 때가 가장 가혹한 시기죠. 그때 남편이 어느 것 하나 힘이 되어주지 않으면 아내는 평생 원망할 거예요. 나중에 "당신 그때 뭐 했어?"라고 말하는 여자들이 많아요. 평생 용서하지 않을 겁니다.

미나시타 저희 숙모님도 그러십니다. 아이가 어릴 때 서로 든든하게 도와주지 않으면, 나중에 기념일을 챙긴다거나 정년퇴직하고 여행을 가거나 해봤자 아내는 예전 일에 대한 이자를 받는다는 심정일 겁니다. 빚의 원금은 하나도 줄지 않고요.

우에노 저는 그게 참 이상해요. 그 정도라면 왜 남편에게 좀 더 책임 있는 태도를 요구하지 않는지 도통 모르겠어요. 제가 《여자들의 서바이벌 작전女たちのサバイバル作戦》에도 썼는데, 이런 여성들은 남편이 루저가 되는 것을 허락하지 않는 듯 보여요. 제아무리 능력 있는 여성이라도 결국 남편을 지원하는 쪽으로 돌아서는 거죠.

미나시타 맞습니다. 회사에 충성을 바치는 사람이 되어야 출세할 수 있는, 그런 방식으로 일하는 형태가 큰 문제입니다.

우에노 그래요. 더구나 종합직 여성들은 회사가 어떻게 돌아가는지 잘 아니까 남편을 이해하고 동정하죠. 그러면서 남편한테 점점 더 아무 기대도 안 하고. 악순환이에요.

미나시타 그런 상황이 되면 부부 간에 소통이 되지 않는 문제는 그대로 남죠.

우에노 그래서 저는 "지금 이 시점에 남편하고 잘 해결하지 않으면 평생 관계 맺기를 포기한 남자와 사는 거다, 그래도 괜찮냐"고 해요. 부부란 게 그 정도로 그치면 되는 관계인 줄 알았느냐고 물어보기도 하죠. 그러면 울상을 지어요. 여성해방운동을 하던 세대 여성들은 남자들을 도망가지 못하게 하고 추궁했어요. 아슬아슬할 정도였죠. 책임을 요구했어요.

미나시타 그랬군요. 여자들이 문제를 드러내서 이야기 좀 해보자 하면 남자들은 회피하려는 경향이 강합니다. 추궁하면 상대가 무너지는 게 상상이 되니까 안 하는 것일 수도 있습니다.

우에노 남자들한테 책임을 요구하기도 하고, 자신이 책임을 요구당하기도 하면서 일부 남자들은 바뀌었어요. 여자들은 바뀌지 않았거나 바뀌지 못한 대다수 남자를 버렸지요. 그래서 제 주변에는 이혼한 여자가 수두룩해요.

미나시타 요즘 여자들은 너무 물러요.

우에노 그런 걸 무르다고 해야 하나요? 남자에게 너그럽다고 해야 하지 않을까요? 그리고 미나시타 씨를 포함해서 능력 있고 일 잘하는 여자들이 정말 능력 있고 일을 잘해서 남편을 봐주는 게 아니에요. '어처스런 엄미'처럼 님편을 내할 뿐이죠. 여자들이 전통적인 담론을 자원으로 삼아 자신을 위로하려고 쓰던 말이 있어요. "하는 수 없네. 우리 집에 보살펴야 할 큰아들이 또 하나 있네"라고요.

아이 아빠에게 기대하지 않고
할머니에게 기대는 육아

미나시타 아, 정말 그런 식은 싫습니다. 육아를 국제적으로 비교한 논문을 보면, 일본은 육아가 엄마 중심이고 아빠가 부재한다는 걸 알 수 있습니다. 왜 이렇게 육아 현장에 아빠가 없는지 질문을 받고는 합니다. 육아 잡지만 봐도 죄다 아빠가 육아를 도와준다는 정도로 육아를 지원하는 역할만 기대하죠.

미국에서 베이비시터의 일인자라는 사람이 쓴 책을 읽어보니, 아이가 태어났을 때 아내가 먼저 할 일이 '아이를 옆에 두고 남편과 대화하기'라고 나오더군요. 아이가 태어났을 때 새로운 부부 관계를 만들지 않으면 눈 깜짝할 새에 아이 중심의 생활을 하게 되고, 서로 아이 아빠와 엄마로 대하게 되어 둘의 관계가 얄팍해진다고 합니다.

우에노 옳은 말이네요.

미나시타 그 책에는 '대리모와 갈등이 생겼을 때 좋은 변호사를 찾는 법'도 있었습니다. 미국에서는 그 정도까지 알아두는 것을 육아라고 인식하는구나 하고 약간 놀란 기억이 납니다.

일본은 아빠가 아니라 할머니한테 육아를 기대하죠. 그러니까 할머니를 육아의 자원으로 보고 아빠에게 하는 것 이상으로 할머니에게 굉장히 기대합니다.

우에노 할머니한테서 도움 받을 수 있는 상황과 그렇지 않은 상황이 있을 텐데요, 할머니의 손을 빌리면 아빠는 육아에서 더 멀어져요.

미나시타 물론 그렇습니다. 저처럼 어머니가 돌아가셨거나 시어머니가 지병을 앓는 경우는 육아 자원이 부족하다는 점을 깨닫게 됩니다. 만혼하면 부모도 나이가 들었을 가능성이 높아, 오히려 자식이 부모를 돌봐야 하는 경우도 드물지 않습니다. 친정이 멀어도 안 되죠. 제가 아는 한 기자도 멀리 사는 친정어머니를 자기 집 근처 아파트에 살게 하면서 육아 지원을 받았어요.

우에노 미국의 육아까지 알 정도로 정보량이 많은 미나시타 씨한테서 그런 상황을 전해 들으니 어이가 없네요.

미나시타 슬프지만 현실입니다. 아빠로서의 책임으로 육아할 수 있는 범위를 조금씩 넓혀갔으면 좋겠는데, 지금은 설득하는 단계입니다.

아이가 태어나도 생활 방식이나
일하는 방식을 바꾸지 않는 남자들

우에노 아이가 태어나고, 타인의 도움 없이 하루도 살아갈 수 없는 생명이란 것을 알고 나면 그 생명을 키우는 일이 인생에서 가장 중요한 과제가 돼요. 인생의 어떤 시기에 육아가 최우선 순위가 되는 건 남자나 여자나 당연한 일이죠. 아이는 그렇게 해서 자라납니다. 그토록 중요한 시기에 남자는 왜 도망치는지 정말 그 이유를 모르겠어요.

미나시타 맞습니다. 당연한 일인데 말이죠.

우에노 여자는 출산하면 생활 방식을 바꿔요. 아까 언급한 나카노 마도카 씨의 책에도 출산 후 일하는 방식을 바꿀 수 없는 남자들이 많이 나왔어요. 그런 남자들을 허용해주는 게 아내죠. 저는 그 부분이 도저히 이해가 안 가요.

미나시타 그렇습니다. 저도 이해하고 싶지는 않은데요, 남편들은 말을 해도 듣지 않습니다.

우에노 아니, 아니에요. 말을 해서 듣게 하는 게 아니라, 미나시타 씨가 봤다는 미국 육아 책에 쓰인 것처럼 먼저 현실을 직시하게 해야죠. 현실을 보게 한다는 건, 구석으로 몰아서 도망도 못 가고 숨을 쉴 수도 없는 상태로 해놓고 대결한다는 뜻이에요. 남자란 생물은 둔감하니까 그렇게 하지 않으면 몰라요.

미나시타 더는 소통하지 못하겠다는 생각이 들 때, 이를테면 남편과 아이만 남겨두고 집을 나온다든지 하는 방법밖에 없을까요?

우에노 저는 엄마가 되지는 않았지만, 같은 세대 여자들이 그렇게 해서 남편과 싸우는 모습을 생생하게 목격했어요. 제 친구가 남편의 책임을 추궁하고 또 추궁하니까 남편이 마지막으로 한 말이 "내 책임이 아닌 일을 나한테 따지지 말아줘"였다고 해요.

미나시타 아, 그 사례는 상징적이네요.

우에노 그렇게 대답하도록 한 거죠. 그렇게 말할 수 있는 관계를 만든 거고요. 훌륭한 친구예요. 아래 세대 여성들이 왜 그런 걸 안 하는지 모르겠어요.

미나시타 어쩌면 남편을 추궁할 시간조차 없는 게 아닐까요? 하여튼 남편이 육아를 안 하면 큰일입니다. 일요일에도 외출할 수 없다는 엄마들이 많습니다.

우에노 아이를 하루 완전히 맡겨놓고 외출할 수 없을 만큼 신뢰가 안 되는 남자랑 결혼한 거냐, 그 정도 남자를 남편으로 삼은 거냐, 그런 남자와 평생 같이 살 거냐고 물어보고 싶어요.

미나시타 그런 관계니까 황혼 이혼을 하는 거 아니겠습니까?

우에노 황혼 이혼율은 그렇게 늘지 않았어요.

미나시타 다음 세대에서는 늘어나지 않을까요?

우에노 남자를 버리겠다고 결단하지 않으면 포기한 채 살아가겠죠. 저는 이런 상황에서도 결혼이 유지될 수 있는 것은 부부 관계가 좋기 때문이 아니라고 봐요.

미나시타 지당한 말씀입니다. 포기한 채로 함께 달리는 인생이라… 머리가 핑핑 도네요.

우에노 저는 부부가 서로, 특히 아내가 체념하는 것을 기본으로 결혼이 유지된다고 봅니다.

미나시타 제가 충격을 받은 사건이 있습니다. 저희 아이가 두 살이 안 됐을 때인데요, 수유실에 가니까 거기에 한 아기와 엄마가 있었어요. 그런데 대여섯 살 된 남자애가 달려오더니 "엄마, 바퀴벌레 왔어요" 하는 겁니다. 제가 수유실에 바퀴벌레가 나왔나 살펴보려니까 밖에서 애아버지가 오지 않겠어요? 이 가족은 아빠가 없는 곳에서는 아빠를 바퀴벌레로 부르는 겁니다.

우에노 그렇다면 바퀴벌레와 부부 생활을 하는 거네요.

미나시타 그렇게 부르고 생활해도 이혼은 하지 않습니다.

우에노 바퀴벌레와 부부 생활을 하면서 그걸 취소하지 않는 여자는 대체 어떤 사람인지 생각하게 되는군요.

미나시타 생활을 보장받고 사회적인 지위가 있어서 이혼하지 않는 거겠죠.

우에노 그게 그토록 중요합니까?

미나시타 중요합니다. 생존이 걸린 문제니까요. 또 하나 충격적인 사건이 있습니다. 전철에서 제 옆에 앉은 중년 여성 세 명이 수다를 떨었어요. 승객이 별로 없어서 이야기하는 소리가 들렸죠. 한 사람이 "그 사람 남편 말이야, 정년퇴직한 직후에 죽었다더라고" 하니까, 나머지 두 명이 "정말?" 하고 묻는 겁니다. "아이고 어쩌나, 안됐다" 이런 말이 이어지겠지 생각했는데, 두 사람이 "부럽다" "내 꿈이야" 하는 겁니다.

우에노 그런 걸 자승자박이라고 해요. 하루빨리 죽었으면 좋을 남자와 사는 당신은 뭐냐는 거죠. 자신을 비하하는 것과 마찬가지예요.

미나시타 그렇습니다. 미국의 교육학자 수전 할러웨이Susan Holloway가 일본의 현모양처에 관해 쓴 책에 육아를 도와주지 않는 남편 이야기가 나와요.

우에노 지금 그 표현은 틀렸어요. 육아를 도와주다니, 애 아빠예요.

미나시타 아, 제가 하는 말이 아니라 그 책에 쓰인 표현입니다. '육아를 도와주지 않는 남편'이라고.

우에노 남편이 육아를 돕는다거나 협력한다는 말은 있을 수 없어요. 당사자로서 의식이 전혀 없는 거죠.

미나시타 지당한 말씀이에요. 그 책에 이런 구절이 있습니다. "일본 여성들은 남편이 장시간 노동하는 것을 탓할 생각은 안 하고 남편에 대한 스트레스를 쌓아둔다. 사회구조를 향해서가 아니라 남편의 게으름이나 성격에 대해서만 분노한다."

우에노 아뇨. 거기서는 사회구조를 논하기 전에 남편이 문제입니다. 사회구조가 문제면 남편과 같이 싸우면 됩니다.

소통하지 않는 부부를 재생산하는 가정

미나시타 지금 선생님 말씀을 들으니, 엘리트 여성은 사회구조나 일하는 방식을 어느 정도 알기 때문에 남편에게 화내거나 스트레스를 발산하지 못하고 혼자서 문제를 짊어지는 게 아닐까 하는 생각이 듭니다. 이런 점이 육아휴직을 쓸 수 있게 된 이후에도 여성들이 당면한 문제라고 봅니다.

우에노 왜 혼자서 문제를 짊어지죠? 문제를 짊어지는 능력이 뛰어나서입니까?

미나시타 남편과 교섭을 해서 이기려면 드는 비용을 생각해봐야 하고, 거기에 걸맞은 성과를 얻어야 하니까 그렇겠지요. 남편과 소통하느니 내가 하는 편이 빠를 수 있으니까요. 그게 좋은 일은 아니지만.

우에노 그러다 보면 종전과 같은 부부 관계가 재생산될 뿐이죠. 연애로 결혼했다고 하면서 자신이 고른 남자와 그만한 커뮤니케이션도 못 하는 여자가 어떻게 아이와 마주할 수 있겠어요.

미나시타 그래서 자식과 엄마가 밀착하고, 아내와 소통하지 않는 남편이 만들어집니다. 남편의 요구를 전부 받아주는 아내가 생기고요.

우에노 최악의 재생산이에요. 젊은이들 이야기를 듣다 보면 어이없을 때가 있어요.

미나시타 이건 스스로 조심하기 위해서 하는 말인데요, 가끔 아이를 남편에게 맡기고 외출하는 정도로는 안 된다고 봅니다. 좀 더 바꿔야 합니다.

우에노 미나시타 씨가 읽었다는 미국의 그 육아 책이 괜찮네요. 아이를 옆에 두고 남편과 이야기하는 게 가장 중요해요. 특별히 소통할 능력이 없어도 부부가 되고, 부부가 되어 부모가 되는 결혼이 지금도 계속되니까요.

둔감한 남편들

미나시타 저도 남편에게 책임을 요구하느라 전철에서 화내며 싸운 적이 있습니다. 이를테면 저는 모든 걸 짊어지는데, 남편은 자기 수업만 신경 쓸 때요.

우에노 남자는 자신의 이익을 우선시하는 게 당연하다는 의식에 찌들었어요.

미나시타 남자는 일을 하면 일만 신경 쓰니까요.

우에노 남자 스스로 그렇게 해도 상관없다고 생각하고, 주위에서 그걸 허용해주기 때문이죠.

미나시타 본인뿐 아니라 주위에서 허용해주는 것도 문제인가요?

우에노 두 가지 다 나빠요. 남자는 둔감한 생물이라 말해도 몰라요. 말을 안 하면 더 모르는 게 당연하죠.

비혼입니다만, 그게 어쨌다구요?!

미나시타 둔감하다기보다 남자에게는 일만 잘하면 나머지는 알아서 따라오던 시기가 너무 길었던 게 아닐까요?

우에노 미나시타 씨도 아이를 낳기 전에는 일 중심으로 살았잖아요. 아이를 낳고 자신이 싹 바뀌었고요.

미나시타 저도 머릿속은 남자라서 일을 무척 좋아했습니다. 아이는 귀엽지만 아이와 떨어져서 일할 수 있는 시간이 정말 소중하고 행복합니다.

우에노 하지만 지금 미나시타 씨 인생에서 가장 우선시하는 일이 육아인 점은 틀림없잖아요?

미나시타 그렇습니다.

우에노 부모가 되면 그게 당연하죠. 그런 시기가 있기 때문에 아이들이 잘 자랄 수 있는 거고요. 부모로서 겪는 당연한 변화가 왜 아버지가 된 남자들에게는 일어나지 않는지 이해가 안 돼요.

미나시타 그 점은 우에노 선생님이 1988년에 '아그네스 찬Agnes Chan 논쟁'이 벌어질 때부터 말씀하셨죠?*

---

* 여성 탤런트 아그네스 찬이 방송국에 아이를 데려와서 일하자 격렬한 찬반 논쟁이 일어났는데, 우에노 지즈코는 "일하는 모든 엄마의 등에는 아이가 있다"고 아그네스 찬을 옹호했다.

우에노 쭉 말해왔어요. 남자도 조금은 변하지 않을까 기대했죠. 요즘이야 '육아맨'이라고 해서 육아하는 남자가 칭송받기도 하지만, 육아맨이 나오기 훨씬 전에 '육아연맹'이라고 남자와 여자에게 모두 육아 시간을 달라고 요구하는 단체가 있었거든요. 이 단체에 속한 남자들은 아내·아이와 제대로 마주하려고 이직하거나 회사에서 불리해질 것을 감수하고 시간 단축 근무를 선택했어요.

미나시타 아이를 돌보려고 일하는 방식이나 일 자체를 바꾸는 것은 여자예요. 결혼하고 첫째를 출산하면 정직원인 여성 75퍼센트가 파트타임이나 계약직으로 바꾸거나 일을 그만둡니다. 거꾸로 보면, 남자가 그만큼 일하는 방식이나 일을 바꾸지 않는다는 소리입니다.

우에노 네, 맞아요.

미나시타 저희 부부는 드문 경우일 텐데요, 둘 다 비정규직이다 보니 출산휴가나 육아휴직이 없어서 아이를 낳고 한 달 만에 복귀했습니다. 당시 일은 기억나는 게 별로 없어요.

우에노 너무 힘들어서 잊어버린 거예요. 미나시타 씨가 그런 상태였다는 것을 남편이 아나요?

미나시타 남편과 이야기한 다음 둘 다 육아 일기를 써서 정보를 공유하기로 했습니다. 몇 시에 수유하고, 아이가 몇 시에 변을 봤는지, 수면 시간은 얼마나 되는지 매일 적고 공유했죠. 그리고 육아하느라

들인 시간이 얼마나 되는지 꼭 썼습니다.

우에노 노인을 돌볼 때 기록하는 것 같군요.

미나시타 한동안 육아 일기를 쓰고 나서 보니, 제가 쓰는 분량이 훨씬 많았습니다. 남편이 뭘 했는지 체크할 수 있었고, 제가 없을 때는 육아 일기에 쓴 걸 읽고 부탁한 걸 하라고 했어요. 그게 잘 이어졌어요. 어차피 제가 뭘 하라고 요구할 때보다 아이가 "아빠가 좋아, 이거 해 줘" 하면 바로 움직이지만.

우에노 보상이 없으면 움직이지 않는군요.

미나시타 듣고 보니 그러네요. 남편은 보상이 있어야 움직이는군요. 맞습니다. 제가 뭘 하라고 할 때는 보상이 없어요.

우에노 그래요. 아이가 웃는 얼굴이 가장 큰 보상이니까. 보상이 있으니 겨우 움직였을 거예요. 일본의 아버지들은 아이를 씻긴다거나 같이 노는 식으로 좋은 점만 취하면서 육아를 하는 경향이 있다고 하더군요.

미나시타 일요일조차 남편에게 아이를 못 맡기는 여성이 나중에 아이한테 아빠랑 있으라고 하면 엄마를 찾으면서 쫓아오는 사태가 벌어지기도 합니다.

우에노 그러면 늦죠.

미나시타 때를 놓친 겁니다.

우에노 눈 깜짝할 새 때를 놓쳐요. 때를 놓치면 남편은 돌이킬 수 없이 '바퀴벌레' 취급받는 길로 들어서고요.

아이의 성장을 지켜볼 수 없는 부모들

우에노 거의 모든 남성이 아이가 처음 걸을 때나 말할 때 보지 못했을 거예요. 일하고 있었으니까. 이런 말을 하면 일하는 엄마들이 괴롭겠지만요.

미나시타 그렇습니다. 보려야 볼 수가 없으니까요. 베이비시터나 어린이집 선생님이 보죠. 요즘 맞벌이하는 사람한테 물으니 젊은 아빠들은 비교적 괜찮아서 아이 배변 연습도 시키고, 평소에 전부 맡길 수 있다고 합니다. 그 여성은 굉장히 편하다면서 웃더군요. 괴로워 보이지는 않았어요.
  그런데 초등학생이 되면 문제가 생깁니다. 아이를 맡길 수 있는 공립 보육원이 많지 않습니다. '학동學童'이라고 아이를 맡아주는 방과 후 교실이 있는데, 저희는 아이를 못 보냈습니다. 초등학교 입학 직전에 이사해서 거기 신청 기간에 못 맞췄거든요. 이곳도 올해 희망자가 급격히 늘었다고 합니다.

우에노 아이 인구는 줄었는데 대기 아동 수가 계속 증가하나 보군요.

미나시타 네. 전일 근무를 하는 엄마들이 굉장히 늘어서 학부모회를 해도 나올 사람이 없다고 합니다. 아이를 학교에 보내고 첫 모임에 가보니까 결석한 부모가 많았습니다. 그래도 안 갈 수가 없는 게 그 모임에서 여러 가지 정보를 얻어요. 맞벌이가 늘어나는 추세인데, 낮에 보호자 모임을 해서 못 나가더라도 정보를 메일로 보낸다거나 하면 아빠든 엄마든 공유할 수 있을 텐데요.

공동육아

우에노 보육 문제는 예전에 훨씬 심각했어요. 저희 세대는 보육원이 없어서 공동육아를 하자고 함께 돈을 내서 방을 빌리고 보육사를 채용했지요. 아이가 학교에 들어가도 마찬가지고요.

미나시타 프랑스에 부모가 운영하는 보육원 같은 곳이 있습니다.

우에노 그건 '데이 마더'●인데 말씀하신 것과 다른 제도예요.

미나시타 근처에 사는 사람들이 모여서 부모들끼리 보육을 합니다.

● 육아 경험이 있는 중·장년층 여성이나 보육사 자격증을 취득한 여성이 지자체에 등록해놓고 아이의 가정이나 자기 집에서 아이를 맡아주는 제도로, 유럽 전역에 보급되었다. 지자체에서 기본급을 주고, 부모들이 약간의 실비만 보육료로 지급한다.

우에노　공동육아는 제도적인 보장 없이 부모들끼리 자발적으로 시작한 거죠. 아이를 맡으면 사고가 날 수 있으니까 문제가 생겼을 때 쓰려고 '앙팡테 보험'을 만들었어요. 공동육아를 하다가 보험회사와 협상해서 앙팡테 보험을 처음 상품으로 만든 사람이 요즘 소셜 마케팅 프로듀서를 하는 사와노보리 노부코澤登信子 씨예요. 이렇게 이전 세대의 유산이 있네요.

미나시타　저도 아이가 친구 집에서 물건을 망가뜨린 적이 있어서 보험에 들려고 했습니다. 이것저것 만지고 돌아다니는 아이라서 아는 사람한테 맡기기도 힘듭니다. 그런 보험이나 제도가 있다니 관심이 생기네요.

우에노　할 수 있다면 아이 부모들끼리 공동육아를 하는 게 좋겠죠. 공동육아는 부모의 참여를 강하게 요구하니까 일주일에 하루는 써야 해요. 그래서 내부 분열이 일어나기도 하죠. 부모가 깊이 헌신하면서 공동으로 키운다는 이념을 존중하는 파, 아이를 맡기면 자유롭게 행동하고 싶은 파로 나뉘거든요.

미나시타　그건 보육원에 대한 수요가 갈리는 것과 비슷합니다. 보육원의 수요가 부모의 계층에 따라 고소득층과 저소득층으로 나뉩니다. 중간층에 있는 사람들은 오후 5-6시까지 아이를 맡아주는 유치원을 이용하고요.
　　보육 이야기만 해서 죄송합니다. 제 문제라서 그런지 관심이 많네요.

우에노 지금 미나시타 씨가 육아를 하니까 관심이 높은 게 당연하죠.

미나시타 아까 말씀드린 것처럼 저희 부부는 둘 다 시간강사니까 휴일에 강의를 나가면 아이를 맡길 곳이 없어 곤란합니다. 어떻게 해서든 교육 당국의 높은 자리에 있는 사람을 만나서 한 시간 정도 잡아두고 이런 상황을 호소해야 한다고 생각합니다.

아이를 일시적으로 맡길 보육원이 없습니다. 휴일에 학내 보육원을 만드는 대학도 있는데, 취학아동은 맡길 수가 없거든요. 휴일에 강의하면 맡길 데가 없어요. 노동 당국은 휴일에 쉬거나 휴일을 늘리라고 하지만, 이렇게 정부 부처조차 발을 못 맞추는 형편입니다.

대인 관계 기피와 관혼상제의 상품화

우에노 저는 제도에 구제를 요구하기 전에 당사자들이 왜 서로 돕지 않는지 의문이에요. 예를 들어 공공 보육원에 대기하는 아동이 많은 문제도 그런데요, 저희 세대였다면 아마 대기 아동이 많다고 당국에 조치를 취해달라고 요구하기보다 공동육아를 했을 거예요.

미나시타 저는 아이가 어릴 때 야간 수업이 많아서 보육원이 문 여는 시간에 맞출 수가 없었어요. 집 근처에 있는 공영 일시 보육원을 이용했는데, 이 서비스가 없었다면 공동육아를 했을 겁니다. 일과 시간에 근무하는 사람하고는 아이를 맡기는 시간대가 달라서 힘들었어요.

예전에는 같은 문제를 겪는 사람들이 비슷한 시간대에 풀타임으로 일하니까 비교적 모이기 쉬웠다고 추측할 수 있습니다. 하지만 지금은 경력을 천천히 쌓거나 파트타임 혹은 비정규직으로 일해서 배경이 다른 사람들이 늘었습니다. 자기 사생활을 남한테 보이는 것을 금기시하는 의식도 강해졌고요. 이 두 가지가 아이를 맡길 데가 없어서 힘든 사람들이 서로 돕지 않는 원인으로 작용한다고 봅니다.

우에노 방금 말씀하신 두 가지 원인 중 앞의 것은 맞지 않는다고 봐요. 전에도 공동육아를 하던 부모들은 배경이 다양했거든요. 하지만 사생활을 남에게 보이는 것을 금기시하는 분위기는 육아를 하는 부모들이 서로 돕지 않는 원인이라고 생각해요.

예전에 이사나 장례는 사회적 관계 자본과 인간관계를 다 동원하는 장이었어요. 그게 지금은 비즈니스가 돼서 이사나 장례를 돈으로 해결하죠. 귀찮은 인간관계를 피하려는 사고방식이 굉장히 강해진 느낌이에요.

미나시타 공짜만큼 비싼 건 없다고 느끼는 부분이 확실히 있습니다. 장례식도 그렇고. 이건 공동체론에 관한 논의겠지만요.

우에노 그래요. 공짜만큼 비싼 건 없죠. 대신 금전으로 살 수 없는 관계라는 자원을 얻을 수 있으니까요. 이사를 도와달라고 부탁하면 나중에 귀찮아지겠다고 생각하죠. 저희 아래 세대에서는 귀찮다는 말이 키워드가 되었어요. 섹스도 귀찮다고 하니까요.

비혼입니다만, 그게 어쨌다구요?!

미나시타　섹스는 매우 관계가 강한 커뮤니케이션이니까 귀찮은 거죠.

우에노　섹스가 귀찮다면 그렇지 않은 건 뭘까요? 귀찮다는 게 키워드가 되니까 그것을 돈으로 해결하려고 하죠. 저는 이사 비용은 얼마든지 낼 수 있고 서로 귀찮은 일이라는 걸 알지만, 지금도 이사하면 친구한테 도와달라고 해요. 이사가 끝나면 같이 장어를 먹으러 가고요.

미나시타　이사나 장례식·결혼식 상조회가 생긴 것이 1970년대입니다. 그러니까 1970년대는 현대적인 가족 관계가 완성된 시기인 동시에, 종전의 공동체가 해체되어 돈을 내고 상조회 같은 곳에서 결혼식이나 장례식을 시작한 시대입니다.

우에노　맞아요. 관혼상제가 상품화된 시기죠.

미나시타　오늘날까지 발행되는 결혼 정보 잡지가 당시에 나왔죠.

우에노　맞아요.

미나시타　장례식도 2차 세계대전 이전에는 자기가 돈을 내고 하지 않았을 겁니다. 마을마다 돈을 적립했다가 장례를 주관하는 사찰에 시주했으니까요. 상을 당한 집에서는 장례 치를 돈을 부담하지 않았습니다. 요즘처럼 계명戒名* 을 받으면서 바가지 쓸 염려도 없었습니다.

● 　승려가 죽은 이에게 지어주는 이름으로, 사찰에 두는 위패에 기록한다.

돌아가신 저희 어머니를 모신 사찰에서도 해마다 추도식이 돌아올 때마다 어머니의 계명을 한 글자씩 늘리라며 바가지를 씌우려고 하죠.* 저희 아버지는 어머니 생전에 아무것도 못 해줬다는 죄책감 때문인지 바가지 씌우는 대로 돈을 냅니다.

그전에 돈이 들지 않던 것이 1970년대 이후 상품화되는 경향이 뚜렷해졌어요. 이 경향은 종전의 공동체가 해체되고 나타났습니다.

우에노 확실히 그럴 거예요. 상품으로 대체했다는 거죠.

미나시타 요즘 세대는 그런 상품경제에 익숙할 겁니다. 소통에 익숙하지 않은 세대가 한 세대를 지난 게 바로 저희 세대일 겁니다.

급증한 아이들의 자해 행위와 섭식 장애

우에노 소통에 익숙하지 않을 뿐 아니라 기피하려는 경향이 있어요. 가장 귀찮은 소통이 섹스와 부모 자식 관계라고 하죠. 섹스는 피하려면 피할 수 있어요. 귀찮은 섹스를 안 하고 싶은 사람들이 나오는 건 괜찮아요. 섹스를 피하고 싶은 사람은 피하면 됩니다. 소통할 능력이 없어도 섹스는 할 수 있고, 부모가 될 수 있어요. 그러나 부모 자식 관계는 피할 수가 없어요.

저는 오랜 시간 가르치는 일을 해오면서 아이들의 변화를 똑똑히

* 계명은 보통 한자 두 자로 쓰는데, 불교 종파에 따라 네 자에서 여섯 자까지 늘어난다.

비혼입니다만, 그게 어쨌다구요?!

봤어요. 언제부터인가 '아이들의 세계에서 무슨 일이 벌어지는 건가' 두려웠지요.

미나시타 두렵다고요?

우에노 네. 대체 요즘 무슨 일이 일어나는 건가, 언제부터인가 아이들이 망가지고 있다는 느낌을 받았어요.

미나시타 어떻게 망가진다는 말씀인가요?

우에노 자해 행위를 하는 아이들이 늘었어요. 심신증心身症, psychoso-matic disease**이 있는 아이들도 늘었고요.

미나시타 저희 때는 한 반에 한 명 정도 손목을 그어 자해하는 애들이 있었습니다.

우에노 제가 체감하기로는 1990년대부터 그런 아이들이 부쩍 늘었어요.

미나시타 의식주와 관련된 수업을 하고 나서 감상 쪽지를 받아보면, 여학생 50명 가운데 한 명꼴로 섭식 장애라고 하더군요. 미디어 탓도 있겠지만 비만을 혐오한다거나 자기 몸에 대한 압박감에 시달리

** 심리적인 스트레스나 긴장이 원인이 되어 일어나는 신체 질환.

는 여성이 늘었습니다.

우에노 도쿄대학교 여학생 가운데 폭식증을 겪는 비율이 50명당 한 명이에요. 높죠.

미나시타 점수가 높은 대학일수록 늘어나는 경향이 있는 걸까요?

우에노 그렇다고 해요.

미나시타 괴로우니까 수업에 대한 감상 쪽지에도 그런 감정을 토로하는 거라고 생각합니다. 그렇게 쓸 수밖에 없을 정도로 궁지에 몰린 거죠. 가벼운 증세를 겪는 여학생도 많을 겁니다.

우에노 부부 관계는 성인 남녀의 관계니까 그 관계에서 어떤 결과가 돌아오든 자기 책임이라고 해도 괜찮아요. 하지만 아이는 안 됩니다. 자식과 관계를 잘 못 하는 어른들이 나오면, 아이에게 영향을 미쳐요. 아이와의 관계는 귀찮다고 해서 끝나는 문제가 아니거든요.

미나시타 그렇습니다.

우에노 가장 귀찮은 관계는 부모와 자식의 관계일 거예요. 도망갈 수도, 숨을 수도 없으니까요. 그 와중에 아이들이 망가지는 모습을 보면 현재 일본의 가정에 문제가 있다고 할 수밖에 없어요.

비혼입니다만, 그게 어쨌다구요?!

3장

비혼 시대 가족의 초상, 부모 자식 관계의 진실은?

자녀를 결혼시키고 싶으면
경제적 지원을 끊고 집에서 내쫓아라

우에노 일본에서 부부 생활을 유지할 수 있는 것은 사이가 좋기 때문이 아니에요. 관계를 포기한 부부가 부부 생활을 유지한다고 할 수 있어요. 정확히 말하면 관계를 포기한 여자와 관계에 둔감한 남자의 조합이 현재 부부 생활을 유지하는 원인이라고 할 수 있겠네요. 이 점을 고려하면 왜 결혼이 늘어나지 않는지 이유가 간단하죠. 결혼이 조금도 부럽지 않은 거예요. 이런 해석, 어때요?

미나시타 그러니까 결혼을 하든 말든 그냥 놔두라는 말씀인가요?

우에노 그냥 놔둬도 괜찮아요. 결국 결혼은 개인이 선택하는 거예요. 야마다 마사히로 씨가 이야기했죠. 자식을 결혼시키려면 "보급로를 끊어라"라고.

미나시타 노골적인 이야기네요.

우에노 아들딸을 집에서 내쫓아 경제적으로 허덕이면 결혼한다는 건데요, 혼자보다 둘이 생활하는 게 돈이 덜 든다고 이유를 들었죠.

미나시타 저희 부부가 부모의 지원이 끊겨서 결혼한 커플입니다.

우에노 살아 있는 증거군요.

미나시타 둘이 사니까 생활비가 덜 들고 생활하기 좋다는 건 좀 다른 문제라는 생각이 듭니다.

우에노 아이가 없었다면 둘이 사는 게 틀림없이 편하겠죠. 출산과 같은 예기치 못한 일이 생기니까 힘들어지는 거예요.

미나시타 아, 그렇군요. 출산한 덕분에 사회문제를 잘 볼 수 있는 건 좋습니다.

우에노 사회문제를 보고 싶어서 보는지는 잘 모르겠어요.

미나시타 평행 우주*가 100개쯤 있다면 전 99개 세계에서는 아이를 낳지 않았을 거예요. 그래서 엄마들의 세계를 관찰하려고 지구에 왔

• 자신이 사는 우주(세계)가 아닌 평행선에 위치한 또 다른 세계를 가리킨다.

비혼입니다만, 그게 어쨌다구요?!

다고 여기고, 하루하루 엄마들을 유심히 보죠.

우에노 역시 사회학자로군요. 그렇게라도 생각을 안 하면 못 견디는 거죠. 미나시타 씨는 계획대로 살아온 건 아닌 듯하네요?

미나시타 네, 정말 그렇습니다. 흘러가는 대로 살았습니다.

우에노 그것도 잘 이해되네요. 흘러가는 대로 살 수 있는 것도 어떤 의미에서는 혜택 받은 성장 환경이라고 할 수 있죠.

미나시타 그럴 수도 있습니다. 제가 체력이나 끈기는 있거든요.

우에노 자신감이 있었나요? 체력이나 끈기가 있다고 남편의 육아나 가사 책임을 면해주면 악순환이죠.

미나시타 맞습니다. 남편은 저처럼 체력이나 끈기가 있는 여자가 아니라면, 비정규직 부부가 아이를 낳아서 키우는 게 무리라는 사실을 모를 거예요.

우에노 미나시타 씨가 지금 비정규직 시간강사니까 그렇겠죠. 정규직 대학교수가 되면 고학력 여성이니까 사정이 달라질 거예요. 아베安倍 정권이 '2030어젠다'라고 2020년까지 관리직이나 지도자의 위치를 차지할 여성의 비율을 30퍼센트로 늘리겠다는 목표를 내놨는데, 대학교수가 되면 이 30퍼센트에 들어가겠죠. 지금처럼 있어도, 30퍼센트에 들어가도 곤란하기는 마찬가지인데요.

미나시타 그러게 말입니다.

비혼과 저출산으로 힘든 건 재계뿐이다

우에노 인구가 늘거나 줄어드는 현상은 개개인의 미시적 행동이 모여서 거시적으로 나타난 거예요. 개인이 자발적으로 의사를 결정하는 걸 무리해서 결혼이나 임신시킬 수 없는 노릇이죠. 결혼해라, 아이 낳아라 하니까 귀찮게 여기는 사람들이 나오고, 비혼자가 되는 이들이 늘어나는 것도 당연하죠. 비혼자가 늘어 걱정이라면 노력을 해야 합니다.

소통을 귀찮아하는 사람들이 결혼을 안 하게 되었다는 것은 소통 없는 결혼을 해서 아이를 낳는 경우가 줄어든다는 얘기죠. 이는 다음 세대에 태어날 아이들을 위해 좋은 일이에요. 소통을 안 하는 사람들은 부모가 되지 않는 게 나으니까.

미나시타 그렇게 말씀하시니 아주 후련합니다. 저도 대부분 찬성합니다. 아까 제가 아이는 시민이 아니니까 세미나에 데려오지 말라는 소리를 들었다고 했는데요, 저는 그때 '두 번 다시 이런 세미나에 안 와도 되니까 그 할아버지를 가만두지 말자' 싶었어요. 그 말에 반박하려 했습니다.

우에노 박살 내버리지 그랬어요.

미나시타 그런데 그 할아버지 옆에 부인인 듯한 할머니가 계셨습니다. 할아버지가 소리 지르니까 떨고 계시더라고요. 눈을 꼭 감고. 그 모습을 보고 '이 할아버지는 이런 곳에 부인을 데려와서 잘난 척하는 부류구나' 생각이 들었습니다. 처음 보는 아이한테 그 정도로 소리를 질러대면 집에서는 어떨까요?

우에노 더 심하겠죠.

미나시타 제가 그 자리에서 싸우면 혹시 집에 가서 분풀이로 부인을 때리지 않을까 싶어 그만뒀습니다.

우에노 그 부인이 측은했군요.

미나시타 그분을 위해 여기서 내 칼을 휘두르지는 말자고 생각한 것 같아요.

우에노 미나시타 씨가 잘 싸우는데 말이죠. 산산조각 냈으면 좋았을 텐데.

미나시타 거기서 그 할아버지를 박살 내면 다음 날 신문에 나올 수도 있습니다, 하하. 미혼율이 아무리 높아지더라도 세상을 위해서 그런 남자들은 평생 미혼으로 사는 게 낫다는 생각이 들어요.

우에노 그러게요. 결혼 안 하면 안 하는 대로 아무 상관할 필요가 없어요. 대체 무슨 상관이죠? 뭐가 문제란 겁니까? 사회학자 아카가와 마나부赤川学 씨는 《아이가 줄어들어 뭐가 나쁜가!子供が減って何が悪いか!》라는 책에서 "결혼이 줄고 아이가 줄어서 대체 누가 힘든가"* 라고 했습니다. 재계만 힘들다, 곤란하다고 하소연하죠.

미나시타 '인구의 규모가 국부國富'라고 보는 이들은 힘들어하겠죠.

우에노 그런 사람들은 국민경제 규모가 축소된다는 이유를 듭니다. 하지만 경제 규모가 줄면 거기에 맞게 기어를 바꿔서, 그러니까 환경을 정비하고 살면 돼요. 그걸 원하지 않는 사람들이 힘들다, 곤란하다고 하죠. 그런 사람들을 편하게 해주려고 젊은 여성들이 육아 부담을 짊어져야 할 이유는 없어요. 더 이야기하기도 입이 아프네요.

'3년 육아휴직 계획'은
여성의 사회 복귀를 막는 시책이다

미나시타 2013년 아베 총리가 일본의 성장 전략에 대해 연설하면서 '아이를 낳은 엄마가 3년간 아이를 맘껏 안을 수 있게'라는 슬로건

• 도쿄대학교 사회학과 교수 아카가와 마나부는 《아이가 줄어들어 뭐가 나쁜가!》에서 저출산에 따른 대책을 세워서 아이도 낳고 남녀평등도 이루자는 주장을 반박했다. 그는 남녀평등은 그 자체로 이뤄야지 저출산 타개책으로 이야기할 문제가 아니며, 출산율이 떨어져 아이가 줄면 줄어드는 대로 사회제도 설계를 정비해야지 아이를 낳으라고 강요할 문제는 아니라고 강조했다.

비혼입니다만, 그게 어쨌다구요?!

을 내걸고 "최장 3년간 여성이 육아휴직을 쓸 수 있도록 하겠다"고 했습니다. 인기 전략이죠. 정말 헛웃음밖에 안 나옵니다.

우에노 헛웃음밖에 안 나오다니, 너그럽게 봐주면 안 돼요. 저는 좀 더 비판적으로 봐요.

미나시타 그렇습니까?

우에노 육아휴직이 3년이나 되면 좋겠다고 생각하는 건 아니죠?

미나시타 네. 가정을 전면적으로 돌볼 책임을 3년이나 지면 여성은 사회에 복귀할 수 없습니다.

우에노 그 슬로건이 나올 당시 여성들은 육아휴직 이후 보육 문제를 해결하라고 요구했어요. 그런데도 육아휴직을 3년간 준다는 소리는 아이가 세 살이 될 때까지, 그러니까 보육비나 노력이 가장 많이 드는 시기에 정부는 지원하지 않겠다는 거예요. 저는 아무것도 안 하겠다는 선언이나 마찬가지라고 봐요.

미나시타 당사자인 여성의 요구를 하찮은 문제로 보는 겁니다. 게다가 여성은 정규직에서 한번 이탈하면 정말 손실이 큽니다. 그런 전략으로는 남성이 육아에 참여하지 않을 겁니다. 제가 이런 점을 들어서 아베 총리의 전략 발표 직후에 비판을 했습니다.

우에노 현 상황을 바꾸고 싶은 마음이 전혀 없는 셈이죠. 여성의 노동력을 값싸게 쓰고 버리려는 속내가 훤히 보여요.

미나시타 아베 정권이 내놓은 '2030어젠다'는 1985년에 열린 세계여성대회에서 채택한 '나이로비 여성 발전 미래 전략'에서 따온 말입니다. 당시 세계여성대회에서는 지도자 위치에 있는 여성 비율을 30퍼센트 이상으로 늘리고, 1995년에 세계여성회의를 열라고 유엔에 권고했어요. 2001년 고이즈미小泉 정권 시절에 여성 각료로 내각을 30퍼센트 채운다고 하면서 이 전략을 들먹였고, 아베 정권이 다시 써먹는 겁니다.

10대의 임신율과 중절률이 높아졌다

우에노 왜 결혼하기를 바라는가, 이게 문제인데요. 결혼하기를 바라는 건 실상 아이 낳기를 바라는 거예요.

미나시타 그런데 정부는 법률혼 커플이 아니면 아이를 낳기 힘든 현실을 개선하려는 생각이 없는 것 같습니다.

우에노 출산 전에 결혼하는 게 전제죠. 결혼하고 아이를 낳는 게 맞는 순서 같지만, 출산율을 높이려 한다면 실상 아이만 낳고 결혼하지 않아도 전혀 문제가 없어요.

비혼입니다만, 그게 어쨌다구요?!

미나시타 네. 그런데 결혼을 안 하고 아이만 낳게 하려는 생각은 없습니다.

우에노 어떤 조건에서 태어난 아이라도 안심하고 자랄 수 있는 환경을 만들어준다면 아이를 늘릴 조건은 충분히 갖출 수 있어요. 10대의 경우, 임신율과 중절률이 높아지고 있으니까.

미나시타 데이터를 보면 모든 연령층에서 출산율이 줄었는데, 10대 출산율만 약간 늘었습니다.

우에노 최근에 조금 떨어졌지만, 섹스 빈도가 줄어서가 아니라 10대가 피임을 잘하게 되었기 때문일 거예요.

공동 친권의 문제점

미나시타 저한테 답이 안 나오는 문제가 있습니다. 친권*에 관해서인데요, 일본에서는 현재 단독 친권만 인정합니다. 이혼 후 공동 친권을 인정해야 한다고 보십니까?

• 부모가 이혼 시 미성년 자녀에 대해 행사하는 법적 권리로, 아이를 보호하고 교육할 권리와 의무, 재산관리권 등이 포함된다. 한국에서는 1990년 민법 개정 전에는 친권 행사에서 부모 의견이 일치하지 않는 경우 부친의 의견을 따르기로 되었다가, 개정 후에는 당사자 청구에 의해 가정법원이 정하도록 했다. 원칙적으로 부모가 공동 친권을 행사하며, 특별한 경우 단독 행사를 하거나 가정법원이 친권자를 정한다.

우에노 저도 대외적으로 공동 친권을 인정해야 한다고 말하지만, 속마음은 그렇지 않아요.

미나시타 왜죠?

우에노 대외적으로 공동 친권을 인정해야 한다고 말하는 이유는, 어차피 어머니와 아버지가 있는데 단독 친권으로 하는 게 이치에 맞지 않고 아버지의 책임을 면해주는 꼴이 되니까요. 그런데 단독 친권이냐 공동 친권이냐 논하기 전에 살펴야 할 배경이 있어요. 단독 친권의 바탕에는 아이가 한 가문에 속한 자로서 엄마의 배를 빌려 태어났을 뿐이라고 보는 사상이 있어요. 1950년대까지 부부가 이혼하면 남편에게 친권이 가는 비율이 90퍼센트였고요.

미나시타 그랬습니다. 부모 가운데 남자가 양육 능력이 있다고 봤으니까요.

우에노 그런데 그런 경우도 실제 아이를 양육하는 사람은 남자가 아니라 남자의 어머니, 곧 할머니였어요. 핵가족이 되면서 할머니들이 아이를 양육하지 못함에 따라 남자들이 친권을 금방 포기했죠. 이전에 이혼이란 여자에게 아이를 두고 시집에서 나간다, 그러니까 아이와 헤어지는 것을 뜻했어요. 그래서 친권이 여자의 이혼을 억제하는 작용을 했어요. 아이와 헤어지고 싶지 않은 엄마가 참고 견딘 거죠.

미나시타 엄마가 아빠보다 친권을 행사하기 시작한 때가 1965년입니

비혼입니다만, 그게 어쨌다구요?!

다. 그런데 1965년에 판례가 하나 있어요. 아이의 친권자가 되지 못한 어머니가 이혼 후 몰래 아이를 만나러 갔다가 소송에 휘말렸는데, 어머니와 아이의 교류를 인정하지 않는다는 판결이 나왔습니다.

우에노 엄마가 친권을 행사하면서 여자가 이혼하기 쉬워졌죠. 이건 큰 변화예요. 아이를 맡으면 경제적으로 어려워지는데도 여자는 아이와 헤어지지 않는 것을 선택했죠. 반면 남자는 쉽게 아이를 버렸고요.

이 경우 남자의 양육 책임을 면하는 꼴이에요. 친권의 본래 이념으로 보면 공동 친권이 맞아요. 세계적인 추세도 공동 친권이고요. 하지만 실태를 보면 공동 친권으로 했을 때 남자가 하는 양육이 변변치 않아요. 이는 경험상 충분히 알려진 사실이죠.

이런 점을 헤이그 협약*에도 똑같이 지적할 수 있어요. 헤이그 협약은 이혼 후 아이를 엄마가 데려가든 아빠가 데려가든 배우자가 그 권리를 주장할 수 있다는 건데, 공동 친권을 인정하는 경우 면접권이나 거주지 제한이 부과됩니다. 하지만 공동 친권을 인정한 각국의 실태를 보면, 남편이 아이를 만날 때 아이를 성적으로 학대한다거나 하는 문제가 발생하는 상황이죠.

미나시타 저도 같은 의견입니다. 현실에서 이혼한 사례를 보면 공동 친

• 공식 명칭은 헤이그국제아동탈취협약The Hague International Child Abduction Convention이다. 국제결혼 한 부부가 이혼할 때 자녀의 친권 문제를 둘러싼 내용을 규정한 국제조약으로, 체약국 사이에서 아동의 양육권과 면접교섭권을 인정하도록 했다. 한국은 2012년, 일본은 2014년에 가입했다.

권은 무리예요. 이혼하는 부부를 보면 막판에는 대부분 대화조차 안 하잖아요. 이혼한 뒤 가족이 어떻게 지낼지 충분히 이야기 나눌 수 있는 사이라면 이혼에 이르지 않고요. 그리고 소통을 못 하는 문제는 남자가 훨씬 심각합니다.

가족이 해체되니까 이혼을 반대한다는 이야기를 자주 듣는데요, 자녀가 있는 가정에서 이혼은 실상 가족이 아버지를 버리는 것이나 마찬가지거든요. 《한부모 여성 가장의 빈곤》을 쓸 때 이혼이나 별거한 경험이 있는 여성들을 인터뷰했는데, 그들은 이구동성으로 "이혼하고 가족이 행복해졌다"고 했습니다.

우에노 맞는 말씀이에요. 저는 아버지의 양육이라면서 '파더링 fathering' 이야기가 나올 때마다 경계해요. 이를테면 아버지의 권리를 주장해온 미국의 한 남성 단체는 형편없는 짓만 했죠. 아이가 싫어하는데 면접교섭권을 강요한다거나, 아이를 못 만나면 양육비를 보내지 않는다거나.

제가 지금 "엄마는 할 수 있는데 아빠는 육아를 못 한다"고 말하는 게 아녜요. 그렇게 믿지도 않고. 페미니스트 법학자 마사 파인먼Martha A. Fineman*이 "아이를 키우는 데는 '마더링mothering'만 있다. 그런데 남자도 여자도 할 수 있는 게 마더링이다"라고 말했어요. 아

---

* 미국 에모리대학교 법학 교수로, 가족법과 페미니즘 법 이론을 연구한다. 《중성이 된 엄마, 성적인 가정 그리고 20세기의 비극The Neutered Mother, the Sexual Family and Other Twentieth Century Tragedies》을 통해, 자녀 양육에서 아버지의 권리 획득 옹호 분위기가 뚜렷해지고 싱글맘이 급증하던 당시 미국 사회를 배경으로 현대의 가족법을 살피며 가족법이 남성에게 특권적이라고 논했다. 나아가 가족법과 결혼 제도를 폐지해야 한다며, 가족은 남편과 아내의 이성애적인 관계가 아니라 돌보고 돌봄을 받는 관계, 즉 돌봄의 관계를 축으로 삼아야 한다고 주장했다.

비혼입니다만, 그게 어쨌다구요?!

버지들의 육아 지원을 돕는 일본의 비영리단체 '파더링재팬Fathering Japan' 안도 데쓰야安藤哲也 대표도 마사 파인먼의 말에 동의했고요.

미나시타 그렇군요. 어머니들이 양육권을 갖게 된 건 단순히 남성이 양육 능력이 없기 때문이죠? 가족 유형이 핵가족으로 바뀌면서 나타난 변화일 뿐, 여성의 권리나 주장이 강해졌기 때문이 아니네요.

우에노 여성이 아이와 헤어지지 않는 것을 선호하기 때문이기도 하죠. 이혼 장벽이 낮아진 조건 가운데 하나는 과거보다 여성이 단독 친권을 행사하기 쉬워졌기 때문이에요. 남편에게 단독 친권이 가던 시절에도 아이를 키운 건 이혼 전에는 아내, 이혼 후에는 할머니(남편의 어머니)죠.

미나시타 시어머니가 며느리를 쫓아내고 손주를 가문의 아이로 맡아 기르면서 가정을 꽉 쥐는 패턴이죠?

우에노 맞아요. 그러니까 아내 쪽으로 단독 친권이 가는 건 여성에게 나은 선택지였을 겁니다. 아버지의 권리를 주장하는 사람들이 한 일은 양육비를 낸다는 점을 내세워 면접교섭권을 요구하는 정도죠.

미나시타 그게 싫어서 남편한테 양육비를 받지 않는다는 이야기도 꽤 들었습니다. 그게 가능한 여성들은 경제적으로 자립했으니 양육비를 안 받는다고 딱히 곤란하지 않고요.

우에노 애아버지한테 개별적으로 양육비를 받기보다 사회적인 육아 지원으로 바꿔주는 제도가 아동 수당입니다. 민주당 정권 시절인 2010년에 처음으로 15세 이하 모든 아이한테 아동 수당이 지급됐죠. 원래 공약은 아이 한 명당 한 달에 2만 6,000엔(약 30만 원)이었는데 절반으로 줄었지만요.

스웨덴에서 아동 수당은 1980년대에 700크로네 정도였어요. 당시 환율로 7만 엔(약 80만 원) 정도입니다. 이 아동 수당은 아이가 열여덟 살 때까지 나와요. 아이가 셋인 엄마는 2,100크로네니까 국가에서 20만 엔(약 220만 원) 정도 월급을 받고 육아하는 셈이죠. 요즘은 스웨덴도 아동 수당 액수가 좀 줄었다고 합니다만.

독일은 셋째 아이부터 아동 수당이 더 많이 나오니까 아이가 많으면 부자가 됩니다. 독일에서 네 자녀를 키우는 싱글맘한테 기생할 생각으로 재혼하고 싶어 하는 남자가 끊이지 않는다고 들었어요. 아동 수당은 사회가 육아 부담을 전체적으로 나누는 제도예요.

더욱이 아동 수당은 육아에 대해 돈을 주는 '육아 수당child care benefit'이 아니고, 말 그대로 '아이에 대한 수당'이라는 개념이거든요. 육아 수당은 아이를 키우는 부모가 일했다면 생겼을 상실 이익lost profit을 보장하자는 생각에서 출발하는데, 아동 수당은 국가가 아동을 키우는 권리를 보장하는 제도죠. 그러니까 부모가 사회에서 아이를 맡아 키운다는 개념이에요. 아동 수당이라면 국가가 관여할 수 있어요. 이 말은 아동 수당이 부적절하게 쓰이면 공적으로 개입할 수 있다는 의미죠.

저는 아동 수당 제도를 확실히 실시해야 한다, 그러니까 지금보다 아동 수당이 크게 늘어야 한다고 봐요. 아이에게 월 7만 엔, 8만 엔 이렇게 지참금이 있다고 칩시다. 부모가 학대할 때 아이가 이 지참금을 가지고 다른 어른한테 가서 "제가 아주머니 집 아이가 될래요" 하면 되죠.

장애아를 키우고 본인도 장애가 있는 아사카 유호安積遊步 씨가 "내 아이한테 장애 연금이 나오는 건 국가에서 주는 월급이나 마찬가지다. 장애가 있는 아이뿐 아니라 모든 아이들한테 국가에서 월급을 주면 좋다"고 했어요. 국가는 14세 이하 아동이 노동하는 것을 금지하죠. 노동을 금지했으니까 당연히 아이의 생활을 보장할 의무도 국가에 있다고 봐요. 그렇지 않아요?

미나시타 아동 수당을 확실한 금액으로 주자는 거군요.

우에노 아이가 셋 있다면 20만 엔이니까, 예를 들어 지금 시간강사 벌이보다 나을 거예요.

미나시타 그거 좋네요.

우에노 이 정도 금액은 아동한테 수당으로 줘도 괜찮죠. 최근에 재밌는 사건이 벌어졌어요. 제가 어느 재계 경영자단체에 가서 아동 수당에 관한 이야기를 했어요. 강연을 듣던 젊은 남자들이 서로 보고 빙긋이 웃더니 "남자가 도망칠 수 있는 제도네" 하는 거예요. 그 말을 듣고 제가 속으로 '약은 녀석들이네' 하면서 "네, 아동 수당 제도는 부모로서 져야 할 남자의 책임을 면해주는 게 맞습니다. 여러분이 도망칠 수 있도록 해주는 제도임이 틀림없습니다. 그러나 이 제도는 개인으로서 남자의 책임은 면하게 해줄지언정, 집단으로서 남자의 책임은 면하지 않습니다. 결론적으로 그 돈은 여러분의 세금을 거둬서 지불하니까요"라고 답해줬죠.

예를 들어 아버지가 한 달에 양육비로 7만 엔을 보낸다면 개별화된, '이름이 붙은 돈'이라고 할 수 있어요. 하지만 국가에서 돈이 나온다면 '이름이 붙지 않은 돈'이죠. 여자들한테는 절대적으로 이름이 붙지 않은 돈이 낫습니다.

미나시타 그렇습니다. 한부모 여성 가장은 양육비를 받는 비율이 정말 낮습니다. 설사 양육비를 받더라도 계속 받을 수 있는 사람은 20퍼센트 이하입니다. 제가 《한부모 여성 가장의 빈곤》을 쓸 때 못된 남자들이 못되게 사는 모습을 이야기해주는 여성들의 말을 들으면서 가장 괴로웠습니다. 들어보면 이런 남자들하고 애초에 커뮤니케이션을 하는 것 자체가 힘들겠더라고요. 이런 경우 헤어진 남편한테 양육비를 받느니 국가에서 아동 수당을 받는 게 분명히 낫습니다.

그게 아니면 스웨덴이나 덴마크처럼 국가가 애 아빠한테 양육비를 받아서 아동에게 지불하는 형태로 양육비를 주는 방법도 있어요. 일본에서도 이걸 해야 합니다.

우에노 정말 왜 시행하지 않는지 이해가 안 돼요. 국가가 나서서 하면 애 아빠한테 양육비를 강제로 징수할 수 있어요. 저출산이 문제라고 인식해서 국가가 진정으로 그 대책을 마련하고자 한다면 그렇게 해야 합니다. 일본은 남자한테 너그러운 사회예요. 저는 한부모 여성 가장을 지원하지 않는 한, 국가가 저출산 대책을 마련할 마음은 없다고 생각해요.

미나시타 저도 그렇게 생각하고 《한부모 여성 가장의 빈곤》을 썼습니다. 인간이 아이일 때 절대적 평등을 누릴 것을 기본으로 저출산 대책을 짜야 합니다. 아이가 태어난 환경이 한부모 여성 가장이든, 한부모 남성 가장이든, 법률혼을 한 부부이든 아이들의 출발선상에서 평등을 보장하는 형태가 되지 않으면 아이가 늘 수 없습니다.

변화가 없고 변할 수 없는 나라

우에노 2013년 일본 대법원에서 혼외자 상속 차별이 위헌이라는 판결이 나왔어요. 민법으로 보면 상속 부분만 개정된 셈이지요. 일본은 그 정도로 변하지 않는 사회예요.*

미나시타 그 판결을 놓고 "첩의 자식한테 재산을 주는 거냐"면서 보수층의 반발이 꽤 컸습니다. 첩이란 단어가 공적으로 쓰인 것도 오랜만에 들었습니다. 제가 학생들한테 첩이란 말을 아는지 물어보니 잘 모르더군요.

---

* 법률혼 이외 관계에서 태어난 자녀에게 재산을 상속하지 않자, 혼외 출생한 이들이 차별이라고 헌법 소원을 제기하여 위헌판결을 받았다. 한국에서는 여성운동이 줄기차게 노력하여 2005년 호주제가 폐지된 결과, 민법에서 혼외 자녀라도 상속분이 있다.

우에노 그 정도로 의식 변화가 없는 게 일본 사회죠. 게다가 구태의연한 아저씨들이 지금껏 권력을 쥐고 있으니까요.

미나시타 소다 카즈히로想田和弘 감독의 《선거選擧》라는 다큐멘터리영화가 있습니다. 자민당이 낸 낙하산 후보의 선거운동을 관찰하듯 찍은 영화인데, 선거운동을 담담하게 그린 다큐멘터리를 보자니 무섭더군요.

후보가 아내와 함께 유세하는 장면이 나오는데, 연설할 때 '제 와이프'라고 말하면 안 된다는 겁니다. 자민당의 지지 기반인 보수적인 유권자를 위해서 '제 와이프' 대신 '제 집사람'이라고 합니다. 아내와 노인 요양 시설에 가서 노인들과 함께 체조도 하고요. 아내도 일이 있을 텐데, 선거 때만 되면 내조했다고 보여줘야 하는 겁니다. 이게 21세기 사회 맞나 싶습니다.

우에노 그런데 미나시타 씨 같은 40대만 봐도 아내가 남편을 '바깥양반'이라고 부르는 경우가 있더군요.

미나시타 네. 이 다큐멘터리에서 후보 아내가 남편과 둘이 있을 때는 엄청나게 불평하고 불만을 토로하는데, 다른 사람들하고 있을 때는 꼬박꼬박 '바깥양반'이라고 합니다.

우에노 이런 현상은 20대에서도 크게 다르지 않아요.

미나시타 이런 가운데서 나오는 정치란 게 과연 무엇인지 생각하면 제

비혼입니다만, 그게 어쨌다구요?!

가 할 말을 잃고 맙니다.

남자다움, 여자다움의 재생산

우에노 아까 나온 이야기 중에 조금 마음에 걸리는 게 있어요. 미나시타 씨가 "이혼은 실상 가족이 아버지를 버리는 것"이라고 하셨지요. 남편이 집에 붙어 있지 않아서 이혼했다거나, 남편하고 같이 있는 것 자체가 스트레스라서 남편을 버렸다거나, 이혼이 결혼 유지보다 나은 선택이라고 말한다면 그 말이 맞는다고 생각해요. 그런데 헤어진 남편과 말 한마디 하고 싶지 않다거나, 아이를 만나게 하는 것조차 싫다고 할 정도로 나쁜 관계에 있는 남편이라도 그 사람과 결혼하고 가정을 만든 건 여성 당사자예요. 이런 남편도 태어나서 기껏해야 20-30년 살고 그런 남자가 된 거고요.

미나시타 제가 비슷한 이야기를 라디오 프로그램에서 한 적이 있습니다. DJ를 보던 남성이 제 말을 진지하게 듣더니, "못된 남자도 처음부터 못된 남자가 되고 싶어서 된 건 아니다"라고 하더군요.

우에노 태어난 지 20-30년 지났을 뿐인데, 왜 그렇게 못된 남자가 되는 걸까요? 못된 남자가 되고 싶어서 된 건 아니라니까 점점 더 수수께끼로군요. 친밀한 관계에 있는 여자한테 폭력을 행사하는 남자는 모든 연령대에서 나타나죠. 가정 폭력도 있고 데이트 폭력도 있고. 지방에 있는 여고생들한테 데이트 폭력 당한 이야기를 들어보니까 옛날에 가부장을 위해 봉사하는 아내들과 다른 점이 없어요. 아내가 다른 데 관심을 쏟으면 질투하는 망상도 똑같고요. 치매에 걸린 할아버지가 바람피운다고 할머니를 의심하면서 질투하는 망상을 보이는 것하고, 10대 남자가 여자 친구 휴대폰을 검사하거나 뺏는 식으로 행동을 제약하면서 질투하는 망상을 보이는 것도 마찬가지죠.

태어날 때부터 그러지 않은 남자나 여자도 자라면서 불과 수십 년 만에 그 정도로 달라져요. 이런 젠더(사회적 성차)가 어떻게 재생산되는지, 정말 이상한 일이죠.

미나시타 처음부터 그런 사람은 없을 겁니다. 아무래도 사회가 바람직한 것, 규범적인 상을 요구하니까 그런 문제가 생기는 것 같습니다. 사람은 싫은 것이나 불리한 것은 노력해서 바꾸거나 없앨 수 있는데, 이것만은 절대 양보할 수 없다든지 이건 당연하다든지 하는 가치 규범은 좀처럼 고치거나 버리기 어렵죠. '남자다움'과 '여자다움', 남자가 여자보다 우위에 있어야 한다는 가치 규범에 남자는 물론 여자도 지배당하는 겁니다.

규범에 관련된 문제는 과학적으로나 객관적으로 보고 해결하기가 좀처럼 쉽지 않아요. 개인적으로 혹은 자기 세대에서 해결했다 해도, 관습이나 풍속을 바꾸기는 굉장히 어렵습니다. 자기 세대에서 합의한 것조차 어김없이 관습과 부딪혀 갈등이 일어나는 게 현실이니까요.

우에노 그 말을 들으니 '문화의 재생산'이 영원히 끝나지 않을 것 같은 느낌이 드네요. 아까 라디오 DJ가 했다는 이야기 말인데요, 제가

비혼입니다만, 그게 어쨌다구요?!

지금 거론하는 건 일부 못된 남자가 아니라 평범한 남자거든요. 그러니까 보통 수준으로 둔감하고, 적반하장 격으로 화를 내며, 언제나 자신을 가장 우선시해도 괜찮다고 믿는 평범한 남자들 말이에요.

미나시타 평범한 게 무섭긴 합니다.

우에노 평범하죠. 딱히 못돼서 그런 게 아니고 너무나 '남자다운' 남자들이에요.

회사에서 사육되는 남자와
집에서 사육되는 여자의 결혼 생활

미나시타 제가 책에서 사례로 다룬 이혼한 한부모 여성 가장을 만나 보면, 굉장히 시원시원하고 쾌활합니다. 그리고 책에서 다루지는 못했는데, 결혼 생활을 계속하면서 남편에게 폭력을 당하거나 생활비를 하나도 못 받고 사는 여성들을 저는 잠재적인 한부모 여성 가장이라고 봅니다. 이렇게 결혼 생활을 유지하는 여성들이 이혼한 여성들보다 훨씬 힘들어하고 괴로워합니다.

어떻게 보면 아이를 데리고 이혼하는 것은 큰 에너지가 필요하다고 할 수 있습니다. 그만큼 에너지가 없다면 이혼해서 한부모 여성 가장조차 될 수 없는 게 현실입니다.

우에노 정말 그래요.

미나시타 결혼이란 틀에 있으면서 남편이 있는, 그러니까 가족에 속한 여성은 아무런 문제가 없는 사람이라고 여겨집니다. 하지만 실상을 보면 갈등이 큰 경우가 많죠. 병든 부분을 잘 살펴야 문제의 싹이 보일 겁니다. 많은 사람들에게 있는 이런 문제가 앞으로도 재생산될 겁니다.

우에노 그런 문제가 40여 년 전에 '주부' 문제다, '사축社畜'● 문제다 해서 이야기가 나왔죠.

미나시타 네. 그런데 전혀 바뀌지 않았습니다. 사축으로 사는 남자들 말입니다. 여자들도 마찬가지고요. 여자는 집에 매여 있어야 한다고 보는 규범적인 의미에서 '가축家畜'이기도 하니까요.

우에노 그렇군요. 사축과 가축.

미나시타 네. 결혼이 남자와 여자를 사축과 가축으로 만드는 겁니다. 평론가 쓰네미 요헤常見陽平 씨가 "내가 일을 그만두고 '가축'이 되었다. 가축을 해보니까 최고다"라고 말한 적이 있습니다. 부인이 일하니까 쓰네미 요헤 씨는 일을 그만두고 대학원에서 공부하며 집에 있다는 소리입니다. 이게 '가축 선언'이라고 해서 몇 년 전에 화제가 되었죠.

● '회사의 가축처럼 일하는 직장인'이라는 뜻. 직장인들의 현실을 자조하는 표현으로 사용된다.

비혼입니다만, 그게 어쨌다구요?!

우에노 '가축'은 자기를 길러주는 주인 눈치를 살펴요. 그 평론가는 부인의 눈치를 봅니까?

미나시타 네. 아마 쓰네미 요혜 씨처럼 부인의 눈치를 잘 보는 남성은 별로 없을 것 같습니다. 쓰네미 요혜 씨는 집에 있으면서 대학원에 진학했고, 나중에 대학교수가 되었습니다. 전략적으로 자신의 경력을 잘 쌓는 남자죠. 이런 남자가 나오기 시작한 건 정말 재밌는 현상입니다.

어쨌든 주부는 자기 시간을 마음대로 못 쓰고, 사는 동네에서 멀리 벗어나지 못하는 걸 보면 역시 집에 매인 가축이라 할 수 있겠죠. 지역에 매이기도 하고요. 여성 자신에게도 이런 역할에서 벗어나는 데 저항하는 의식이 있습니다. 학부모회 활동이나 반상회, 주부로서 활동만 하고요. 우에노 선생님이야 여러 곳에 거점을 두고 자유롭게 다니시지만, 가족이 있는 여성들은 그러기 어렵습니다.

육아 때문에 지역 커뮤니티 활동을 할 수밖에 없는 엄마들

우에노 아이가 없으니까 지역 커뮤니티에 헌신하지 않아도 되죠. 아이가 있으면 도망칠 수 없었을 거예요.

미나시타 도망칠 수 없었을 겁니다. 제 전략은 도망치지 않는 것이라, 동네에서 육아를 지원하는 단체를 만들어 관련 활동을 합니다. 제가 선택한 지역 커뮤니티에 적극적으로 관여해서 제 편을 많이 만들었습니다. 그래서 지금까지 어떻게든 견뎌온 것 같습니다. 제가 육아 지원 단체 활동을 한다고 말하면 굉장한 이타심을 발휘하는 사람으로 보는데, 사실 저를 위한 일입니다.

우에노 무슨 말씀인지 이해해요. 선택할 수 없는 혈연이나 지연, 회사의 인간관계에 머물지 않고 자기 스스로 선택할 수 있는 인연을 만드는 거죠. 가입과 탈퇴가 자유롭고, 지나친 헌신을 요구하지 않으며, 강제성이 없는 관계로 혈연이나 지연·회사 연줄 등에서 벗어나 선택할 수 있는 인간관계니까 '선택연'이라고도 해요. 이런 관계를 만들어 살기 편하게 노력하는 수밖에 없죠. 그런데 미나시타 씨는 일이나 육아로 힘에 부친다면서 여력이 있네요?

미나시타 정말 힘에 부쳐서 하는 겁니다. 주변에 제 편이 없어서요.

우에노 필사적인 노력이군요.

미나시타 어머니가 살아 계셔서 아이를 돌봐줬다면 지금과 전혀 달랐을 것 같습니다. 저희 어머니는 정말 활력이 넘치셨거든요. 아마 지금도 손주를 돌봐줬을 거예요. 불행인지 다행인지 어머니가 안 계시니까 저는 선택연을 만들 수밖에 없었습니다. 지역사회의 자원이든 뭐든 이용해서 생활을 꾸려가야 했으니까요. 남편이 단체 활동에 나서게 설득하는 것부터 시작했습니다. 온 힘을 다할 수밖에 없었어요.

비혼입니다만, 그게 어쨌다구요?!

우에노   필요는 발명의 어머니죠. 잘 알겠네요.

미나시타   제가 기댈 수 있는 사람은 남편과 저 스스로 선택한 커뮤니티에서 같이 활동하는 이들입니다. 우에노 선생님이 말씀하셨듯이 돌보지 않으면 살아갈 수 없는 아이를 돌보느라 제 인생도 불투명했죠. 그래도 저 같은 사람들이 앞으로 늘어날 겁니다. 저도 힘에 부쳐서 사회 활동을 시작했으니까요.

이 사회를 좋은 방향으로 만들어가고 싶습니다. 좋은 방향이 과거처럼 균질성이 높은 사회에 잘 적응하는 것을 뜻하진 않습니다. 종전에 바르다고 여겨진 것이 중요한 게 아니라, 지금 살아가는 가운데서 비롯된 문제를 해결하는 겁니다. 남자에게 소속된 여자만 아이를 낳고 기를 수 있는 게 아니라 아이를 원하는 여자는 누구나 낳을 수 있고, 낳고 싶지 않은 여자는 그 때문에 비난받지 않는 사회를 만들고 싶습니다. 그러기 위해서는 여자가 '아이를 낳을 권리, 동시에 낳지 않을 권리'를 얻어야 한다고 봅니다. 아이를 낳으라고 강요받지 않고, 아이를 안 낳았다고 해서 불이익이나 비난도 받지 않는 사회, 그런 권리를 얻기 위해 제가 할 수 있는 일은 다 하려고 합니다.

4장

패배자 남성,
성장한 여성 문화

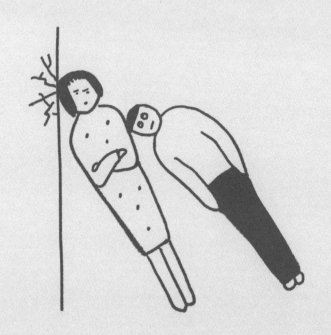

비혼이 아니라 '혼전 이혼'

우에노 우리는 3장에서 '왜 남자는 태어난 후 기껏해야 20-30년이 지나면 남자다운 남자가 되는가?'라는 물음에 대해 이야기했어요. 여자가 변했으니 남자도 변해야 합니다. 그래야 미래가 있죠.

미나시타 남자가 변하지 않으면 미래가 없을까요?

우에노 남자가 변하지 않으면 어떻게 해야 할까요? 여자는 지금까지 해왔듯이 실질적으로 어머니와 자녀만 있는 가정을 꾸려갈 수밖에 없을까요?

미나시타 여자는 한계에 달했습니다.

우에노 우리가 벌써 목격하고 있지 않습니까? 태어나는 아이가 줄었어요. 과거에 유지된 가족상을 보면, 아빠가 부재하고 엄마가 꾸려가는 모자가정이었지요. 요즘은 '위험 부담'인 아빠를 버린 진짜 모자 가정이에요.

미나시타 확실히 그렇습니다. 실제로 한부모 여성 가장이 꾸리는 가정이 늘고 있습니다.

우에노 모자가정을 꾸리는 여성을 보면, 본인이 희망한 경우도 있겠지만 어떤 의미에서 보면 분위기를 타서 기세 좋게, 혹은 실수로 엄마가 된 경우거든요. 이런 여성들을 지켜보면서 미혼 여성들은 결혼이란 게 수지 타산이 안 맞는다고 느끼죠.
　1980년대에 유럽이나 북아메리카에서는 이혼율이 상승했는데, 일본에서는 정체되었어요. 그때 학자들이 일본에는 세계에서 제일가는 안정된 가족 제도가 있다고 했습니다. 하지만 데이터를 보면 당시에 벌써 비혼율이 상승했거든요. 저는 비혼이 '혼전 이혼'이나 마찬가지라고 봐요.

미나시타 아, 딱 맞는 표현입니다. '나는 기존의 균질적인 가족 규범으로 들어가는 게 무리겠다'라고 느끼는 사람들은 처음부터 결혼을 선택하지 않죠.

우에노 이혼은 결혼해야 할 수 있지만, 비혼은 결혼 전에 '결혼 안 해'라는 것이니까요. 인구학적으로 보면 일본에서 비혼율이 상승한 것은 다른 나라에서 이혼율이 상승한 것과 기능적으로 같은 논리로 작동한다고 할 수 있어요.

비혼입니다만, 그게 어쨌다구요?!

미나시타 비혼율이 상승한 것은 정보화의 영향으로 여자들이 못된 남자, 도저히 어떻게 안 되는 남자를 선별하는 능력이 좋아졌기 때문이라고 할 수 있지 않을까요?

우에노 아뇨. 결혼이 더는 생활을 보장해주지 않기 때문이에요. 결혼이 생활 보장재인 상황에서는 못된 남자든 아니든 여자는 선택할 수가 없어요. 이제 집에 돈만 갖다 주면 남편의 역할을 다한 거라고 보는 시대도 아니고요.

미나시타 저는 주부가 가족이나 지역사회의 시간재時間財라고 생각해왔습니다. 그러니까 가족이나 지역을 위해 자신의 자유로운 시간, 인생에서 중요하고 귀중한 낮 시간대를 내주는 것을 전제로 전업주부가 생겨났다는 말입니다. 하지만 요즘은 자기 시간을 다 내주더라도 거기에 걸맞은 보상이 적으니까, 투입한 비용에 비해 결과가 안 좋다고 할 수 있고요. 주부로서 시간을 다 내줄 만한 가치가 있는 결혼 상대인 남자가 줄어든 것일까요?

우에노 그럴 거라 봐요. 실제로 맞벌이 비율이 전 세대의 60퍼센트에 달하니까요.

미나시타 맞습니다. 지금은 맞벌이 세대 비율이 전업주부가 있는 세대 비율보다 높습니다. 이런 역전은 1997년 이후 일어났고요.

우에노 1장에서 이야기한 '더글러스 아리사와 법칙'으로 짚어보면, 직업이 없는 여성 세대의 수입이 높은 경향이 사라지진 않았죠. 그러니까 지금은 전업주부라는 게 특권이 되었어요.

미나시타 그러게요. 얼마 전에 '베리 부인'이라는 신조어가 나왔는데, 이 말은 전업주부가 보는 잡지 《베리VERY》에 나오는 상류층 주부를 뜻하죠.

우에노 최근에 《베리》에서 저를 취재했어요.

미나시타 아, 정말요?

우에노 네, 그 두꺼운 여성지. 보고 있으면 어깨가 뻐근해지는 잡지요. 광고 문구가 대단하죠. '기반이 있는 여자는 강하고 따뜻하고 아름답다.' 이 문구에 나오는 기반이란 게 노골적이에요. 영어로 '인프라스트럭처infrastructure'인데, 인프라스트럭처가 있는 여자는 강하고 따뜻하고 아름답다고 할 때 기반은 남편의 수입과 자산이죠.

미나시타 정말 노골적이군요. 그 잡지사에서 무슨 취재를 했나요?

우에노 뭐였는지 잊어버렸네요. 여성의 인생 상담에 대한 답이었을 거예요.

미나시타 그런데 여성지《베리》가 요즘 사회운동 측 주장을 기사로 싣고 있습니다. 페미니스트의 주장도 싣는데, 우에노 선생님께 취재하러 갈 줄은 몰랐습니다.

우에노 아, 그래서 저한테 온 건가요? 하하.

미나시타 여성지《앙앙an·an》도 최근에 페미니즘 특집을 냈습니다. 갑자기 저한테 취재하러 왔더라고요. 사회적인 주장을 하는 게 인기 있으니 편집 방향이 바뀐 겁니다.

　저처럼 비정규직 시간강사에 여러 가지 일을 하는 사람이 드러난 것은 위 세대 여성 편집자나 제작자, 여성 스태프 그리고 저와 같은 세대거나 어린 세대 남성이 잡지나 출판·텔레비전 같은 매체에서 결정권을 갖기 시작했기 때문입니다. 제가 아저씨들한테는 전혀 인기가 없거든요.

우에노 맞아요. 인쇄 매체 쪽에서는 그런 변화가 일어났어요. 저는 이런 변화를 '여성 문화가 일어났다'고 하는데, 예를 들어 1장 첫머리에서 이야기한 사카이 준코 씨가 있죠. 사카이 준코 씨는 정말로 아저씨들이 받아들일 수 없는 글을 쓰는 사람이에요. 그런데도 아저씨들이 주 독자층인《주간현대週刊現代》에 오랫동안 칼럼을 연재했죠.

미나시타 저는 사카이 준코 씨가 '마거릿'이라는 필명을 쓰던 초창기부터 좋아했습니다. 저도 한때 '올리브 소녀'●였어요.

우에노 사카이 준코 씨는 '여성 문화' 가운데 서식하는 여성이죠. 이런 여성의 글을 실으려는 편집자들이 나타난 거고요. 이것은 무엇보다 여성의 소비 시장이 커졌기 때문이라 할 수 있어요. 소비가 있으니까 여성을 대상으로 한 의견이나 주장이 상품이 될 수 있죠. 여성소비 시장이 커진 원인은 굉장히 간단해요. 여자가 경제력을 갖게 된거죠.

미나시타 이런 면은 단순히 소비사회와 이어지는 이야기가 될 수 있겠네요. 그런데 급여소득이 있는 여성이라도 70퍼센트가 연간 300만 엔(약 3,300만 원) 이하를 법니다. 여성 비정규직 비율이 전체 중 60퍼센트이고, 40대 후반을 넘기면 70퍼센트가 비정규직입니다. 이런 상황에서 여성의 소비 시장이 어떻게 유지될까요?

우에노 양극화되었어요. 여성이 나뉘었지만 전체적으로 보면 파이가 크니까요.

미나시타 아까 나온 이야기인데, 의료나 복지를 비롯해서 여성 고용을 선호하는 직장이 늘기도 했습니다.

● 1980-90년대에 여성지 《올리브olive》를 보던 여성 독자가 선호하던 스타일. 시크한 가운데 귀여움을 추구하는 패션이나 문화에 흥미가 있는 젊은 여성을 뜻한다.

미나시타 우에노 선생님이 쓴 에세이 《독신의 오후》(우에노 지즈코 지음, 오경순 옮김, 현실문화, 2014)**는 반응이 어땠나요?

우에노 남성 독자들이 읽고 화낼 거라고 예상했는데 그렇지 않았어요. "절실한 심정으로 읽었다" "남의 일이라는 생각이 안 든다"는 소감이 많았죠. 잘 팔리기는 했는데, 이 책을 산 사람 절반이 여자였어요. 그러니까 이런 책은 남자가 사기보다 여자가 읽고 나서 남자한테 읽히는 방식으로 팔리더군요.

결혼하지 못하는 '패배자'라고 이야기할 때 무조건 여성을 연상하죠. 비혼 문제를 이야기할 때도 마찬가지고요. 왜 남성은 연상하지 않을까? 저는 전부터 이 문제를 놓고 정신과 의사 사이토 다마키 씨와 논쟁해왔어요. 사이토 다마키 씨는 패배자 이미지로 여성을 연상하는 까닭을 프로이트가 말한 '페니스 선망'으로 설명하더군요. 여자한테 없는 페니스를 대신하는 게 결혼과 출산이라서 패배자 이미지로 여성을 연상한다는 말인데, 저는 그렇게 생각하지 않아요.

제 의견은 노부타 사요코信田さよ子*** 씨와 일치하는데요. 결혼하지 못하는 패배자로 여겨지는 남성은 패배자로 여겨지는 여성보다 현실을 심각하게 여겨서 자신을 웃음의 소재로 삼지 않아요. 즉 '패

●● 고령화 사회에 혼자 살아갈 노년 남성을 위한 에세이로, 일본에서 베스트셀러였다. 원제목은 '남자가 혼자되는 법'이라는 뜻.
●●● 페미니스트 심리학자이자 임상심리사. 저서로 대담집 《결혼제국》(우에노 지즈코·노부타 사요코 지음, 정선철 옮김, 이매진, 2008)이 있다.

배자 여성'처럼 자학하면서 웃고 이야기할 여유조차 없는 거죠. 이런 남성들에게는 '현실을 보고 싶지 않다, 듣고 싶지 않다'는 식으로 현실을 부정하려는 심리가 작동한다고 봐요. 미디어나 문화 콘텐츠가 '패배자 남성'을 소재로 삼을 리 없겠지만, 결혼하지 못하는 패배자 남성이 등장한다고 해도 잘 팔리지 않을 겁니다.

　문화 소비에서 패배자 여성이란 이미지가 나온 것은, 아들이 결혼하면 세대를 분리하는 패턴이 관행으로 정착됐기 때문이에요. 그 전에는 오빠나 남동생이 결혼하면 딸은 집에 있을 수가 없었어요. 부모가 결혼하라고 압력을 넣었죠. "네가 집에 있으면 오빠나 남동생한테 누가 시집을 오느냐"는 식으로요. 이런 말은 이제 사라졌지만, 패배자 여성이란 이미지가 생긴 큰 원인이라고 할 수 있습니다.

미나시타　그러다가 1980년대 이후 바뀌었죠?

우에노　아이를 적게 낳기 시작했고, 결혼하면 세대를 분리하는 형태가 자리를 잡았기 때문이에요. 지금이야 결혼하면 남녀를 막론하고 부모와 세대를 분리해서 살지만요. 장남도 결혼하면 부모와 따로 사니까요.

애니메이션이나 아이돌에 정신이 팔려
결혼하지 않는 게 아니다

미나시타　요즘 젊은이들이 애니메이션이나 아이돌에 정신이 팔려서

　　　　　　　　　　비혼입니다만, 그게 어쨌다구요?!

비현실 속의 안전한 캐릭터만 좋아하기 때문에 결혼하지 않는다는 말이 있습니다.

우에노 그 의견에 찬성해요?

미나시타 아뇨, 반대합니다.

우에노 저도 그래요.

미나시타 저는 그런 의견을 피력하는 편집자와 논쟁을 벌인 적이 있습니다.

우에노 미나시타 씨는 젊은이들의 비혼 경향이 아이돌 때문이라는 의견이 왜 틀렸다고 생각해요?

미나시타 먼저 애니메이션이나 아이돌 문화 소비 시장은 여자들의 소비 시장이 더 크다는 게 근거입니다. 코믹 마켓Comic Market에 출품하는 사람도 60퍼센트가 여자예요. 초창기에는 90퍼센트가 여자였고요. 당시 통계가 없으니 만화 동인지 모임을 꾸리던 사람들이 어림잡은 수치지만, 기본적으로 코믹 마켓 참가자는 여자라고 보면 됩니다. 오타쿠도 남자보다 여자가 많습니다. 남자들의 포르노 소비와 거의 맞먹는 규모입니다.

우에노 그런 근거로군요.

미나시타 가상 캐릭터와 사랑에 빠진 경험도 여자가 압도적으로 많습니다. 만화 동인지 활동을 계속하려고 결혼한 여자도 있고요. 연애와 결혼은 다르다면서 가상 캐릭터와 연애하지만 남자와 결혼하는 여자도 드물지 않습니다.

우에노 미나시타 씨도 기혼 여성인데 후조시라고 했죠.

미나시타 네, 그렇습니다.

우에노 미나시타 씨가 남자는 여자보다 가상 캐릭터를 소비하지 않는다고 근거를 내놨는데, 다른 근거가 있나요?

미나시타 종전의 포르노 시장을 감안하면 남성을 대상으로 한 가상 캐릭터 상품이 많다고 할 수 있습니다. 하지만 마니아를 위한 소비 시장은 여성 쪽이 많습니다. 예컨대 긴 역사와 전통이 있는 다카라즈카 가극단宝塚歌劇団* 팬, 자니스 아이돌**에 빠진 팬, 비주얼 록 밴드를 쫓아다니는 팬, 프로 축구 J리그 선수들을 쫓아다니는 팬도 여자가 많습니다.

　가상 캐릭터를 연애 대상으로 삼고 쫓아다니며 생활에 지장을 초래할 정도로 문화를 소비하는 이는 남자보다 여자가 많습니다. 더

---

*　전원이 여성으로만 구성된 가극단. 공연하는 극에 나오는 모든 역할을 여성이 맡는다. 1919년 음악학교가 생기면서 전문 가극단으로 발전했는데, 한동안 침체되었다가 1974년 만화 〈베르사유의 장미〉를 원작으로 한 뮤지컬이 크게 히트하면서 오늘날 일본 여성들에게 인기를 얻고 있다.

**　일본 최대의 남자 아이돌 기획사 자니스 사무소를 거쳐 데뷔하는 아이돌.

가벼운 문화 시장을 보면, 트렌디 드라마나 연속극의 팬이 있고요.

그러니까 가상의 연애라는 건 원조가 여자고, 가상의 연애를 다루는 문화 시장은 여자들의 시장이라는 거죠. 의식조사를 해봐도 가상 캐릭터와 사랑에 빠진 경험이 있는 사람은 남자보다 여자가 훨씬 많습니다. 최근 들어 가상 캐릭터와 연애에 빠진 남자들이 늘어났지만, 아직 역사가 짧습니다.

우에노 그것으로 반론이 되나요?

미나시타 아까 우에노 선생님이 패배자 남성은 자신을 웃음의 소재로 삼을 여유가 없다고 하셨지요. 결혼하지 않는 남성이 사회에서 패배자처럼 여겨지고 스스로 그렇게 생각하는 것은 보기 싫은 것을 안 봐서 그렇기도 하고, 사회에서 관심을 두지 않아 그런 거라 생각합니다. 그건 여성의 문화 소비 시장에 깊이 들어온 후조시도 똑같습니다. 패배자 여성도 사회에서 보이지 않는 존재였죠. 요즘 패배자 남성이나 패배자 여성은 자신을 '상남' '상녀'라고 하는데요, 남녀 앞에 인기가 없다는 뜻으로 '잃을 상喪' 자를 붙인 말입니다. 자학하듯 인기 없는 사람이라고 스스로 이야기하는 게 이 말이 전하는 핵심이죠. 상남·상녀라고 들어보셨나요?

우에노 네, 알아요. 오타쿠의 문화 시장에 여성 소비자가 많죠. 그런데 제가 알기로 오타쿠 여성은 이성애자이고, 결혼하고 싶은 마음이 강하며, 사실상 혼인율도 높아요.

미나시타 혼인율이 어떤지는 통계로 알 수가 없습니다. 오타쿠 여성은 좁게 잡으면 BL에 빠진 사람들을 뜻하는데요, 이전에는 '야오이ゃぉ い'*라고 불렸죠. 미국에서 남성이 동성애를 다룬 '슬래시 픽션Slash fiction'**이 유행한 게 대체로 1970년대입니다. 일본은 1977년경부 터 동성애를 다룬 작품이 하위문화에서 등장하기 시작했는데, 원조 는 미소년이 나오는 동성애 소설을 쓰는 여성 SF 소설가 구리모토 가오루栗本薫***나 여성 만화가 하기오 모토萩尾望都****죠. 오타쿠 여 성의 문화 소비가 등장하기 조금 전에 소설이나 만화로도 여성의 소 비를 위한 시장이 나온 겁니다.

우에노 그런 문화를 소비하면 실제로 결혼을 피하는 경향이 나타나 는지, 그 인과관계가 성립된다는 걸 증명할 수 있는지 궁금하네요.

미나시타 그런 문화를 소비한다고 실제로 결혼을 피하지는 않습니다. 남성이 문화 소비 시장에 미치는 영향은 알려진 것보다 작은 반면, 여성이 문화 소비 시장에 미치는 영향은 알려진 것보다 큽니다. 여성

---

* 　남성의 동성애를 묘사한 만화나 그 팬을 일컫는다. 만화 동인지를 그리던 초창기 멤버가 자신이 그린 야오이를 두고 '야마ゃま(갈등이나 절정)' '오치おち(반전이나 결말)' '이미いみ(의미)'가 없다고 이야기한 데서 유래한 말이다.

** 　남성의 동성애를 다룬 팬픽. 팬픽을 쓰는 사람이나 읽는 사람이 대부분 여성으로 알려졌다. '슬래시 픽션'이란 말은 팬픽에 등장하는 커플을 나타낼 때 '/'를 넣은 데서 유래했다. 한편 여성의 동성애를 다룬 팬픽은 '펨슬래시Femslash'라 불린다.

*** 　SF 작가이자 추리소설가. 대표작으로 판타지 소설 《구인사가》(구리모토 가오루 지음, 김현숙 옮김, 대원씨아이, 2009)가 있다.

**** 국내에 번역된 만화로 〈잔혹한 신이 지배한다〉(하기오 모토 지음, 전가연 옮김, 서울문화사, 2007), 〈11인이 있다!〉(하기오 모토 지음, 서현아 옮김, 세미콜론, 2010), 〈포의 일족〉(하기오 모토 지음, 정은서 옮김, 세미콜론, 2013)이 있다.

　　　　　　　　　　　　　　비혼입니다만, 그게 어쨌다구요?!

의 문화 소비 행동과 현실의 결혼 행동은 완전히 다르고요. 밥 먹는 배 따로 있고, 디저트 먹는 배 따로 있는 것과 같죠. 남녀 모두 문화 소비에 빠지면 실제로 결혼을 피한다는 데 인과관계가 성립하지 않습니다.

우에노 그렇군요. 원조인 구리모토 가오루 씨도 기혼 여성이고 이성애자니까요.

미나시타 가상의 게이를 좋아한 사람이죠. 그런데 이건 동성애나 양성애 경향 유무와는 다른 차원의 문제라고 봅니다.

우에노 저는 동성애 장르를 선호하는 여성이 동성애 경향이 있다고 보지 않아요.

미나시타 왜죠?

우에노 여성들이 좋아하는 문화 상품에 그려진 미소년 동성애 커플은 사실상 남장한 이성애 커플이라고 보거든요. 구애하는 쪽과 받는 쪽이 정해졌다거나 하는 것을 보면 확실하잖아요. 그러니까 오타쿠 여성들이 이성애자라는 자신의 정체성, 섹슈얼리티를 미소년의 동성애로 위장해서 문화를 소비한다고 봐요. 오타쿠 여성들이 보는 BL에 그려진 건 동성애 커플이 아니라 이성애 커플이라고 봐야죠. 오타쿠 여성들은 오히려 상대방에 대한 환상이 커요.

우에노　방금 미나시타 씨가 가상 캐릭터를 문화적으로 소비하는 현상이 늘어서 젊은이들이 결혼하지 않는 것이라고 보는 주장이 틀렸다고 했죠. 저도 결론은 같은데, 조금 다르게 설명해볼게요.

예컨대 미디어(매체)는 구전되는 것에서 인쇄 매체·인터넷 등으로 변해왔는데 스토리에 대한 소비, 그러니까 문화 소비가 없는 사회는 없었어요. 사회에서 문화를 소비한다는 것은 구성원들이 뭔가를 하도록 기대되는 학습이라고 할 수 있고요.

인간이 왜 연애를 할 수 있는가, 그러니까 인간이 누구와 어떤 관계가 됐을 때 사랑이라고 여길 수 있는 것은 사랑이 뭔지 배워서 알기 때문이에요. 지금 내가 맺는 인간관계는 그전에 스토리를 해석하면서 알게 된 '사랑'이란 것과 비슷하다는 식으로 일종의 해석 장치가 작동하는 거죠. 이런 것이 존재하지 않는 사회는 있을 수 없어요. 문화 소비가 갑자기 늘거나 줄어드는 것도 아니에요.

미나시타　그렇군요. 스토리를 소비하는 것은 언제 어디서든 역사 속에 있었다는 말씀이네요.

우에노　한 가지 이유가 더 있어요. 유흥업이나 과거 성매매 집결지와 같은 성 산업에서 성을 소비하지 않습니까? 성 산업을 소비한다고 해서 결혼이 줄었다는 식으로 성 산업 소비와 결혼 행동이 반비례한 역사는 없어요. 남자는 결혼했어도 유흥업소에 갑니다. 성을 소비한다는 게 혼인율 저하를 설명할 변수가 되지 못하죠. 에도시대에 도시에서 혼자 사는 남자가 많아 유곽이 발달했다고 하는데, 원인과 결과를 혼동하고 있어요. 유곽에서 성을 소비한다고 혼인율이 낮아지는 게 아니라는 말이죠.

미나시타 성 산업은 결혼과 별도로 항상 있었다, 현실에서 결혼과 나란히 존재했다는 말씀이죠? 아이돌에 빠진다거나 애니메이션에 나오는 여자 주인공을 좋아하는 식으로 문화 소비에 돈을 아낌없이 쓰는 것 때문에 남자가 결혼이나 연애를 하지 않는다고 보는 시각은 완전히 틀렸다는 말씀인가요?

우에노 맞아요. 문화를 소비하지 않는 사회는 없으니까요.

미나시타 아까 오타쿠 남성과 여성 이야기를 했는데요, 이런 사람들은 이성에게 인기를 얻지 못하고 배제됩니다. 나는 인기가 없다고 인정한 오타쿠 여성이나 남성이 서로 대화할 수 있을까요? 잘못 갖다 붙였나요?

우에노 아주 잘못 갖다 붙였죠. 서로 피하고 싶은 상대일 거예요.

미나시타 제 주변에 만화 동인지를 그리면서 커플이 된 남녀가 몇 쌍 있습니다. 이 사람들은 예외일까요?

우에노 그건 그거고 이건 이거란 식으로 가상 세계와 현실 세계를 분리해서 생각하는 사람들이기 때문이겠죠. 옛날에도 가부키(일본 전통

극) 배우의 꽁무니를 쫓아다니는, 지금 아이돌에 빠진 것 같은 여자들은 산더미처럼 많았어요. 그렇게 소비하는 것도 남편의 재력이 있으니까 가능했죠.

미나시타 아이돌에 빠져 소비하는 문화 현상은 연애나 결혼, 이른바 가족 관련 행동과 나란히 존재할 수 있다는 말씀이네요? 아이돌에 빠진다고 해서 연애나 결혼을 하지 않거나 저출산이 된 것도 아니라고 할 수 있고요.

우에노 문화 소비 때문에 연애나 결혼을 하지 않는다거나 저출산이 된 것은 아니죠. 에도시대에 남자가 유곽에서 놀거나 남창을 산다고 해서 결혼하지 않은 것도 아니고, 결혼했다고 해서 그걸 그만두지도 않았죠.

실패했다고 강렬하게 느끼는 남자들

미나시타 알겠습니다. 문화 소비의 특성을 고려하면, 아이돌이나 애니메이션에 빠져서 결혼하지 않는다고 볼 수 없네요. 결혼은 문화 소비와 다른 문제고요. 아까 이야기한 패배자 남성에 관해 좀 더 여쭙고 싶은데요, 단적으로 어떤 사람들이 패배자 남성이 될까요?

우에노 데이터를 보면 노골적으로 드러나요. 저학력·저소득층·비정규직이죠. 일각에서는 인구가 적은 지역 출신·장남·가업(영세 자영업)

후계자라는 설도 있습니다만.

미나시타 사카이 준코 씨는 패배자 여성이 서른 살 이상, 아이 없는 미혼이라고 했습니다. 남성 역시 사회적으로 아무리 성공해도 서른이 넘고 결혼하지 않고 아이가 없으면 패배자로 여겨진다고 볼 수 있을까요?

우에노 지금까지 패배자 남성이 누구인지 정의한 사람은 없어요. 문제로 만든 사람이 없으니까 뭐라고 말할 수가 없군요.

미나시타 음… 문제로 만든 사람이 없다는 점은 분명합니다. 추리소설가 우치다 야스오内田康夫 씨가 쓴 작품에 등장하는 명문가 출신에 차남, 잘생기고 독신인 명탐정 주인공을 과연 패배자 남성으로 여길 수 있을까요?
　그런데 생애 미혼율이 부쩍 상승한 점이나 패배자 남성의 노후 돌봄 문제, 그러니까 남성이 자신이나 주변을 돌볼 줄 모르는 점을 고려하면, 앞으로 패배자 남성은 패배자 여성보다 문제가 심각해질 것 같습니다.

우에노 결혼이 선택지가 될수록 결혼은 능력주의와 연동하게 됩니다. 그러면 남성에게 결혼은 이해하기 쉬운, 일종의 순위를 매기는 질서가 되죠. 여자보다 남자가 이성에게 인기가 없다는 사실에 굉장한 패배 의식을 느끼는 것도 그 때문일 테고요.

미나시타 2008년 도쿄 아키하바라에서 무차별 살인 사건을 저지른 가토 도모히로加藤智大가 결국 사형 판결을 받았습니다. 그는 법정에서 "나는 얼굴이 못생겨서 인기가 없었다"고 말했죠. 자신이 얼마나 소외됐는지 직접적으로 호소하려 한 것일 텐데요.

우에노 사회에서 소외된 게 아니라 여자들한테 소외됐다고 호소했죠.

미나시타 그렇습니다.

우에노 가토 도모히로는 여자들이 인정해주는 것이 자신의 남자다움을 지탱하게 해준다고 생각하지 않았을까요? 여자들한테 인정받으면 자기 인생의 모든 마이너스 패를 뒤집어 승리할 수 있다고 여겼을 거예요. 여자들이 자신을 인정해주면 사회의 갖가지 측면에서 오는 소외를 해결할 수 있다는 생각이죠. 여자들한테 인정받으려고 노력했느냐 하면, 아무것도 하지 않아요. 남자라는 사실 하나로 여자들한테 인정받을 자격이 있다고 믿어 의심치 않았을 겁니다.

미나시타 그렇군요. 남자라는 사실 하나로요.

우에노 그게 '남자'가 갖고 있는 병입니다.

미나시타 남자라면 꼭 갖고 있는 병, 남자들이 앉는 일종의 지정석이라 할 수 있겠네요. 요즘 남성의 병리가 그렇게 깊은 것이군요.

우에노 깊어서 문제가 되지 않았고, 문제시할 수 없었죠.

미나시타 가토 도모히로가 범행 전에 인터넷으로 군용 칼을 검색하고 아키하바라에 나와서 구입할 때 매장 직원이 예쁜 여자였다고 합니다. 그 여자를 보고 잠깐 범행을 멈추려 했다가 결국 저질렀죠.

우에노 그의 망상에서 진행된 시나리오는 '이 예쁜 여자가 나를 받아들이고 인정해줄 것이다'였겠죠.

미나시타 가토 도모히로가 예쁜 여자를 보고 '무차별 살인 사건을 저지르지 말까' 생각했다는 이야기를 듣고, 저는 살인하지 말고 차라리 그 직원을 꾀었다면 좋았을 텐데 싶었습니다.

우에노 그렇게 자기 마음대로 할 수 있는 여자가 있을 리 없죠.

미나시타 맞습니다. 마음에 드는 여자한테 말을 걸고 사이좋게 지낼 능력이 있었다면, 애초부터 여자를 그렇게 원망하지 않았을 테니까.

우에노 그런 자기중심적인 망상이 남자들의 병리 가운데 하나예요. 남자라는 사실 하나로 노력하는 것 없이 인정받을 수 있다고 여기죠. 여자를 좋아하는 게 아니라 자기를 인정해주는 여자가 좋은 거예요. 자기가 남자이기 위해서 여자가 필요한 거고요.

미나시타 그런 점은 인기 없는 여자와 아주 차이가 나네요.

우에노 그래서 인기 없는 남자와 여자는 아주 비대칭적이라고 할 수 있어요. 남자다움의 핵심에는 자신이 여자가 아니라는 것, 여자가 아니라서 여자를 자기 소유로 할 수 있다는 생각이 있죠. 여자를 소유할 수 있다는 것은 여자들한테 인정받았다는 것이고요.

니무라 히토시二村ヒトシ라고 성인영화 감독이 있는데, 제가 그 감독이 쓴 책 해설도 써준 적이 있고 해서 사이가 좋아요. 그 감독이 남자가 여자와 섹스 할 수 있는지 아닌지는 여자한테 인정받는지 아닌지와 같다면서 굉장히 알기 쉽게 썼어요. 여자는 기분 나쁜 남자 앞에서 다리를 벌리지 않는다, 그러니까 남자는 여자한테 기분 나쁘지 않은 남자라는 것이 증명되어야 둘이 섹스 한다는 거죠. 그런데 확실히 말하면, 이때 남자한테 여자는 누구든 상관없어요.

남자들의 아킬레스건은 남자다움을 증명하려면 여자한테 의존해야 한다는 점이에요. 여자한테 의존한다는 사실에 분노하기 때문에 여성 혐오가 생기죠. 여자가 의존하게 해주지 않으면, 여성 혐오가 더 깊어지겠지요.

돈과 권력이 있으면 여자가 따라오는 남자

미나시타 인기 없는 여자는 어떻게 소외감이 들까요?

우에노 남자한테 선택받지 못한 여자라고 사회적으로 낙인찍히니까

비혼입니다만, 그게 어쨌다구요?!

소외감이 드는 거죠. 사회적 낙인뿐 아니라 여성의 정체성과도 관련이 있습니다. 예를 들어 사회적으로 이룬 업적이 있어서 인정받아도 남자한테 선택 받지 못했다는 것만으로 여자라는 정체성에 결함이 있다는 식으로 낙인찍혀 평생 들볶이죠. 사카이 준코 씨도 이렇게 이야기했어요.

미나시타 사회에 나오면 거꾸로 '여자인 주제에'라는 식으로 여자로서 취급받는 것이 낙인입니다. 여자가 남자보다 사회적으로 높은 위치에 있거나 많은 연봉을 받으면 연애결혼 시장에서 오히려 약자가 되기도 하고요. 사적인 관계에서 여자로 보이지 않는 일이 일어나기 쉽습니다. 사카이 준코 씨가 지적했듯이 낙인찍힙니다. 이중 억압이 일어나는 거죠.

남자는 어느 정도 사회적 지위가 있고 돈을 그럭저럭 벌면 만나는 여자가 없어도 그리 문제로 여기지 않습니다. 하지만 그 속에 굉장한 어둠이 있다고 해석할 수 있지 않겠습니까?

우에노 그렇게 생각하지는 않아요. 여자에 대한 척도는 두 개지만, 남자에 대한 척도는 하나거든요. 남자는 남성 집단의 내부 서열이 모든 걸 결정합니다.

미나시타 남자들 사이에서 누가 위고 누가 아래다, 이런 서열을 말씀하시는 건가요?

우에노 네. 남성 집단의 내부 서열이 남성의 정체성에서 가장 결정적이죠. 무차별 살인 사건을 저지른 가토 도모히로는 이런 서열에서 맨 밑바닥에 있어요. 밑바닥에서 마이너스 패를 들었을 때, 이걸 전부 뒤집어서 자기가 이기도록 해줄 수 있는 게 여자한테 인정받는 일이 죠. 가토 도모히로에게도 이런 논리가 있었을 겁니다.

예컨대 남성 집단 내부 서열에서 맨 꼭대기에 있는 스티브 잡스 Steve Jobs 같은 남자는 여자한테 인정받는 게 큰 문제가 아니죠. 그런 남자를 인정하지 않을 여자는 이 세상에 없어요. 여자가 따라오게 마련이죠. 벤처기업가 호리에몽(호리에 다카후미堀江貴文의 별칭)은 "남 자가 돈과 권력이 있으면 여자는 따라온다"고 했는데, 이런 점에서 그의 말이 맞아요. 어떤 남자인지는 문제가 아니에요. 남성 집단 내 부 서열에서 위에 있는 남자들은 자신이 남자다움을 증명하는 데 여 자한테 의존하지 않아도 되니까, 결혼을 못 하는 게 아니라 안 하는 거라고 해석하죠. 그런 남자가 게이라도 마찬가지고요.

미나시타   그래서 아저씨들이 대놓고 호리에몽을 비난한 것일까요?

우에노   다른 이유도 있다고 봅니다만.

미나시타   가토 도모히로는 여자 친구가 없으니 자기 인생은 끝났다는 식이었습니다.

우에노   그런 건 남성 집단에서 밑바닥에 있는 남자가 하는 말이에요. 꼭대기에 있는 남자는 그런 말을 안 해요. 그러니까 남자들의 세계 는 파악하기 쉽죠. 파악하기 쉬운 만큼 구원할 방법이 없다는 생각이 듭니다.

미나시타 과연 그렇군요. 지금 하신 말씀이 가장 이해가 잘 됩니다.

우에노 여자들의 세계는 애초부터 이중 기준으로 구성되는데, 사회적 승인과 이성에 의한 승인이 세트죠. 예전에는 이성에 의한 승인밖에 없었는데 지금은 이원화됐어요. 어느 하나로는 충분하지 않죠.

미나시타 상류층 남자도 돈을 잘 버는 여자를 동질혼의 상대로 여기고요.

우에노 엘리트 직업에 종사하는 커플이라도 아내가 남편한테 양보하죠. 변호사 커플, 의사 커플 전부 다 그래요.

미나시타 그렇습니다. 아내가 시간을 쪼개서 집안일을 처리한다든지.

우에노 반대 경우는 거의 없어요.

남자들은 인기가 없다고 변명할 수 없다

미나시타 어떻게 보면 인기가 없다고 고민하는 여자의 문제는 고전적인 문제입니다.

우에노 아주 고전적이죠.

미나시타 그렇다면 인기가 없다고 고민하는 남자의 문제는 현대적인 문제인가요?

우에노 아뇨. 현대적인 문제라는 말은 별로 맞지 않는 것 같네요. 모든 남자가 결혼할 수 있는 시대라면 이런 문제가 처음부터 성립되지 않았을 거고요.

미나시타 그래도 1장에서 대담한 것처럼, 역사적으로 보면 모든 남자가 결혼할 수 있는 특정한 시기가 있었잖아요?

우에노 결혼하지 못해도 신분이나 계급으로 정당화할 수 있었으니까요. 이를테면 남자가 나는 장남도 아니고, 내 가족을 꾸릴 수 없는 처지라는 식으로요. 모든 남자가 평등하게 연애 시장에 설 수 없었으니까요. 이러다가 연애가 돈과 권력에 의한 것, 보이기 쉬운 능력주의에 의한 것이 됐죠. 지금 남자들이 인기가 없다고 고민하는 것은 여자들한테 졌다, 인정받지 못했다 이전에 남자들 사이에서 졌다는 뜻입니다. 그러면 인기 없는 남자들이 강한 남자한테 분노하면 좋을 텐데, 자기보다 약한 사람들한테 분노하는 거죠.

미나시타 그렇군요. 가토 도모히로는 도쿄 아키하바라에서 차를 몰고 지나가던 사람들에게 돌진했죠. 어린아이를 칼로 찌르기도 하고요.

비혼입니다만, 그게 어쨌다구요?!

우에노 적반하장으로 화내는 거죠.

미나시타 최근에 어린이를 겨냥한 무차별 살인 사건이 눈에 띄게 늘었습니다. 이런 사건이 벌어질 때마다 정말 마음이 아픕니다.

우에노 부모니까 더 마음이 에이겠죠. 무서운 일이에요.

미나시타 여자들한테 인기가 없는 것은 100퍼센트 자기 책임인데, 그런 이유로 범행을 하니 말입니다.

우에노 거꾸로 말할 수 있죠. 예전에는 결혼하거나 못 하는 건 자기 책임이 아니었어요.

미나시타 예전에 결혼은 집안과 집안의 인수 합병 같았으니까 결혼하는 것도, 못 하는 것도 자기 책임이 아니었겠네요. 당시는 결혼했는데 상대가 불량품 같은 경우 중매한 사람한테 이의를 제기하고 반품할 수도 있었습니다. 지금은 그걸 못 해요. 기본적으로 반품이 안 되죠.

우에노 그걸 두고 경제학자 모리나가 다쿠로森永卓郞 씨가 '결혼과 연애의 자유 시장화'라고 했어요. 자유 시장에서는 남자들의 능력주의가 뚜렷이 드러납니다. 그래서 구원할 방법이 더 없어지죠.

미나시타 인기가 없는 남자는 여자한테 소외당했다고 생각하는데, 그 사실이 내포하는 남성 사회에서의 소외까지 이중 소외로 시달리는 거군요.

우에노 물론입니다.

남성성을 버리면 편하다

미나시타 남자가 그런 소외에서 벗어나려면 어떻게 해야 할까요? 우에노 선생님께서 그 방법을 말해주신다면 굉장히 재밌을 것 같네요.

우에노 남자는 돈과 권력에 약하고, 여자는 돈과 권력이 있는 남자한테 약하니까 돈과 권력을 얻도록 노력하는 게 남자가 살 길입니다. 하하.

미나시타 코넬R. W. Connell이 말하는 패권적 남성성hegemonic masculinity•을 얻으라는 말씀이죠? 사회구조를 감안하면 패권적 남성성을 얻지 못하는 남자들이 늘고 있는데, 어떻게 하면 좋을까요?

우에노 방법이 있죠. 욕망 그 자체를 아예 냉각하는 겁니다.

미나시타 '초식남'도 있고, 소비를 싫어하거나 안 하는 남성도 있죠. 과

• 한 시대 한 사회에서 패권을 차지하는 남자다움의 이미지를 뜻한다. 오스트리아의 사회학자 R. W. 코넬은 여러 남성성이 때로 합해지고 갈등하면서 총체적으로 남자가 남자라는 사실 하나로 우대받는 남성 중심주의를 형성한다고 했다. 이와 관련한 국내 번역서로 《남성성/들》(R. W. 코넬 지음, 현민·안상욱 옮김, 이매진, 2013)이 있다.

비혼입니다만, 그게 어쨌다구요?!

거에 욕망이 최고조에 달했다가 지금은 내려오고 있다고도 보입니다.

우에노 그러니까 욕망을 계속 끌어 내리면 좋지 않겠어요? '인기가 없다, 그게 뭐 잘못됐냐'고 전략을 짜는 거죠.

미나시타 그걸 할 수 있는 남자들, 어느 정도 해탈한 사람은 괜찮겠네요. 어떻게든 분풀이할 대상을 찾아서 푸는 남자들은 어떻게 진정해야 할까요?

우에노 남자라는 위치에서 내려오면 됩니다.

미나시타 남자라는 위치에서 내려와야 한다고요?

우에노 네.

미나시타 우에노 선생님이 이전에도 그렇게 말씀하셨는데, 현실적으로 굉장히 어렵다고 생각하는 남자들이 많습니다.

우에노 그럼 인기 없는 여자는 어떻게 하면 되느냐. 인기 없는 여자는 여자에 대한 이중 기준 위에서 살아요. 이중 기준에 맞춰 살려면 가랑이가 찢어지는 것 같은 경험을 하죠. 이중 기준 가운데 하나만 택하면 됩니다. 어느 하나는 버려야 하지 않겠습니까? 하나를 버리면 좀 더 편해질 겁니다. '인기가 없다, 그게 뭐 잘못됐냐' 같은 전략도 있어요. 옛날부터 있는 '아줌마 되기 전략'이에요.

미나시타 예전에 잠깐 '오바타리안'[•]이라고 하면서 뻔뻔한 아줌마들을 두려워한 시절이 있었죠?

우에노 네. 여자가 남자 눈치를 살피지 않으면 남자들한테 몬스터가 돼요. 저는 페미니즘이 '아줌마 되기 전략'이라고 생각하는데, 어떻습니까? 아줌마로 지내면 즐겁지 않아요?

미나시타 네. 저도 요즘 친구들을 만나면 "아줌마가 되는 게 즐겁다"고 자주 이야기하고 분위기가 좋습니다.

우에노 그러면 답이 나왔네요. 아줌마 되기 전략은 유서 깊고 올바른 페미니즘의 역사에서 비롯되었고요, 여기에 상응하는 남자의 전략은 남자라는 위치에서 내려오는 거예요.

미나시타 인기 없는 남자는 남자라는 위치에서 내려오면 된다, 굉장히 명확한 결론입니다. 그 위치에서 내려오면 자기 인생이 끝난다고 생각하는 남자들이 꽤 있겠지만요.

우에노 소수지만 남자라는 위치에서 내려오려고 하는 운동이 있어요. '다메렌だめ連'[•••]이라고.

[•] 아줌마를 뜻하는 일본어 '오바상おばさん'과 공포 영화 〈바탈리온Battalion〉의 합성어로, 부끄러워할 줄 모르고 뻔뻔하며 무신경한 중년 여성을 의미한다. 동명의 만화가 히트를 친 1980년대 후반부터 쓰기 시작해 1990년대에 유행한 말이다.

비혼입니다만, 그게 어쨌다구요?!

미나시타 아, 네. 그런데 다메렌이 활동하는 내용을 보니까 잘 안 되는 남자들이 모였다고 할 수 없겠더라고요. 하하. 번화가에서 '밸런타인데이 분쇄 데모'라며 시위한 '혁명적 비인기동맹革命的非モテ同盟'*** 도 있습니다. 여기는 다메렌에서 활동하는 사람들보다 인기 없는 남자들이 모였죠.

우에노 다메렌이 재밌는 말을 했어요. "우린 안 되는 남자들이다, 그게 뭐 어쨌느냐" "남자인데 동정인 지 34년째다, 그게 뭐 어쨌느냐"고 했죠. 제가 다메렌 사람들을 만나서 "이 사회를 변혁할 운동을 할 수 있겠느냐"고 물어보니까 "못 한다, 우린 잘 안 되는 사람들의 연합이니까"라고 답하더군요. 하하.

페미니즘은 불편한 진실을 밝혀왔다

미나시타 인기가 없어도 살아갈 수 있습니다. 하지만 어떤 측면에서 인기가 없는 사람이 살아가도록 사회가 허용하지 않습니다. 남자와 여자가 연애하고 결혼하는 풍속이 뿌리 깊은 이 사회에서 어떻게 하면 "이성과 연애도 결혼도 못 했다. 그래서 뭐가 잘못됐냐" "대체 뭐가

●● 아나키스트이자 노인 요양 보호사로 활동하는 40대 남성 가미나가 고이치神長━와 그 친구들이 만든 모임으로, 다메렌은 '잘 안 되는 사람들의 모임'이라는 뜻이다. 이들은 연애하지 않고 가족을 만들지 않는 사람들이 부정적으로 평가받는 게 문제라며, 자유롭고 대안적으로 살아가겠다고 한다. 1992년에는 《다메렌 선언だめ連宣言》이라는 책도 펴냈다.

●●● 반反연애, 반자본주의를 내걸고 활동하는 남성들의 모임. 2006년 이래 크리스마스이브, 밸런타인데이, 화이트데이에 번화가에서 비인기 남성에 대한 억압 타도를 외치며 시위한다.

문제냐"고 받아치며 살아갈 용기를 낼 수 있을까요?

우에노 저는 방금 미나시타 씨가 이야기한 물음을 여성이 하면 답하지만, 남성이 하면 답하지 않습니다. 여자라는 데서 오는 괴로움에서 출발한 우리 페미니스트들은 어떻게 하면 그런 질문에서 벗어날 수 있을지 진지하고 격렬하게 싸워왔고, 대가를 치르면서 페미니즘을 만들어왔으니까요. "용기를 어디서 얻을까?"라는 질문을 타인에게, 특히 남자에게 하지 않았어요. 남자들이 괴롭다고 하면, 그건 너희가 "알아서 하라"고 답할 수밖에 없어요. 왜 우리가 가르쳐줘야 합니까? 그것밖에 달리 할 말이 없어요.

미나시타 남학생들한테 그렇게 이야기하면 풀이 죽겠는데요.

우에노 하하. 여자들은 노력해왔어요.

미나시타 여성이 처한 힘든 현실을 다룬 전시회가 열렸습니다. 만화가 오카자키 교코岡崎京子* 씨가 그린 작품을 내건《전쟁터인 여성들의 삶戦場のガールズライフ》이란 전시회죠. 여자들이 생존을 위해 얼마나 열심히 싸워왔는지 알 수 있었습니다.

우에노 맞아요. 여자들은 싸워왔어요.

• 1980-90년대에 여성의 삶을 주제로 왕성한 작품 활동을 했다. 대표작으로 2012년 영화화된 〈헬터 스켈터〉 등이 있다.

미나시타 윌리엄 깁슨William Gibson[**]이 쓴 〈평범한 장소in the flat field〉라는 시가 있습니다. 언뜻 평화로워 보이는 평범한 장소에서 생존한다는 것이 어떤 의미인지 읊었는데요, 이 시를 만화가 오카자키 교코 씨가 1994년 〈리버스 에지〉라는 만화에 넣었습니다. 이 만화는 정말 명작입니다. 그런데 이렇게 현실을 있는 그대로 보여주는 여자가 나쁘다고 적반하장으로 화를 내는 남자들이 끊임없이 나옵니다.

우에노 불편한 진실은 보고 싶지도, 듣고 싶지도, 생각하고 싶지도 않다고 부정하는 것이 남자다움의 증후군이죠.

미나시타 내가 보고 싶지 않은 현실을 이야기하는 사람을 없애라, 그런 사람은 밖으로 나오지 말라고 하는 이들이 늘고 있습니다. 굉장히 불행한 일이죠.

우에노 그런 이들이 계속 느는지 모르겠네요. 지금은 눈에 보이는 형태로 나타나지만, 현실을 부정하는 이들은 전에도 있었어요. 인터넷 덕분에 그런 소리가 있다는 사실을 인식한 것뿐이죠. 예를 들어 일본이 전쟁을 벌일 때 패배를 인정하지 못하고 좀 더 심각한 부정으로 가득 찬 시대도 있었고요.

방금 전에 미나시타 씨가 '평범한 장소'를 언급했는데, 저는 여성 해방운동이 일상을 전쟁터로 바꿨다고 봐요.

[**] 미국계 캐나다인 SF 소설가.

미나시타 남자들은 여성해방운동 때문에 일상이 전쟁터가 됐다고 보는데요.

우에노 그렇게 봐도 되죠. 그게 맞으니까요. 여성해방운동이 문제를 처음 말로 표현했으니까요.

미나시타 원래 있던 문제를 말로 표현했을 뿐인데, 그 여성들이 비난을 받는 거네요.

우에노 그런 비난은 언제든 일어날 수 있어요. "가족이 위기"라고 말하면, 그걸 말한 사람이 '가족 파괴자'로 몰리는 식이죠. 그전에 가족이 망가졌는데 말이에요. 불편한 진실을 말한 사람이 가족 파괴자라고 오인되죠. 이런 상황은 줄곧 있었어요.

미나시타 최근에 저도 비난받았지만, 이런 일을 줄곧 당해온 우에노 선생님은 정말 힘드시겠다고 생각했습니다. 비난하는 말이 틀에 박힌 듯 전과 똑같습니다. 제가 고등학생일 때 우에노 선생님을 비난한 말과 똑같은 말로 저를 비난하더군요.

우에노 정말 한심하지 않아요? 슬프기도 하고요.

미나시타 제가 작년부터 비난을 많이 받는데요, 비난하는 사람들을 보면 한심합니다. 뭐랄까, 인식이 전혀 바뀌지 않은 진부한 말에 깜짝 놀랍니다.

비혼입니다만, 그게 어쨌다구요?!

5장

비혼시대의
섹슈얼리티를 이야기하다

남자에게 편리한 여자들이 나타났다

미나시타 이제 섹슈얼리티*에 대해 이야기해볼까 합니다. 성인영화 비평가 아마미야 마미雨宮まみ 씨가 2011년《여자의 길을 잘못 들어서女子をこじらせて》라는 책을 내서 화제에 올랐어요.** 이 책이 2015년 문고판으로 다시 나왔을 때 우에노 선생님이 해설을 쓰셨지요? 그 해설에 굉장히 감명을 받았습니다.

우에노 아마미야 마미 씨가 부탁하더라고요. 제가 그 책에 실은 해설

•   성과 관련된 욕망이나 관념의 총체. 인간의 성적 행동과 관련된 심리나 의식, 성적 지향과 대상 선택, 관습과 규범의 집합을 일컫는다.
•• 1976년생 여성 작가 아마미야 마미는 성인영화adult video, AV를 소개하거나 비평하는 글을 쓴다. 자전적 에세이《여자의 길을 잘못 들어서》를 통해 여성으로 살아온 체험을 서술하며 자신이 왜 남성 중심적인 성인영화판에서 일하게 됐는지 밝혔다. 성인영화에 출연하는 여배우에 대해 열등감과 경멸 같은 모순된 감정에 시달리며 성인영화계 작가로 일하게 되었다는 내용이다. 어릴 때부터 끊임없이 받아온 외모에 대한 평가, 성적으로 개방적인 학교생활을 하는 가운데 남자들과 즐겁지 않은 섹스(여자에 대한 성적 대상화가 팽배한 섹스)를 경험하고 괴로워하면서도 남자의 시선을 내면화하고, 남자에게 예쁘고 성적 매력이 있는 여자로 평가받고 싶은 욕망으로 가득한 자신, 자존감이 낮은 자신의 모습을 과감하고 솔직하게 담았다.

제목은 〈여자의 길을 잘못 든 여자가 당사자로서 쓴 책〉인데, 꽤 공들여서 길게 썼어요.

미나시타 해설에 "자신을 분석한 이 책《여자의 길을 잘못 들어서》를 읽으며 내가 예전에 '닳고 닳은 여자 전략'을 취한 사실을 떠올렸다"고 쓰셨습니다. "닳고 닳은 여자의 전략으로 이를테면 성희롱을 당하고 충격받은 여성을 만나 위로할 때 '남자가 어차피 그런 거지' 하면서 '아랫도리 화제는 아랫도리 화제로 받아치라'며 그걸 어른의 지혜랍시고 여성에게 권했다. 그때 나는 뚜쟁이 같았다. 이런 나야말로 남자들한테 편리한 여자였을 것이다"라고요.

이 부분을 읽고 우에노 선생님이 피를 토하듯 글을 쓰시는구나 싶었습니다. 이런 문장이 정말 좋습니다. 본인도 아파하면서 쓰는 글요. 그래서 저는 우에노 선생님이 페미니스트라고 생각합니다.

여자가 '남자는 기껏해야 그 정도다'라고 전략을 취하면, 이런 전략이 실은 남자들한테 굉장히 편리하다고 토로하는 거죠. "돌이켜보면 이런 전략은 내가 남자들의 욕망의 자장 속에서 까칠해지거나 상처받지 않고 지낼 수 있게 하는 생존 전략이었다. 둔감한 감수성 때문에 나 자신을 지킬 수 있었다. 그러나 감수성은 쓰지 않자 녹이 슬었다. 나는 남자들의 둔감함을 느끼지 못하게 됐고, 어느새 남자들한테 편리한 여자가 되었다"라고 덧붙이셨습니다.

제가 레이디스 코믹스ladies comics●에 나오는 여성상을 조사한 적

● 1980년대부터 20대 후반 이상 여성 독자를 대상으로 나온 일종의 장르 만화. 여자의 삶이나 연애·결혼 등을 주제로 이성애 커플의 섹스 장면을 완곡하게 그린다. 소비자는 물론 창작자도 대부분 여성이다.

비혼입니다만, 그게 어쨌다구요?!

이 있는데요, 양다리를 걸친 남자와 사귀는 여주인공이 많았습니다. 좋아하는 남자가 여주인공보다 어리고 좋은 집안 출신에 성 경험이 없는 여자와 결혼할 거라면서, 여주인공을 차는 내용이 대부분이죠. 그러고 나면 여주인공이 '뭐야 차였네' 생각하고 아무 일도 겪지 않은 듯 살아가는 모습이 그려집니다.

레이디스 코믹스는 도시에 살며 불륜을 하다가 남자한테 차이고 상처받은 40대 여성의 마음을 위로해주려고 나온 것인데요, 저는 우에노 선생님이 쓴 해설을 읽고 레이디스 코믹스 여주인공을 떠올렸습니다.

상처 받지 않은 척하려고 감수성을 둔감하게 단련하죠. 그 방법이 남자의 둔감함을 용인해주는 포용력 같은 것이고, 동시에 굉장히 '남자다운' 거예요.

우에노 맞아요. 여자는 그런 전략으로 '남자한테 편리한 여자'가 되죠.

미나시타 지금 일본의 여성 주간지는 여자가 소비하는 에로 잡지라고 합니다. 전부터 여성 주간지에는 섹스 장면이 약간 들어간 만화가 실렸습니다. 주부의 욕망을 달래주는 거죠. 순정 만화를 보던 세대가 사회로 나왔을 때 이들의 성적 욕망을 위한 미디어가 여성 주간지나 레이디스 코믹스가 아닐까 싶습니다.

이런 미디어가 언제부터 생겼는지 보려고 여주인공이 어떤지 조사한 적이 있어요. 사회에 나와서 일하는 여자들이 이내 남자한테 편리한 여자가 되어 괴로워하는 줄거리가 언제부터 여성의 문화 소비 시장에 나왔는지 궁금해서요. 조사 범위가 방대해서 도중에 그만뒀지만, 언젠가 다시 조사해보고 싶습니다.

우에노 흥미롭군요. 남녀고용기회균등법*이 시행된 것과 관련이 있겠죠.

미나시타 아마 그럴 겁니다. 제가 그 부분을 분석하고 싶었는데요, 1980년대 후반 이후 아무래도 여성의 성이 새롭게 재편된 것이 아닌가 싶었습니다. 이를테면 도심에 나와서 일하며 세상 물정을 잘 알고, 일부러 감수성이 둔감해지도록 자신을 바꾸며 남자의 욕망에 응하는 여자가 여성 독자 대상 만화에 나오죠. 남자가 진짜로 원하는 여자가 되려면 어떻게 할지 고민하는 여자가 나오거나.

이건 좀 더 조사해봐야 합니다만, 불륜을 하거나 양다리를 걸친 남자 친구를 사귀는 게 당연한 듯 그려진 스토리가 늘어난 시기가 아무래도 1980년대 후반부터인 것 같습니다.

우에노 방금 전에 남자한테 성적으로 편리한 여자가 등장한 현상이 남녀고용기회균등법과 관련이 있다고 직감적으로 말했는데요, 미나시타 씨 관점과 정반대로 나온 연구가 있어요. 여성의 경제력과 불륜이 확실히 관련이 있다고 본 연구예요.

1980년대 거품경제 때부터 불륜 애인 만들기가 붐이었는데, 이 무렵 남자가 굳이 돈을 쓰지 않아도 내연녀를 둘 수 있었죠. 그전에 내연녀를 만든다는 건 남자들이 자기 경제력을 표현하는 것이었는데, 그런 현상이 바뀌었어요.

* 채용·승진·교육 훈련·정년·퇴직 등에서 남녀차별을 금지한 법으로 1986년 시행됨.

미나시타 맞습니다. 여자가 어느 정도 자립하고 살아가니까 굳이 살림을 차려주지 않아도 되는 여자를 애인으로 둘 수 있게 되었죠.

우에노 그래요. 남자한테 매우 편리한 시대가 된 거죠. 남자의 경제력이 필요하지 않는 여자들이 애인이 되기 시작했으니까요. 돈을 벌고 자립해 살면서 모텔 비용까지 내주는 여자들이 나왔어요. 그러니까 남자가 매우 편한 세상이 된 건 여자들의 경제력과 떼려야 뗄 수 없는 관계가 있죠. 돈 안 들고, 아내라는 자리도 탐내지 않는 여자. 남자 쪽에서 보면 유지·보수비가 하나도 안 드는 이상적인 애인이에요.
　남자의 이중 기준이 있죠. "너는 내 애인은 될 수 있지만 아내는 안 돼" "애인은 안 되지만 아내는 될 수 있어"처럼. "아내는 좀 지루한 여자가 좋아. 그래도 자극이 부족하니까 너는 애인으로 괜찮아" 같은 식이죠. 이런 이중 기준을 잘 쓰는 남자들한테 이용당하는 편리한 여자들이 나타난 거예요.

미나시타 사카이 준코 씨도 책에 "불륜은 안 된다"고 쓴 적이 있습니다. 남자들이 사카이 준코 씨처럼 경제적으로 자립하고 화려한 언론계에서 일하는 여성을 매력적인 불륜 상대로 보는 모양이에요.

우에노 맞아요. 돈이 없어도 애인으로 삼을 수 있으니까. 아내한테 지갑을 통째로 맡겼어도 상관없죠.

미나시타 아마미야 마미 씨 책에 돈을 그럭저럭 버는 여자가 구태여 성인영화 감독의 불륜 상대가 되려고 적극적으로 구애하는 일화가 나옵니다. 이 일화를 두고 우에노 선생님이 해설에서 "아내가 있는 걸 알면서도 남자의 욕망에 응하고 그 이상의 트러블을 일으키지 않는 여자, 자기 남편한테 애인이 있다는 걸 알면서도 남편과 잘 지내는 여자. 이 두 여자만큼 남자한테 편리한 여자는 없을 것"이라고 쓰셨습니다.

우에노 미나시타 씨가 이렇게 소리 내어 제가 쓴 해설을 읽으리라고는 꿈에도 생각하지 못했는데요, 꽤 잘 썼네요. 이해하기 쉬워요.

미나시타 네. 이해하기 쉬운 글입니다. 닳고 닳은 여자 전략을 쓰면 확실히 결과가 안 좋습니다. 말씀하신 것처럼 감수성을 쓰지 않으니 자신의 감수성이 녹슬 뿐 아니라, 남자한테 편리한 여자가 되는 거죠. 결국 남자의 인식, 여자에 대한 남자의 이중 기준이 변함없이 횡행하고요.

방금 나온 사례 말씀인데요, 남자의 요구에 따라 아내와 트러블을 일으키지 않고 조용히 불륜 관계를 맺는 여자, 남편과 내연녀가 섹스 비디오를 찍는다는 사실을 알면서도 남편과 사이좋게 지내는 아내 같은 사례는 굉장히 흔합니다.

우에노 아내와 내연녀의 공모 관계, 흔하죠. 여자에 대한 남자의 이중 기준에 응하는 거니까, 아내와 내연녀는 공범이나 마찬가지예요. 이득을 보는 건 언제나 남자죠.

미나시타 남자 빼놓고 여자들끼리 사이좋게 지낼 수는 없을까요? 이런

비혼입니다만, 그게 어쨌다구요?!

질문은 어떻습니까?

우에노 그런 예도 있어요. 큰 부자의 아내와 내연녀 관계가 그래요. 큰 부자의 장례식 때 아내와 내연녀가 손잡고 운다거나, 재산을 공평하게 나눴다거나. 남자가 신체 능력이 뛰어나고 마음이 넓으면 여자들이 평화롭게 공존하는 사례도 있죠.

미나시타 결국 남자 하기 나름이란 말씀인가요?

우에노 아뇨. 여자가 허용해야 가능하죠. 남자는 완전히 자기중심적인 행동을 관철할 만큼 자금력과 포용력도 갖춰야 하고. 그러면 여자들이 허용해요. 드물지만 있어요.

　　물론 쉽게 볼 수는 없고요. 군사주의와 젠더를 연구한 신시아 인로Cynthia Enloe●가 "해외에 주둔한 군인 남편을 집에서 기다리는 아내가 군사기지 옆에 형성된 성매매 지역의 여자들과 사이좋게 지내기는 어렵다"고 했죠.

미나시타 역시 드물군요. 운도 좋아야죠?

우에노 음… 제도나 관습도 어느 정도 작용하니까 단순히 운이라고 할 수는 없어요. 일부다처제에서 아내들이 사이좋게 지낸다는 건 옛

●　미국 클라크대학교 여성학과 교수. 국내 번역·출간된 저서로 《군사주의는 어떻게 패션이 되었을까》(신시아 인로 지음, 김엘리·오미영 옮김, 바다출판사, 2015), 《바나나 해변 그리고 군사기지》(신시아 인로 지음, 권인숙 옮김, 청년사, 2011)가 있다.

날부터 남자들한테 일종의 이상향 같은 거였죠. 그렇게 할 수 있는 남자가 없는 건 아니지만요.

돈이 애인을 만들 수 있는 필요조건이 아니다

미나시타 초혼과 재혼 커플을 비교해보면 남자가 여자보다 1만 6,000건 정도 많습니다. 이제 실질적으로 일부다처제가 됐다고 볼 수 있지 않나요?

우에노 데이터를 보면 일처다부제도 되고 있어요. 여자도 여러 명과 성관계를 하는 거죠. 제가 여러 가지 성 행동 실태 조사sex survey를 체크했으니 뭐든 물어보세요. 섹스 상대가 평생 한 명인 사람은 남녀 모두 줄었어요.

미나시타 그렇습니다. 이성애자의 일부일처제heterosexual monogamy라는 결혼 형태가 흔들리고 있습니다.

우에노 불륜 관계에 있는 남자와 결혼하려는 생각이 없는 여자들도 나타났죠. '넘버 2'나 '넘버 3' 정도로 만족하는 거예요. 시시하고 귀찮은 부분은 본처한테 맡기고, 남자의 좋은 점만 취하겠다는 생각도 하죠.

미나시타 고부 관계, 아이 교육, 집안 관리 같은 건 본처도 시시하고 귀

좋아합니다.

우에노 시시하고 귀찮은 부분은 피하려는 여자들이 나타난 건데요, 본처나 애인이나 남자한테 편리한 여자라는 점은 똑같죠.

미나시타 그렇군요. 남자는 아무것도 안 하네요.

우에노 아뇨, 그렇지 않아요. 그런 남자는 성실해요. 부지런하지 않으면 성가신 관계를 유지할 수가 없거든요.

미나시타 그렇겠군요. 요즘은 남자가 여자보다 인기 격차가 확실히 벌어집니다. 인기 있는 남자는 계속 인기 있어요. 평생 사귄 여자 수, 결혼한 여자 수를 봐도 여자들보다 남자들 사이에서 확실히 인기 격차가 벌어지는 추세입니다.

우에노 맞아요. 돈이 안 드는 애인을 만드는 능력이 예전처럼 지갑이 두툼해야 하는 건 아니거든요. 돈과는 차원이 다른 능력이죠. 소통하는 능력이라든지, 섹스를 성실히 한다든지.

미나시타 남자가 섹스를 잘하면 인정해주는 가치관은 줄지 않았나요?

우에노 줄지는 않았지만 섹스란 게 맞는 사람이 있고, 안 맞는 사람이 있으니까요. 예를 들어 불륜에 빠진 커플이 각각 가정이 있는 경우 여자가 남편과는 전혀 경험하지 못한 섹스를 한다든지, 불륜을 하면서 결혼 생활을 유지하는 데 별다른 모순을 느끼지 않는 여자들도 등장했고요.

1990년대 초반 여성지 《와이프》에서 기혼 여성을 대상으로 한 조사를 보고 깜짝 놀랐어요. 40대 기혼 여성의 혼외 섹스 비율이 15퍼센트로 나왔거든요. 이 조사에는 상세한 질문이 많더라고요. "남편 외에 애인이 있는데, 남편과 섹스 할 수 있느냐"고 물으니 응답자 3분의 1이 "그렇다"고 답했어요.

미나시타 남자는 어떤가요?

우에노 남자야 모두 "할 수 있다"겠죠.

미나시타 물을 필요도 없군요.

우에노 다른 3분의 1은 "이미 남편과 섹스 하지 않는다", 나머지 3분의 1은 "애인이 생기니까 남편이 만지는 것조차 싫다"고 답했어요. 여자는 사랑이 없으면 섹스를 못 한다, 동시에 두 남자를 사랑할 수는 없다는 소리가 여전히 나오는데요, 신체화되어 몸으로 느끼는 감각인 섹슈얼리티가 많이 변한 거죠. 이렇게 상세한 조사는 많지 않습니다.

미나시타 내친김에 말씀드리겠습니다. 제가 10대일 때 닳고 닳은 여자 전략을 취하는 여자들이 생활을 잘 꾸려가는 것으로 보였습니다.

우에노 　10대일 때요?

미나시타 　1980년대예요. 저는 당시에 우에노 선생님 책이나 이토 히
로미伊藤比呂美* 씨 시집을 읽었죠. 제가 만화에 푹 빠져서 보낼 때라,
두 분의 책 내용은 사실 그림의 떡이었습니다. 1980년대 중반에 여
성 소설가 야마다 에이미山田詠美 씨가 나왔을 때는 곧 문학상을 탈
것이라고 떠들썩했죠. 우에노 선생님을 비롯해서 대단한 여자들이라
고 생각했어요. '셀러브리티 비치celebrity bitch'** 같다 싶었죠.

우에노 　하하, 그렇군요. 무슨 말인지 금방 알겠네요. 당시에 제가 "전
남자가 부족해서 곤란해본 적이 없어요"라고 말하고 다녔는데, 주변
에 있는 여자들이 저를 굉장히 싫어했죠.

미나시타 　아, 역시 우에노 선생님은 실생활에 충실하시군요. 하하.

여성은 대부분 이성애자라고 할 수 없다

우에노 　"전 남자가 부족해서 곤란해본 적이 없어요"라고 말한 이유가
있어요. 저는 전부터 일본 여성은 대부분 이성애자라고 할 수 없는

* 　페미니스트 시인. 자신의 육아 에세이에서 "태아는 똥이고, 출산은 배출"이라고 태아를 이물
異物로 느끼는 감각을 표현했다.
** 　유명 인사이자 악녀를 뜻하는 일본식 영어. 패리스 힐튼Paris Whitney Hilton처럼 도도하고 스
캔들을 달고 다니는 상류층 여자를 뜻한다.

게 아닐까 생각해왔거든요. 남자가 부족해본 적이 없다고 한 건 항상 남자를 조달해왔으니까 그런 건데, 남자가 저한테 필요하다고 자각했기 때문이죠. 노력하지 않으면 조달할 수 없잖아요.

미나시타 네. 무슨 말씀인지 알겠습니다.

우에노 결혼과 출산을 한 여성인데도 실상을 보면 관습에 따라 결혼하고 아이를 낳은 이들이 굉장히 많아요. 사랑하지 않아도 섹스를 하면 아이가 태어나죠. 저는 대다수 여성들이 자신의 섹슈얼리티를 자각한 적조차 없는 게 아닐까 의심해왔어요.

미나시타 자각한 적이 없다고요? 저는 사람 사귀는 걸 귀찮아해서 별로 인기가 없었습니다. 하지만 일본 여성이 벨트컨베이어에 놓인 제품처럼 관습에 따라 찍어내듯 결혼했느냐 하는 점은 의문이에요.
　저는 이 사회에 스며든 젠더 규범이 굉장히 불편합니다. 제 어머니 쪽은 6대에 걸친 모계가족으로 남자가 없습니다. 데릴사위를 들여도 대개 서른 살 정도에 갑자기 죽었거든요. 저희 집은 여자들의 제국 같죠. 어머니와 이모·외할머니 모두 인습에 따라 결혼했고, 사위를 들여 아이를 낳았습니다.
　저희 어머니 쪽 가계는 농사를 지으니까 나름대로 생산력이 있고, 현금 수입도 있습니다. 힘쓰는 일이나 배선 작업도 전부 여자가 하고요. 관습에 따라 남자를 들인 셈이죠. 그렇게 하다 보니 남자들이 할 일이 없어서 그런지 빨리 죽었습니다. 아이를 셋 정도 낳으면 남자가 죽는 집안이에요.

　　　　　　　　　비혼입니다만, 그게 어쨌다구요?!

우에노 아, 역할이 끝나면 죽는 건가요?

미나시타 네. 사마귀 수컷 같죠.

우에노 그러네요. 연어 같기도 하고.

미나시타 연어는 역할이 끝나면 암수가 다 죽는데요, 저희 어머니 쪽 집안은 여성끼리 유대가 굉장히 강하거든요.

우에노 지금 이야기를 듣고 여성이 사회적 성별인 젠더를 습득해가는 사회화 과정이 떠오르네요. 여성이 성별 정체성을 형성하는 계기 혹은 루트가 두 가지 있다는 생각이 들어요.

하나는 이성애적인 문화에서 성별 정체성을 형성하는 것, 즉 남자에 의해 여자가 되는 루트예요. 남자에게 귀속함으로써 여성성을 얻는 것인데, 이성애 문화에서 남자에게 선택받기 위해 동성인 여자와 잠재적인 경쟁 상태에 놓임으로써 여자가 되는 루트죠.

또 하나는 여학교·남학교처럼 성별이 분리된 학교나 '성별 분리 문화'[●] 속에서 동성 집단에 동일시하며 성별 정체성을 형성하는 루트예요. 이 루트를 거치면 성별 정체성을 형성할 때 이성이 필요 없어요. 여자가 여자가 되는 데 남자는 필요 없죠.

● 성별 분리sex segregation, gender segregation란 흔히 아이들이 사춘기 전이나 성인이 되기 전에 이성보다 동성과 함께 다니면서 동성과 노는 것을 선호하는 현상으로 오해되나, 생물학적·사회문화적 성에 따라 법적·공간적·직업적 남녀 분리가 두루 일어나는 것을 뜻하며 문화적인 면도 포함한다. 예컨대 여자들이 순정 만화나 드라마를 많이 보고 남자들이 스포츠 중계를 보는 것 같은 문화적인 소비 행위도 성별 분리 문화로 이야기할 수 있다.

미나시타 과연 그렇군요.

우에노 비교문화론적으로 보면 일본은 성별 분리가 굉장히 강한 사회예요. 남녀 커플 문화 사체가 역사적으로 얼마 안 되었죠. 성별 분리가 가장 강한 문화가 이슬람권이고, 전 세계적으로 보면 성별 분리가 강한 사회가 굉장히 많아요.

　동성 집단에서 성별 정체성을 형성한 여성들이 왜 이성애자가 아니냐. 섹슈얼리티는 성적 욕망과 연결되는데요, 제가 일본 여성이 이성애자가 아니라고 하는 것은 동성 집단에서 성별 정체성을 형성하는 루트를 거치면서 여성이 남성을 향해 성적 욕망을 가진 적이 없으니까 하는 말입니다. 성적 욕망의 주체가 된 적도 없고, 자신의 성욕을 자각한 적도 없는 게 아닐까 싶어서 이성애자가 아니라고 보는 거죠.

미나시타 서양처럼 이성애 커플 문화의 세례를 흠뻑 받은 건 아니죠. 직감적으로 그런 생각이 듭니다.

우에노 저도 그렇다고 봐요. 지금 초등학생이나 중학생이 또래 집단을 형성하는 것을 봐도 성별 분리 문화가 끊이지 않죠. 2015년 봄에 일어났던 우에무라 료타上村遼太 학생 살해 사건*을 봐도 10대 남자애들 사이에 호모소셜homosocial** 집단 문화가 지속된다는 점을 알 수

*　13세 남학생 우에무라 료타가 17-18세 남학생들과 어울리다가 괴롭힘을 당하기 시작했고, 커터 칼로 살해를 당했다.

**　남성에 대한 섹슈얼리티(성적 욕망)를 억압한 남자들끼리의 유대를 말한다.

있어요. 초등학교 고학년이 되면 여자아이는 여자아이끼리 다니면서 성별 집단으로 분화하죠. 남자도 여자도 동성 집단 속에서 성별 정체성을 형성하는 거예요.

서양의 이성애 데이트 문화가 아직 일본에 정착되지 않았어요. 일본의 성별 분리 문화가 전혀 변하지 않았다고 생각해요. 저는 오히려 남녀를 이성애 커플로 몰아넣는 규범이 어지간한 문화 장치나 강제력을 갖추지 않는 한 제대로 기능하지 않는다고 봅니다.

데이트 매뉴얼

미나시타 그렇군요. 원래대로 돌아간 느낌입니다. 1979년 고단샤 출판사가 젊은 층을 대상으로 정보지를 발간하기 시작해서 부록으로 서양식 데이트 매뉴얼 책을 만든 적이 있습니다. 그 매뉴얼이 나온 게 1980년대인데요, 거품경제가 무너지며 데이트 소비문화도 사라졌죠.

우에노 그런가요? 미국식 이성애 커플 문화를 배우려는 분위기였다가 그 가면이 벗겨져서 원래대로 돌아갔다는 말이죠?

미나시타 네. 가면이 벗겨졌습니다. 당시 그런 매뉴얼이 나온 것은, 1970년대 후반에 젊은이들이 이성애를 하는 성 행동의 규범으로 부모 세대의 성 행동을 참고할 수 없었기 때문이겠죠.

우에노 결국 벼락치기를 한 거네요. 이성애 커플 문화에 남녀가 들어가야 하는데, 결혼한 뒤에는 성별 분리 집단으로 나뉘는 거죠. 과연 이성애자라고 불러도 될지 모르겠어요.

미나시타 근원적으로 따지고 들어가니 굉장히 어려운 수업을 듣는 것 같아요. 그래도 확실히 흥미로운 관점입니다.

우에노 제 말은 결혼이나 출산이 섹슈얼리티를 논하는 조건이라고 볼 수 없다는 거예요. 여성들이 섹슈얼리티가 뭔지 생각해본 적도, 느껴본 적도 없는 게 아닐까 싶은 일이 종종 있었거든요.

미나시타 그렇군요. 배우자나 기타 대인 관계에서 오는 스트레스를 어떻게 푸는지, 고민이나 힘든 점을 어떻게 해결하는지 보면, 남편은 오직 아내한테 돌봄을 받는데 아내한테는 정말 다양한 사회적 자본(대인 관계나 사교적인 자본)이 있어요. 동성한테, 혹은 친정 엄마한테 하소연하는 정도로 스트레스가 풀리는 경우가 많죠.

우에노 그래요. 대개 동성 집단이 자원이죠.

미나시타 남편은 아내한테 하소연하는 게 전부인 반면, 아내는 남편이 자기 마음을 알아주지 않아도 친정에 잠깐 다녀온다거나 해서 간단히 재충전합니다. 여자들끼리 모여서 기분 전환도 하고요. 남편은 이런 걸 모르니까 아내가 나갔다 오면 더 기분이 나빠지죠.

우에노 그런 때 부부 관계는 완전히 멘탈 관리 차원이에요. 섹스와 아무 관련이 없죠. 또 하나, 섹스는 관습적인 생활 행위라는 점을 들 수 있어요. 저는 섹스를 습관이나 마찬가지라고 봅니다. 하하.

미나시타 습관적인 생활 행위라··· 하하, 이 닦기와 같은 건가요?

우에노 네. 생활 습관이죠. 그 정도가 섹스라고 봐요.

미나시타 그래서 남자도 여자도 자기가 꿈꾸는 성애나 연애를 별로 말하지 않는 거군요.

우에노 낭만적 사랑 이데올로기romantic love ideology*도 일시적인 것이었을 뿐, 정착하지 않았을 가능성이 있죠. 이런 제 시각은 후조시와도 관련이 있어요. 여성이 대부분 이성애자가 아니라고 보는 제 생각을 뒷받침하는 증거가 후조시죠. 하하.

성 소수자도 혼자가 될 준비를 한다

우에노 최근에 제 책《싱글, 행복하면 그만이다》를 성 소수자들도 꽤 읽는다고 들었어요. 아이를 낳아서 가족을 만들지 않고, 그러니까 재생산하지 않는 점을 보면 싱글이나 성 소수자나 노후에 비슷하게 살

* '연애결혼 이데올로기'라고도 한다. 성과 연애와 결혼을 일체화하는 근대사회의 규범으로, 연애를 기초로 한 결혼이 유일하고 정통적인 남녀 관계라고 간주한다.

운명이니까 그들이 제 책을 읽은 게 아닐까 싶어요.

미나시타 미셸 푸코는 근대에 동성애가 병리이자 일탈로 규정되면서 동성애자는 모든 인격이 동성애로 귀결된 주체인 것처럼 받아들여진다고 했습니다. 이렇게 근대적인 방식으로 섹슈얼리티를 바라보는 관점은 조만간 일본에서 흔적도 없이 사라질 수도 있습니다. 독신자가 압도적으로 늘어났고 고령화가 진행된 상황이니까요.

우에노 '이성애heterosexuality'가 섹슈얼리티 문제인 것처럼 생각하는데요, 이성애를 '이성애 정상성(heteronormativity: 이성애만 정상으로 보는 가치관)'으로 파악하면 이성애는 사회규범에 지나지 않아요.

그러면 전에는 왜 모두 결혼했느냐고 묻는 사람이 있을 텐데요, 이성애자라서 결혼한 거라는 답은 틀려요. 실은 이성애 정상성이라는 사회규범이 있고, 남자가 여자 없이 생활하지 못하고 여자가 남자 없이 살아갈 수 없게 한 사회경제적 상황이 이성애 정상성을 받쳐준 거죠. 이런 게 인프라로 깔려 있으니 모두 결혼한 건데, 그 기반이 무너지면 이성애 정상성을 유지할 근거가 없어져요. 저는 이성애 정상성도 의외로 기반이 약해서 간단히 무너질 수 있다고 봅니다.

미나시타 현실에서 이성애 정상성이 꽤 무너졌습니다.

우에노 그러니까 커밍아웃 하지 못하고 벽장에 있던 게이가 위장 결혼을 했듯이, 후조시가 결혼한다면 남편한테 경제적으로 의존하거나 사회적으로 패싱passing* 하려는 거죠. 후조시는 남자의 아내라는 지

비혼입니다만, 그게 어쨌다구요?!

위가 아니면 결혼할 이유가 없어요. 그 결과 싱글이 아주 많이 늘어
날 겁니다.

히키코모리

우에노 일본에 히키코모리(은둔형 외톨이)가 많다고 해요. 그들을 부양
하는 부모, 특히 엄마가 있기 때문이에요. 히키코모리도 중산층에서
성립되는 말이고, 부양하는 부모가 없으면 히키코모리가 집에서 나
와야 해요. 그러면 실업자가 늘어났다고 하겠죠.

미나시타 은둔형 외톨이는 옥스퍼드 영어사전에도 등록되었다고 합니
다. 일본의 특수한 사례였는데, 최근에 미국이나 유럽에서 늘었다고
해요.

우에노 이탈리아에 많다고 들었어요. 저는 늘어난 게 아니라 이제 가
시화된 것뿐이라고 봐요. 근대에 들어오면서 아이가 자라 부모와 세
대를 분리하기까지 기간이 길어졌죠. 요즘 같으면 불황과 연관이 깊
고요. 개인주의로 유명한 프랑스에서도 불황 이후 성인이 된 자식이
부모와 동거하는 기간이 길어지는 경향이 있다고 해요. 이런 현상은
부모한테 부양 능력이 있기 때문이죠. 부양 능력이 없는 부모면 그
자식은 은둔형 외톨이가 되려야 될 수 없거든요.

●　어떤 사람의 외적 모습이 사회에서 자기 모습으로 자연스럽게 받아들여지도록 말하거나 행
동하거나 외적으로 꾸미는 것. 사회적 차별을 받는 성 소수자들의 전략에서 기원한 말이다.

미나시타 10년 전쯤 이탈리아에서 《천 유로 세대》(안토니오 인코르바이아·알레산드로 리마싸 지음, 김효진 옮김, 예담, 2006)라는 소설이 히트해서 영화로도 만들어졌습니다.

우에노 한 달에 1,000유로로 생활하는 젊은이들의 모습을 그린 내용인데, 1,000유로면 약 12만 엔(130만 원)이죠.

미나시타 네. 이탈리아는 대졸자를 일괄로 신규 채용하는 취업 형태가 없어서, 나름대로 좋은 대학을 마치고 사회에 나온 젊은이들이 여러 회사에서 근무하며 정년까지 있을 수 있는 일자리tenure를 찾습니다. 그런데 취업하고 어느 정도 시간이 지나도 월급이 오르지 않고 1,000유로에 그치니, 이들은 학생 때 친구와 나눠 쓰던 방에서 계속 생활하죠.

우에노 일본하고 비슷하네요.

미나시타 네. 이탈리아는 모성이 강하고 '마미즈모mammismo'*가 있어서 성인이 된 자식이 부모 집에 같이 살 거라고 흔히 생각하지만, 실제는 그렇지 않습니다. 부모와 같이 살지 않으려는 젊은이 두셋이 같이 방을 빌리고, 주말이면 대형 쇼핑센터에 가서 통조림을 싹쓸이해요. 영화 《천 유로 세대》는 젊은이들이 해외에 중요한 출장을 가거나 회사의 운명을 좌우하는 일을 하는데도 출셋길이 막힌 생활의 비애

---

* 어머니와 자식의 애착, 어머니에 대한 숭배나 귀속 의식을 일컫는다. [원주]

비혼입니다만, 그게 어쨌다구요?!

를 담담히 그렸습니다.

우에노 세계사적으로 보면 설명할 수 있는 몇 가지 원인이 있어요. 첫째, 집을 떠나라는 압력이 일본보다 훨씬 강해요. 둘째, 주택 문제인데 이건 섹스 문제이기도 해요. 부모 집에 있을 때는 섹스 할 수 없죠. 이건 큰 원인이라고 봅니다. 셋째, 노동력의 유연화^{**}입니다. 세계적인 추세예요.

미나시타 정통적인 방식으로 설명하셨는데요, 1장에서 우리가 말한 것처럼 일본은 러브호텔(모텔)이 많아 사정이 다릅니다.

우에노 맞아요. 자식이 부모 집에서 계속 지낼 수 있는 것도 그 때문이죠.

미나시타 교외에 있는 부모 집에 살면서 파견직으로 일하는 남자나 여자는 대체로 어느 모텔이 싼지 알고 있습니다. 할인 쿠폰도 잘 챙기고요.

우에노 제가 다니던 교토대학교 주변 모텔에서도 학생 할인이 되었어요. 학생증을 보여주면 깎아줬죠.

** 기업이 경기 호황과 불황 시 필요에 따라 인력을 쉽게 조절할 수 있게 된 것을 말하며 기업에 대한 탈脫규제화·세계화와 함께 진행되었다. 임시직·일용직·파트타임 같은 비정규 고용이나 간접 고용 등 고용의 불안정성이 특징이다.

미나시타 이름 안 적고 들어가는 데가 좋지 않나요?

우에노 들어갈 때 학생증을 잠깐 보여주면 됩니다.

미나시타 그럼 당시는 섹스를 놓고 겉과 속이 다르다고 할까, 제도와 실태에 어느 정도 괴리가 있었다는 건가요?

우에노 아뇨, 제가 학생이던 시절은 성 혁명이 일어난 시대니까요. 성 행동은 변화가 빨라요. 신체화된 규범인 성은 빠르게 변합니다.

미나시타 그런데 요즘에 이상할 정도로 '처녀 찾는 중딩処女厨'*이 늘고 있다고 합니다. 그런 남자들이 원래 있었는데 이제야 드러나는 건가요?

우에노 망상에 빠진 거죠. 처녀가 없으니까, 드무니까 찾는 거예요.

미나시타 드물다고요?

우에노 최근 청소년 성 행동 조사를 보면, 첫 섹스 연령이 약간 오르긴 했어요. 이것도 뭔가 이유가 있겠지요. 하지만 과거 30여 년의 데

• 여자에게 정조 관념을 요구하는 남자를 비꼬는 말. 현대 일본 남성들이 인터넷에서 만화나 애니메이션의 여주인공이 처녀인지 아닌지 따지는 것을 두고 성이나 섹스에 관한 지식을 얻은 지 얼마 안 된 사춘기 소년처럼 성인이 되어서도 여자의 순결을 요구하는 게 어수룩하다고 붙인 속어다. '처녀 신앙 근본주의자'라고도 불린다.

이터를 같이 보면, 첫 섹스 연령은 계속 낮아지는 경향이 드러나죠. 더 길게 보면 저연령화 전에 고연령화가 일어났거든요. 전근대의 첫 섹스 연령은 13-14세죠. 근세 에도시대에는 젊은 남자끼리 혹은 여자끼리 성에 대한 지식을 습득했고요.

미나시타　당시 일본이 농업 사회니까 그랬을 겁니다. 영국은 중세부터 산업혁명 시기까지 하녀나 하인이 상공업자 주인집에 같이 살면서 그 가족으로 등록하는 게 일반적인 형태였는데요, 산업혁명 전후에 하녀나 하인은 결혼할 수 없었습니다.

우에노　테리 이글턴Terry Eagleton이 《클라리사를 강간하다The Rape of Clarissa》에서 당시를 잘 그렸어요.●● 하녀는 주인의 섹스 상대로, 결혼을 못 했죠.

미나시타　그러다가 20대 중반이 되어 결혼합니다.

우에노　하녀의 섹슈얼리티는 고용주의 것이었어요. 고용주나 그 아들이 손을 대서 순수하고 우직하던 하녀가 임신하고 파멸하는데, 드물게 아내가 되면 신분 상승을 하는 거죠. 토머스 하디Thomas Hardy가 1891년에 쓴 《테스》(토머스 하디 지음, 정종화 옮김, 민음사, 2009)를 보면,

●●　마르크스주의 문학 이론을 발전시킨 영문학자 테리 이글턴은 현재 영국 랭커스터대학교 교수다. 《클라리사를 강간하다》에서 '영국 근대소설의 아버지'라 불리는 새뮤얼 리처드슨Samuel Richardson이 1747년에 쓴 《클라리사 할로Clarissa Harlowe》를 마르크스주의 페미니즘의 시각으로 분석했다. 《클라리사 할로》는 18세기 영국에서 신흥 부르주아계급이 된 클라리사가 집에서 결혼하라고 강요하던 남자를 피해 가출했으나 강간당해 자살하는 내용이다.

혼전 임신을 금기시하는 빅토리아시대 중산층의 위선적인 성 규범이 나와요. 농촌에서 도시로 올라온 테스가 하녀로 들어가는데, 고용주 아들의 아이를 임신하고 가혹하게 괴로움을 당하죠.

역사사회학자 에드워드 쇼터Edward Shorter가《근대 가족의 형성 The Making of the Modern Family》에서 혼외 출산율은 일정한 원인에 따라 낮아지거나 높아진다고 썼어요. 성 규범이 바뀔 때 혼외 출산율도 달라지는데, 성 규범이 변화하는 가운데, 그러니까 농촌과 도시(농민과 중산층)의 서로 다른 성 규범이 접촉하는 과정에서 혼외 출산이 발생한다고 설명했어요.

미나시타 그렇군요. 에드워드 쇼터는 근대 가족이 이전의 가족과 달리 감정으로 연결되었다면서 '감정 혁명'이라 표현했는데요. 성 규범은 지역에 따라 다른가요?

우에노 아뇨. 푸코가 말한 대로 우리는 빅토리아 왕조의 사람들이죠.[•] 푸코는 빅토리아시대에 도시의 중산계급이 '여자는 아내 아니면 창녀'라는 식으로 성의 이중 기준을 확고히 하게 됐고, 이러면서 다양한 비극과 희극이 생겼다고 설명합니다. 빅토리아시대 전에는 영국에서도 농촌 젊은이들은 오두막에서 섹스 했어요. 일본 농촌 젊은이들

•   현대인의 성 규범은 근대 빅토리아시대의 규범에 기원이 있다는 뜻이다. 프랑스의 철학자 푸코는 성sexuality에 대한 현대인의 관점을 근본적으로 바꾸는 저서 《성의 역사 1: 지식의 의지》(미셸 푸코 지음, 이규현 옮김, 나남출판, 2010) 1장에 〈우리들, 또 다른 빅토리아 왕조 사람들〉이라고 제목을 붙였다. 푸코는 근대 빅토리아 왕조의 성에 대한 규범으로 '어린이 성의 교육화, 여성 육체의 히스테리화, 성도착의 정신병리학화, 생식 행위의 사회적 관리화'와 같은 권력 장치가 있으며 빅토리아시대의 담론이 현대인에게 큰 영향을 미친다고 이야기했다.

의 성 문화와 정말 흡사하죠.

사회적 자본이 있는 사람과 그렇지 않은 사람

우에노 사회학자 미야다이 신지宮台眞司가 일본 전국에 있는 성인 전화
방을 비교·조사한 결과가 있어요. 가장 충격적인 것은 도호쿠 지방
의 아오모리 역 앞에 있는 성인 전화방에서 주부와 여고생의 성매매
가격이 같다는 점이에요.

미나시타 네, 저도 읽었습니다. 1만 5,000엔(약 16만 원)으로 주부나 여
고생이 같다고요.

우에노 맞아요. 도쿄에서는 여고생 가격이 3만 엔(약 33만 원)인데, 아
오모리에서는 주부나 여고생 가격이 같죠. 10대 여고생의 부가가치
는 수도권에서 발생한다는 결과가 나왔어요.

미나시타 아오모리는 심지어 공립학교에서도 남녀 격차가 큰 지역입니
다. 학생들을 대학으로 진학시키려는 상위권 고교에서는 원래 남학
생을 많이 입학시키는데요. 상위권 고교에 다니는 여학생은 상대적
으로 중산층 이상 가정의 애들이죠. 그런데 미야다이 신지 씨가 조
사한 여자애들은 상위권 고교에 다니는 학생이 아닙니다. 같은 지역
에 살아도 보이지 않는 차이가 있죠. 미야다이 신지 씨가 중요한 차
이를 놓쳤는지도 모릅니다.

우에노 상위권 고교에 다니는 여학생이면 성매매 가격이 높았을 거란 말씀이죠? 지역별로 좀 더 보면 10대 임신중절 비율이 높은 지역은 항상 고치 현이죠.

미나시타 그렇습니까? 고치 현은 여성 취업률이 높고, 사회 진출도 왕성하다고 들었습니다.

우에노 사회 진출이라기보다 농가가 많아서 여자가 일하는 비율이 높죠.

미나시타 관리직 비율도 높던데요.

우에노 근속연한이 길지요? 섹스 시작 연령이 빠르고, 중절률도 높아요. 푸코의 획기적 연구에 따라 섹슈얼리티가 근대의 산물이라는 점에서 근대는 '섹슈얼리티의 근대'라고 할 수 있어요.* 일본에는 근대적인 방식으로 섹슈얼리티를 경험하지 않은 지방이 많아요.

미나시타 저도 같은 생각을 해본 적이 있습니다. 예를 들어 수은중독으로 생기는 미나마타병이 발생한 규슈 지방의 미나마타 지역에서는 어민들이 수은에 중독된 물고기라도 바다에서 준 선물이니까 먹

---

* 섹슈얼리티의 근대란 '섹슈얼리티'라는 개념이 근대에 고안되었다는 것, 즉 섹슈얼리티가 무엇인지에 대한 지식을 낳은 시대가 근대라는 의미다. 성에 대한 지식에 사로잡힌 시대, 성에 대한 담론이 폭발적으로 늘어난 시대, '성에 대한 지식'을 통해 권력의 지배와 통제가 작동하는 시대가 근대라는 뜻이다.

비혼입니다만, 그게 어쨌다구요?!

었다고 해요. 미나마타병을 고발한 작가 이시무레 미치코石牟礼道子 씨 책을 읽고 알았습니다.

우에노 그런 뜻을 담은 말이 민속적으로 남아 있죠.

미나시타 표준어로는 잘 표현할 수 없습니다.

우에노 지역에는 민속적인 면, 자원으로 삼을 수 있는 담론이 있어요. 그런 점에서 아까 미나시타 씨가 서양식 이성애 데이트 문화가 일본에 자리 잡지 않았다면서 원래대로 돌아간 거라고 한 말씀이 맞아요.

미나시타 원래대로 돌아간다면 결국 농촌 사회인데요, 예를 들어 추석 때 같이 춤추고 밤에 집단적으로 섹스 파티를 하는 세계로 돌아가는 것일까요?

우에노 농촌 사회의 섹슈얼리티로 돌아간다고 해야 할지 잘 모르겠네요. 어떤 면에서 섹슈얼리티에 외부의 시선이라고 할까요, 공동체가 밑바탕이 되었을 거란 얘기죠. 2013년에 《지방에서 틀어박힌 젊은이들地方にこもる若者たち》이란 책이 나왔는데, 도쿄에 사는 것을 전혀 동경하지 않고 태어나고 자란 지방에서 평생 사는 젊은이들을 다뤘어요. 그들은 중학교나 고등학교 동창들과 어울리며 유유히 살아가요. 이런 세계관을 가진 젊은이들이 등장하죠.

미나시타 '온화한 날라리'라고 하더군요.

우에노 그렇게도 부르나요? '현지인'이라고 부르기도 하던데요. 일본 각지에 있다고 하더군요.

미나시타 네, 요즘은 '푸어충'*이라고 해요. 저널리스트 스즈키 다이스케鈴木大介 씨가 2014년에 쓴 르포《가장 빈곤한 여자들最貧困女子》**에도 푸어충에 관한 이야기가 나옵니다. 푸어충은 항상 만나는 지역 내 친구들과 놀며 느긋하게 살아가죠.

　돈은 없어도 지역 내 인간관계 같은 사회적 자원이 풍부하다는 점에서 푸어충은 엘리트인 셈인데, 지방의 젊은이가 모두 푸어충이 될 수 있는 건 아닙니다. 타인과 소통하는 능력이 없거나, 부모가 사라졌거나, 빚쟁이들이 몰려와서 도망치듯 도쿄로 나오는 젊은이들도 있거든요. 이런 젊은이들은 정말 꼼짝달싹 못하는 처지죠.

우에노 사회적 자원이 풍부한 사람과 사회적 자원에서 배제되는 사람이 있는 거군요.

미나시타 사회적 자본이 있고, 돈을 얼마 안 들이고 밥을 먹거나 차를 마시거나 문화를 소비할 수 있는 큰 쇼핑몰 같은 공간이 있으면 도쿄로 나올 필요가 없죠. 그 안에도 살펴보면 지역사회에서 따돌림을

---

* 가난하다poor와 충실하다充를 합친 신조어. 경제적으로 가난해도 취직하지 않고 적은 수입으로 살며, 회사에서 장시간 노동하지 않는 대신 자신을 위해 시간을 충실히 쓰겠다는 생각으로 사는 젊은이를 일컫는다.
** 빈곤에 허덕이는 젊은이들이 증가하는 가운데 성매매를 하지만 그 수입으로 의식주조차 해결하지 못하는 젊은 여성들을 취재한 르포. 특히 지방에 사는 젊은 여성들이 가족이나 지역사회·사회보장제도의 보호나 지원을 받지 못하고 힘든 처지에 놓인 현실을 파헤쳤다.

　　　　　　　　　　　비혼입니다만, 그게 어쨌다구요?!

당하고 아무도 사귀지 않으려 하는 사람들이 있는데, 이들은 정말 갈 데가 없습니다.

우에노　스즈키 다이스케 씨가 잘 설명했죠. 경제 수준이 같아도 인간관계 같은 사회적 자본이 있느냐 없느냐로 생활에 대한 만족도가 전혀 달라진다고요. 정말 맞는 말이에요. 싱글로 노후를 보내는 것도 똑같아요.

이혼 손익계산서

미나시타　사회적 자본이 없는 사람들은 어떻게 하면 좋을까요? 제가 《한부모 여성 가장의 빈곤》을 쓰면서 살펴보니까 1960년대까지는 가부장적인 이에家 제도•••가 유명무실하게 남아서 아내가 집을 나가거나 하면 남편이 아이를 맡는 경우가 많았습니다. 그러니까 시어머니가 며느리한테서 아이를 뺏는 건데요, 당시 아이를 뺏긴 엄마가 아이를 만나러 가면 찾아오지 말라고 엄마를 상대로 소송을 걸었습니다. 집을 나간 여자는 아이를 만나게 할 수 없다는 건데, 이런 판례도 있었고요.

　　그러다가 1970-80년대에 협의이혼이 압도적으로 많아집니다. 아이의 일상을 주로 엄마가 돌보니까 엄마가 친권을 행사하게 된 거

••• 일종의 호주제. 직계 장남이 호주가 되어 가업이나 가산을 관리하고, 가족을 통솔하며, 재산을 단독으로 상속하는 등 호주권과 상속권을 받는다. 1898년 민법에서 규정됐다가 2차 세계대전 후 법적인 부분은 폐지됐으나, 1960년대까지 생활이나 의식에 남아 있었다.

죠. 제가 반복해서 말했듯이, 어머니가 아이를 데리고 이혼할 때 실상을 보면 대부분 가족 구성원이 아버지를 버리는 것이나 마찬가지입니다.

아내나 가족이 돌봐주지 않으면 남자들은 대부분 사회적으로 고립할 위험이 커지죠. 자살이나 고독사 위험도 커집니다. 배우자와 이혼하거나 사별한 남자들은 결혼 생활을 유지한 남자보다 평균수명이 짧아요. 그래서인지 최근에 자민당의 한 의원이 가족을 파괴하는 이혼은 안 된다며 이혼율을 낮추자고 했습니다.

우에노　정부가 최근에 조부모와 부모, 자녀가 같이 살면 우대해준다고도 했죠.* 이제야, 그것도 실현 가능성이 없는 정책을 들고 나왔어요. 정말 형편없죠.

미나시타　네. 엉망진창입니다.

우에노　이혼할 때 친권이 누구한테 귀속되는지 데이터를 보면 1950년대에서 1960년대로 갈 때 완전히 역전했죠. 친권을 행사하는 주체가 아버지에서 어머니로 바뀌었어요. 저는 친권이 어머니한테 가면서 이혼을 망설이던 여자들이 이혼을 결심했다고 봐요. 그전에 이혼은 아이들과 헤어지는 것을 뜻하니까 참고 살다가 1960년대부터

* 삼대 동거 주택 보조금 제도. 조부모와 부모, 자녀가 함께 사는 주택을 신축하거나 삼대 동거용으로 주택을 개조할 경우 보조금을 주는 정책이다. 일본 정부는 조부모가 함께 살면서 손주를 돌보면 맞벌이의 육아 부담이 줄어 출산 장려로 이어질 것이라며 2016년부터 이 정책을 시행했다. 그러나 주택에 삼대가 거주하는지 확인하지 않고 보조금을 지급했고, 고가의 호화 주택에만 보조금을 지급한 것으로 드러나면서 비판을 받고 있다.

달라졌죠.

미나시타 맞습니다. 아이들만 있으면 된다, 남편은 필요 없다는 식으로 바뀌었습니다. 여자들이 돈 벌 능력이 생겨서 스스로 먹고살 만해져서라든지 건방진 여자들이 많아져서 이혼이 늘어난 게 아니죠. 이혼이 늘거나 줄거나 여자가 아이 중심으로 생활하는 건 똑같고요.

우에노 네. 여자는 돈이 있거나 없거나 아이를 데려올 수 있다면 남편과 헤어진다는 거죠. 그래도 경제력이 어느 정도 영향을 미쳤을 텐데요. 여자들이 돈 벌 능력이 생겨서라기보다 친정 부모의 영향이 있었으리라 생각합니다.

미나시타 친정 부모가 불행한 결혼 생활을 하는 딸에게 더는 참지 않아도 된다고 말하게 됐다는 말씀인가요?

우에노 그렇게 높은 수준은 아니고, 딸이 돌아왔으니까요.

미나시타 아, 딸은 노후에 부모를 돌봐줄 자원이죠.

우에노 맞아요. 부모도 실리를 취하는 거예요.

미나시타 자녀에 대한 애정과 손익계산이 뒤섞인 선택이네요.

우에노 여태까지 이야기하면서 일본은 이성애 커플이 이성애로 안착할 수 있는 모델이 없었다는 생각이 드네요. 있는 건 아버지-딸 모델, 남매 모델, 엄마-아들 모델이죠. 이성애 커플이 친족 관계로 추정하여 따라 할 수 있는 가족 관계 모델 말입니다. 고대에는 부부 사이의 가족 모델이 오빠-여동생 아니면 누나-남동생 모델이었죠. 그러다가 가부장제가 강화되고 나이 차가 많은 남녀가 결혼을 하면서 남편이 아내의 보호자인 아버지-딸 모델이 돼요.

일본의 근대 가족에서 부부 관계는 어머니-아들 모델을 채택했다고 생각해요. 문학평론가 에토 준江藤淳이 1967년 출간한《성숙과 상실成熟と喪失》*에서 전형적인 모델을 제시했어요. 아내가 남편을 아들로 취급하는 거죠. 소설가 시마오 도시오島尾敏雄가 1977년에 쓴 《죽음의 가시死の棘》에는 남편이 바람피운 것을 계기로 조금씩 미쳐가는 아내의 일상이 나옵니다. 이런 소설을 보면 핵가족화에서 부부 관계가 정말 불안정해요. 이런 부부 관계를 친족 관계에 빗대어 안정시키는 거죠.

그래서 일본의 아내들이 "우리 집에는 아들 말고 한심한 아들이 하나 더 있어요"라는 말을 자주 하죠. 아내들의 생존 전략이에요.

미나시타 그 말은 질리도록 들었습니다. '남편을 엄마처럼 돌봐주는 아내'라면서 칭찬하는 말도 있죠.

• 2차 세계대전 후 일본에서 나온 소설을 통해 어머니와 아들이 밀착된 문화를 분석한 책이다.

우에노 방금 그 말을 만화가 야스노 모요코安野モヨコ 씨가 똑같이 한 적이 있어요. 사이바라 리에코西原理惠子 씨도 그렇고요. 둘 다 저보다 젊은데 부부 관계 패턴은 아주 고전적이죠. 결혼하자마자 억척스런 어머니가 되는 거예요. 밖에서 열심히 일하고, 집에 돌아오면 아무것도 안 하고 지내는 한심한 남편을 아들처럼 돌봐주는 패턴이죠.

미나시타 사이바라 리에코 씨가 죽은 사진작가 남편을 소재로 한 자전적 에세이가 논란이 됐습니다. 부부 관계를 세세히 썼다고요.

우에노 그게 논란거리가 되나요? 그렇게 말하면 사소설私小說 **을 주로 쓰는 자이니치在日 유미리 작가도 마찬가지죠. 소설가도 쓰는데 만화가라고 쓰지 말란 법은 없어요.

미나시타 자기가 겪은 일을 낱낱이 쓰는 건 대단합니다.
　어쨌든 일본은 남편이 아내한테 엄마 역할을 요구하는 경우가 많습니다. 남자가 어리광을 피우면 여자는 흔쾌히 받아주자는 식의 담론이 1950년대에 많이 나타났어요. 남자가 거만하게 굴면서 "나 좀 돌봐줘" 하는 경우도 많았고요. 이런 걸 보면 기분이 나빠집니다.

우에노 그런 담론에 이데올로기를 제공한 사람이 정신과의 도이 다케오土居健郎인데요. 그가 쓴 책《응석의 구조》(도이 다케오 지음, 이윤정 옮

** 작가가 직접 경험한 일을 소재로 쓰는 소설.

김, 한일문화교류센터, 2001)[*]가 그렇죠. 미국의 문화인류학자 에이미 보로보이Amy Borovoy가《응석의 구조》내용을 젠더로 분석해서 아주 통쾌하게 반격했어요.[**]

도이 다케오 씨는《응석의 구조》에서 응석을 부리는 사람들 입장만 썼죠. 응석을 부리면 상호성이 생긴다고도 했는데, 실제로 그런 건 없어요. 응석을 부린다는 것은 완전히 비대칭적인 관계죠. 도이 다케오 씨는 응석을 일방적으로 당하는 쪽에 대해서는 말하지 않은 겁니다.

에이미 보로보이는 일본 사회에 존재한다는 '응석의 구조'가 실은 공의존共依存, codependency,[***] 즉 알코올의존자인 남편을 돌봐주며 부부 관계를 유지하는 아내로 구성된 부부 같은 거라고 했죠. 그래서 남편이나 가족을 위해 헌신하는 아내 같은 병리적인 현상이 생겨났다고요. 멋진 연구예요.

《응석의 구조》는 나카네 지에中根千枝 교수가 쓴《일본 사회의 인간관계》(나카네 지에 지음, 양현혜 옮김, 소화, 2002)[****]와 함께 지금도 일

[*] 《응석의 구조》는 1971년 초판 발간 때부터 베스트셀러였는데 일본인 특유의 의식구조와 감정은 어린이가 어머니에게 응석을 부리는 것과 같은 '응석(수동적인 의존성)'이라고 했다. 일본에 대한 지역 연구에서 막강한 영향력을 발휘했으며 국내에도《아마에의 구조》로 번역·출간되었다.

[**] 프린스턴대학교 에이미 보로보이 교수는 일본에 1년간 머물며 알코올의존자 남편을 둔 아내 그룹을 참여 관찰 방법으로 연구했다. 그는《너무 좋은 아내: 알코올, 공의존 그리고 전후 일본의 돌봄의 정치학The Too-Good Wife: Alcohol, Codependency, and the Politics of Nurturance in Postwar Japan》에서 응석과 같은 타인에 대한 의존성이 일본이나 일본인 특유의 감정이 아니라 인간관계의 젠더 역할에서 기인하는 것을 밝혔다. 이를테면 밖에서 일하며 술을 마시고 집에 온 남편을 가정에서 돌보는 것이 아내의 책임으로 규범화된 것은 부부 관계에서 여성이 젠더 역할을 수행하는 것이며, 여성에 대한 남성의 의존성을 높이는 것이라고 했다.

[***] 특정 상대와 관계성에 지나치게 의존하는 상태를 가리키는 임상 심리 용어. 상대가 의존하게 함으로써 자신의 존재 가치를 발견하고, 상대를 컨트롤하여 자기 마음의 평안을 얻는 상태를 말한다.

비혼입니다만, 그게 어쨌다구요?!

본학이나 일본 문화론을 처음 배우는 사람들이 보는 교재예요. 이런 책을 읽으면 일본을 알 수 있다고 했고, 아무도 비판을 하지 않았죠.

미나시타　저도 고교 시절 국어 시간에 《응석의 구조》를 읽었습니다.

우에노　《응석의 구조》는 응석을 당하는 쪽, 그러니까 여성에 대해서는 한 마디도 논하지 않았어요.

미나시타　이런 일본인론이 나온 배경으로 패전의 경험이 작용했을까요? "밖에서 상처받고 돌아온 남자를 여자가 치유해주지 않으면 다시 싸우러 갈 힘이 없다"는 식으로요. 보수파 거물 논객 미우라 슈몬三浦朱門이 그렇게 말한 적이 있습니다.

우에노　그런 원인도 있겠지만, 이제 더는 남자들이 가부장이 될 수 없다는 점이 더 뿌리 깊어요. 전쟁에 나가 총력전에서 패하고 돌아온 가부장이니까요.

미나시타　맞습니다. 패전하고 가부장의 권위가 추락했어요.

우에노　여성한테 치유해달라고 요구하기 전에 패자가 된 자신을 받아들여야죠. 총력전은 군사·경제·인구·정신적인 면에서 모두 싸우는 거잖아요. 총력전에서 졌다는 건 정신적으로도 진 거죠. 가미카제神

●●●● 일본 사회는 능력 위주인 서구와 달리 종적인 조직 사회로, 종적인 인간관계로 움직인다고 쓴 일종의 일본인론. 원제목은 '종적인 조직 사회 일본의 인간관계'라는 뜻이다.

風*는 결국 불지 않았어요. 신이 일본 편이 아니었다는 것은 윤리적인 면에서 진 거죠. 아버지는 윤리를 체현하는 사람이니까 전쟁에서 졌다는 건 아버지의 패배예요. 그래서 아버지가 될 수 없는 남자들에 대해 논한 에토 준 같은 평론가도 나왔고요. 아들에 머무른 채 살아갈 전략을 취할 수도 있었을 텐데, 전쟁을 경험한 세대 남자들은 아버지가 되려 했지만 무참히 패배했죠.

1990년대에 남자들이 빠진 '치유파 여자 연예인'

미나시타 1990년대 중반 애니메이션 〈에반게리온〉이 유행할 때 '치유파 여자 연예인'이 남자들한테 굉장히 인기가 많았습니다. 온화한 분위기를 띠는 여배우나 여자 연예인을 일컫는 말인데, 이들이 인기를 얻은 것이 단순히 거품경제가 무너지면서 경제적으로 실패했다는 남자들의 감각과 관련 있는 현상일까요?

우에노 치유파 여자 연예인이라고요?

미나시타 네. 아주 유행했습니다. 당시 텔레비전 광고에서도 그런 이미지를 풍기는 연예인을 기용했고요. 광고 보셨나요?

• 2차 세계대전 말기 일본이 신국神國이니 신풍神風이 불어서 이길 것이라고 선전한 종교적 프로파간다. 전투기를 몰고 연합국 군사시설에 가서 폭파하는 자살 특공대 전략을 일컫는 명칭으로도 쓰였다.

비혼입니다만, 그게 어쨌다구요?!

우에노 저는 패전 직후 일본 남자들은 설명할 수 있는데, 1990년대 남자들은 미나시타 씨가 설명해주세요.

미나시타 총력전을 벌였다가 실패한 이전 세대 남자들처럼 스펙터클하지는 않습니다.

우에노 태평양전쟁에서 완벽하게 졌으니까요.

미나시타 네. 1990년대 중반 남자들은 패배했다는 감각이 없습니다. 그래도 1995년은 시대의 전환점이고요.

우에노 그렇다고 생각해요.

미나시타 1995년 1월에 고베 대지진이 일어났고, 3월에 도쿄에서 옴진리교 사건[**]이 있었으니까요.

우에노 그 무렵부터 근대주의 패러다임과 종교의 세속화가 통하지 않게 되었어요. 옴진리교는 신비주의와 종말론을 내세웠죠.

미나시타 그 시기에 치유파 여자 연예인이 유행한 까닭이 뭘까요? 원조 교제도 그 무렵에 유행하기 시작했고, 여러 가지 사건이 비슷한 시기에 일어났습니다.

[**] 옴진리교라는 신흥종교의 지시 아래 신자들이 인류의 종말에서 사람들을 구원한다며 도쿄의 지하철역에 독가스를 뿌려 지하철 승객과 역무원 13명이 죽은 사건.

우에노 치유파 여자 연예인 말인데요, 누가 누구한테 치유를 구하는 겁니까?

미나시타 열심히 사는 샐러리맨을 타깃으로 한 캔 커피 텔레비전 광고가 1990년대에 화제를 낳았는데요, 그 광고에 기용된 것을 필두로 치유하는 이미지로 뜬 여배우, 성인 잡지 모델, 가수, 아나운서 등이 생겨났습니다. 이이지마 나오코飯島直子, 혼조 마나미本上まなみ 같은 여배우가 대표적이에요. '치유파'라는 단어도 이 시기에 유행하기 시작했습니다.

우에노 2015년에 인기 여성 만화가 다부사 에이코田房永子가 낸《남자들만 갈 수 있는 곳에 여자인 제가 가봤습니다男しか行けない場所に女が行ってきました》*에 여성 아이돌 그룹 AKB 이야기가 나와요. 정말 재밌어요. 다부사 에이코 씨가 "여성 아이돌 그룹은 소녀의 몸으로 소녀 복장을 하고 있지만, 사실 남자들을 무한히 치유해주는 아줌마 집단과 같다. 남자가 무슨 짓을 해도 허용해주는 속 깊은 아줌마들이 고등학생 같은 모습으로 깡충깡충 뛰어오르거나 톡톡 튄다"고 했죠. "이러니 남자들이 좋아하는 것도 당연하다"고요.

---

* 만화가 다부사 에이코가 성인영화 촬영장, 성인영화관 등 남성들이 주요 소비자인 성문화산업 현장을 취재하여 일러스트와 함께 낸 르포.

비혼입니다만, 그게 어쨌다구요?!

우에노 남자들이 패권주의에 염증을 느끼기 시작한 무렵부터 일본의 아버지들은 아들에게 더는 롤모델일 수 없게 된 것 같아요.

미나시타 아, 그렇군요.

우에노 아버지처럼 살고 싶지 않은 아들이 아버지를 반면교사로 삼은 거죠. 여기서 아버지는 전후 베이비 붐 세대고요.

미나시타 일본형 패권적 남성성이 침몰해가는 과정이죠.

우에노 그래요. 경제적인 패전과 같다고 말할 수도 있죠.

미나시타 경제적인 패전이라고 말씀하셨는데, 문화적인 전환도 큰 요인인 것 같습니다.

우에노 경제와 문화는 연동하니까요.

미나시타 우에노 선생님이 취하시는 입장을 보면 경제가 먼저죠?

우에노 1980년대부터 사축이란 말이 나왔는데요. 이 말이 나온 것을 보면 아들이 사축으로 사는 아버지를 롤모델로 생각하지 않게 된 것을 알 수 있죠. 수지 타산이 맞지 않으니까 남자다움을 버리려는 젊은이들이 등장했고요. 진짜 그런지 아닌지는 모를 일이지만요. 불황이 시작되고 경쟁 사회가 심화되었으니, 분명 어떤 젊은 남자들은 패권적 남성성을 재생산하고 있을 겁니다.

경쟁이 심화된다는 건 경쟁에 참여할 자격이 있는 남자들을 엄선하는 건데, 경쟁에서 배제되거나 패배한 남자들은 그들을 위해 마련된 자리로 가죠. 남자다움을 버리려는 젊은이들이 등장한 게 아니라, 경쟁이 심해지면서 남성 집단에 분할과 구획이 생긴 것에 불과할수도 있어요.

거칠게 말하면 이건 신분제 사회라고 할 수 있는데요, 이미 신분제 사회가 됐을 가능성이 있죠. 자기와 다른 신분 집단으로 이동하지 않으려는, 아래 신분에 있는 사람이 위 신분 사람을 부러워하지 않는, 아래 신분에 있는 이들이 분수를 잘 알고 지키는 사회가 됐을 가능성이 있다는 말입니다.

미나시타 이 와중에 살아남는 남자들은 극소수 엘리트입니다. 예전에는 일을 하고 돈이 좀 있는 정도로 여자들한테 인기가 있었지만, 지금은 소통 능력이 없으면 안 됩니다.

우에노 아니, 소통 능력이 없어도 돼요. 남자의 혼인율과 연봉은 정비례하니까요. 돈이 있으면 여자가 따라온다는 말 그대로죠. 다른 자원이 없어도 돼요.

미나시타 그건 그런데요, 벤처기업가 호리에몽은 솔직하게 말해서 같은 남자들한테 맹비난을 받았습니다.

비혼입니다만, 그게 어쨌다구요?!

우에노 네. 여자는 돈을 따라온다고 했으니까요. 소설가 와타나베 준이치渡辺淳一 씨가 "당신이 매력 있어서 여자가 따라오는 게 아니라 당신의 지갑을 보고 따라오는 거죠?" 하니까 호리에몽이 "지갑 두께도 남자의 매력입니다"라고 받아쳤어요.

미나시타 유명한 일화죠. 뻔해서 호감이 생기기도 합니다.

우에노 뻔해서 알기 쉬운 말이죠.

미나시타 대다수 남자들은 뭔가 석연치 않으면서도 그 정체를 깨닫지 못하고 있다가, 정체가 뭔지 말해준 호리에몽을 증오하는 태도로 반응했습니다.

패권적 남성성에 가담하는 남자를 따라가며 여자도 공범 관계가 될 수 있습니다. 잘생기고 돈 잘 버는 남자가 좋다거나, 남자는 연봉이 얼마 이상이 아니면 못 만난다거나 하는 식으로요. 지난번에 한 여성 패션모델이 결혼 상대가 연봉 5,000만 엔(약 5억 5,000만 원) 이상이 아니면 결혼을 못 한다고 했다가 굉장히 질타를 받았습니다.

우에노 패권적인 남성성을 좇는 남자보다 그런 여자한테 비난이 거세죠. 여자는 쉽게 비난 대상이 되니까요.

미나시타 그렇습니다. 그래서 여자가 연봉 얼마 이상인 남자가 좋다거나, 잘생긴 남자가 아니면 절대로 만나지 않는다면서 패권적 남성성과 공범 관계를 맺을 경우 남자보다 훨씬 비난받습니다. 특히 남자들은 연봉에 민감합니다. 얼굴이 잘생겼다거나 매력 있는 남자라는 말은 정의가 애매모호한데, 연봉은 수치로 나오니까요. 수치가 확실히 나오는 말은 비난이 거세죠.

우에노 외모는 태어나면서 생기는 자원이니까 못생긴 남자들이 핑계를 댈 수 있지만, 연봉은 노력하지 않은 네 잘못이라는 낙인이 따라오니까 반발이 거센 면도 있어요.

미나시타 그런 낙인은 힘들 겁니다.

우에노 남자들이 그토록 비난하는 걸 보면 능력주의를 얼마나 철저하게 내면화했는지 알 수 있죠.

미나시타 남자들은 연봉에 대한 콤플렉스가 정말 큽니다. 여자들은 자기 연봉이 낮다고 해서 그렇게까지 모욕감에 시달리지 않는데 말이죠.

우에노 여자들한테 아직 그런 패권주의가 없기 때문이에요. 패권을 차지하는 게임에 여자가 완전히 참가하도록 허용되지 않았으니까요. 앞으로 어떻게 될지 몰라요.

6장

비혼 시대, 어떻게 살아야 할까?

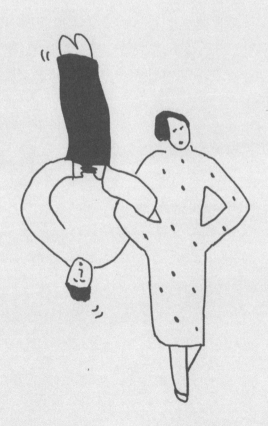

결혼과 출산이 분리되지 않은 사회

미나시타 마지막으로 주제를 좁혀서 세대 간 격차에 대해 질문을 드리고 싶습니다. 20-30대 싱글이 이 책을 읽는다면 결혼하지 않는 게 좋겠다고 느낄 텐데, 그런 경우 고립될 위험성도 커집니다. 독신인 채로 고립되지 않으려면 어떻게 해야 할까요?

우에노 이와 관련한 답을 《독신의 오후》에 썼어요. 결혼하지 않고 혼자 지낸다는 것이 고립된다는 뜻이 아니에요. 싱글이라도 만날 사람이 있으면 됩니다. 그러려면 노하우와 스킬이 필요한데, 이것은 배우면 돼요. 제가 아는 사람만 해당되는 이야기일 수도 있겠지만, 혼자 지낸 시간이 긴 이들은 사람을 만나 사귈 때 노력을 해요. 오히려 가족이 있는 사람을 보면, 이 사람은 가족을 잃으면 어떻게 될까 걱정스러울 정도예요.

　지금까지 우리가 이야기한 흐름을 정리해보면, 사회적인 압력과 사회경제적인 요구가 없다면 남자와 여자는 결혼할 동기가 없어요.

이성애자라고 볼 수도 없고요. 혼인율이 점점 낮아지는 건 자연스런 현상입니다. 결혼하지 않는다고 해서 딱히 문제는 없지만, 재생산을 어떻게 할까 하는 물음이 남아요. 임신이나 출산 역시 남녀 불문 개인의 선택이니까 아이가 줄어든다고 해서 뭐가 문제냐고 반문할 수도 있겠지만요.

일본과 달리 최근 외국에서는 결혼과 출산이 분리됐어요. 유럽이나 미국과 비교할 때 일본은 특수한 사회라고 할 수 있어요. 일본도 외국처럼 결혼과 출산이 분리된다면 혼인율이 떨어졌다고 이러쿵저러쿵 떠들어댈 필요가 없죠. 출산이 줄면 사회는 재생산을 할 수 없어요. 그러니까 이성과 짝을 맺고 싶다거나 가족을 만들고 싶은 욕망이 없어졌을 때 부모가 되고 싶은 욕망이 남았을까 하는 점이 문제입니다.

미나시타 아이를 원하는지 물어보면 많은 사람들이 그렇다고 답하지 않을까요? 미혼이나 기혼 남녀 모두 그럴 텐데요.

우에노 그 부분을 설명해주세요. 저는 아이를 갖고 싶은 마음이 든 적이 없어서 그게 어떤 욕망인지 잘 몰라요. 동양에서는 왜 젓가락을 쓰느냐 정도로 소박한 물음, 저와 다른 욕망에 대해 의문이 있죠. 아이를 갖고 싶은 욕망이 뭔지 정말 모르겠어요. 본능이라고 말하지 말고 어떤 욕망인지 설명해주세요.

미나시타 저는 어머니가 빨리 돌아가셔서, 다른 사람과 다시 한번 부모 자식 관계를 만들어보고 싶었습니다. 단순하죠. 아이를 낳는 게

비혼입니다만, 그게 어쨌다구요?!

상식이라고 여겨서라기보다 다른 사람과 부모 자식 관계가 되고 싶다는 마음이 컸습니다. 평행 우주가 100개 있다면 저는 그중 80개 세계에서는 결혼하지 않고, 99개 세계에서는 아이를 낳지 않았을 겁니다. 저는 패배 의식이 있는 사람이라 다른 세계라면 아이를 낳지 않았을 거예요.

우에노 하하. 사는 세계가 달랐다면 부모가 되지 않았다는 거군요.

미나시타 평행 우주 속 세계에서 굉장히 드문 확률로 지금 여기 있는 저와 만난 것이라고 생각해주시면 좋겠습니다.

우에노 그럼 운명이네요. 미나시타 씨는 운명적으로 자녀와 만난 거예요.

미나시타 그럴까요? 말씀드렸다시피 저는 시간강사끼리 친구로 지내다가 결혼하는 게 경제적으로 이득이라는 설득에 그렇겠구나 싶어서 결혼했습니다. 그 말이 어떤 면에서 아주 합리적으로 들렸어요.

우에노 그게 출산한 이유는 아니죠.

미나시타 네. 결혼했다고 해서 출산하는 건 경제적으로 보면 비합리적입니다. 저는 출산할 수 있는 연령이 거의 끝나는 시점인 서른여섯에 임신했습니다. 그래서 아이를 정말 원하는지 여러 가지로 고민하면서 어머니 생각을 했어요. 어머니가 교통사고로 갑자기 돌아가셔서 부모 자식 관계에 미련이 남은 게 출산한 가장 큰 이유입니다.

인간은 왜 아이가 필요하다고 생각하나

우에노 미나시타 씨와 같은 이유로 출산한 예는 독특한 사례라고 생각해요. 사회학자로서 왜 아직 사회 주류 다수파가 출산을 선택한다고 보시는지요? 신체적으로 불가능한 사람들도 어떻게든 아이를 가지려고 애쓰잖아요?

미나시타 사회적 압력이나 사회경제적인 배경을 제외하고 아이가 낳고 싶은 이유를 말씀하시는 거죠?

우에노 출산도 욕망이 아니라 관습에 불과할까요? 사람은 관습에 따라 부모가 될 수 있으니까요. 아니면 그 이상일까요? 사람들이 욕망으로 아이를 낳는 현상을 설명한다면 저는 그 욕망을 이해할 수 없으니 저를 외계인이라 생각해주세요.

미나시타 제가 아이를 낳은 일은 외계인이 아이를 낳았다고 생각하니까 저도 설명하기 곤란합니다. 마음 깊은 곳에 '나는 아이를 아주 좋아해' '가정을 잘 꾸려야지'라는 생각이 전혀 없거든요. 낳았으니 잘해야겠다고 생각하는 정도입니다.

우에노 불행인지 다행인지 요즘은 출산이 선택지가 됐어요. '아이를

만든다'는 말이 나올 정도로. 저출산을 우려하는 사람들이야 아이
는 만들어야 한다고 하겠지만, 아이를 강제로 낳을 수는 없죠.

민족이나 사회를 재생산해야 하니까 아이를 낳아야 한다고 생각
하는 것이라면, 혼인율이 떨어지더라도 출산율만 오르면 아무런 문
제가 없어요. 사회를 재생산했으면 좋겠다는 사람은 비혼을 탓할 게
아니라 출산에 대해 이야기해야죠. 우리가 오늘 대담한 소재가 비혼
이 아니라 출산이어도 괜찮았다는 말이에요.

사회를 재생산하려면 출산 외에 선택지가 하나 더 있어요. 인구
의 자연 증가가 아니라 사회적 증가, 그러니까 이민의 증가예요. 저
출산을 우려하는 사람들의 눈에는 이민자라는 선택지가 들어오지
않는 것 같죠? 어디까지나 자기 민족을 남기고 싶은 거니까요.

미나시타 제 주위에도 불임 치료를 받는 사람들이 제법 있습니다. 저
와 비슷한 연령층이고, 학력도 높은 이들이에요.

우에노 그 사람들한테 아이를 낳으려는 이유를 직접 물어보면 어때
요? 저는 생식이 가능한 나이일 때 출산한 여자들한테 "왜 아이를
낳았죠?"라고 물어보고 다녔어요. "결혼하면 낳는 거라고 생각해
서" "남편이 낳아달라고 해서"라는 별로 설득력이 없는 이유를 들
었죠.

미나시타 경제적으로 여유가 있고 비교적 진보적인 남편을 둔 여자나
이혼한 적 있는 여자들한테 왜 아이를 원하는지 물어보면, "아이가
없으면 왠지 인생이 완성되지 않는 것 같다"는 답이 돌아옵니다.

우에노 이해하기 쉬운 답이네요. 아이는 여성성을 완성하는 데 남은 마지막 퍼즐 조각인데, 이 조각이 안 맞춰지면 결코 여자를 한 인간으로 인정해주지 않아요. 제가 차별받아온 경험이 있으니까 이런 이유로 아이를 낳는다면 이해합니다. 이런 이유는 욕망보다 사회규범이라고 할 수 있어요.

미나시타 한부모 여성 가장인 디자이너가 이렇게 말하더군요. "나는 한 세대 살고 죽지만, 아이가 내 생각이나 삶의 방식을 이어가는 식으로 사회에 폭탄을 던지고 싶었다. 그래서 아이를 낳았다."

우에노 아이가 귀찮아하겠군요.

미나시타 무술 고수가 자식한테 비법을 전하는 느낌입니다. 경쟁 사회가 심화되고 여성의 사회 진출도 진행되는 상황에서 선택적인 비혼 엄마들이 사회적으로 인정받는다면, 이 디자이너처럼 사회적인 성공을 거둔 싱글 여성들이 법률혼 밖에서 출산하는 일이 많아질 겁니다. 예전에 남자가 사회적 성공의 상징으로 젊고 예쁜 아내를 얻는 것을 '트로피 와이프'라고 했는데, 이 디자이너의 경우는 '트로피 차일드'라고 할 수 있겠죠.

우에노 그 디자이너는 아이가 자신과 다른 인격을 갖춘 사람이라고 생각하지 않는군요. 문제예요. 대기업 경영자가 내 뒤를 물려줄 자식이 필요하다고 말하는 것과 다를 게 없죠.

비혼입니다만, 그게 어쨌다구요?!

미나시타 예전에 남자들이 가졌던 욕망을 이제 여자가 가진 것 아닐까요?

결혼과 출산이 줄어드는 것은 당연한 귀결

우에노 자기 목숨이 유한하니 그 생명을 미래로 이어줄 사람이 필요하다며 아이를 낳고 싶은 욕망이 자연스럽다고 보는 설이야 전부터 있었죠.

미나시타 그래도 저는 자연스러운 욕망이라고 말하고 싶지 않습니다.

우에노 꼭 자연스러운 욕망이라고 하지 않아도, 남녀 불문하고 유한성을 뛰어넘고 싶다는 바람이 있죠.

미나시타 철학자 하이데거Martin Heidegger가 유한한 시간과 자신이 유한한 존재라는 점을 깨닫는 게 선구적인 인간의 본질이라고 했는데, 여성은 유한한 것과 무한한 것을 출산으로 이어야 한다, 출산해야 한다는 시각에 꽁꽁 붙들린 게 아닐까 싶습니다.

우에노 글쎄요. 여성이 그런 실존적인 물음에서 출발해 임신이나 출산을 할까요?

미나시타 사회적 압력이나 사회경제적인 요구를 제외하면 실존밖에 없습니다.

우에노 실존도 출산 이유가 아니라면, 대다수 주류 여성은 관습적으로 결혼하고 엄마가 된다는 말인데요.

미나시타 그래서 여러 가지 압력이나 사회적 환경 요인을 넘을 수 있는 여성은 초인이라 할 수 있습니다. 초인이 되어 아이를 낳는 거죠.

우에노 사회적 관습이 약해지면 결혼이나 출산도 줄겠군요.

미나시타 당연합니다.

우에노 그럼 결혼이나 출산이 줄어드는 것은 당연한 일이니 저항하지 말고 받아들이자, 이게 우리의 결론이겠죠?

낳지 않는 이기주의는 낳는 이기주의에 패한다

미나시타 그래도 아이를 늘리고 싶다면 결혼과 출산을 분리해야 합니다. 아니, 분리하는 게 당연해요.

우에노 간단하죠. 인구를 그렇게 늘리고 싶다면 수입하면 됩니다.

미나시타 이민자를 말씀하시는 거죠?

비혼입니다만, 그게 어쨌다구요?!

우에노 네. 이민을 받아들이면 될 일이에요.

미나시타 이민자를 연간 30만-60만 명 받아들이면 좋겠다거나, 지금 이민자를 받아들이지 않으면 늦다는 논의가 나옵니다.

우에노 이민자 1,000만 명 시대가 될 것이라고도 했죠.

미나시타 네. 2008년에 자민당이 향후 50년간 이민자 1,000만 명을 받겠다는 '1,000만 명 계획'을 발표했습니다. 지금은 이 계획에 거부 반응이 많고요.

우에노 일본은 국수주의가 강하니까 자궁이나 난자를 수입하죠.

미나시타 대리모 말씀이군요. 현실을 보면 많은 이들이 압력을 받아 출산하니까 아이를 낳는 게 즐거운 선택이 아니란 점이 문제입니다.

우에노 불행한 일이에요. 아이를 낳지 않은 입장에서 말하기는 그렇지만, 아이가 없는 인생보다 아이가 있는 인생이 훨씬 풍부할 거라고 봐요. 틀림없이 그럴 테죠. 희로애락을 느끼는 폭도 그렇고, 경험도 풍부하겠죠.

　　제가 출산한 친구하고 아이를 낳은 사람과 낳지 않은 사람 가운데 누가 이기주의가 강한지 이야기하다가 의견이 일치했어요. 아이를 낳은 사람이 이기주의가 강할 거라고요. 제가 아이를 낳은 친구보다 이기주의가 덜한 편이거든요. 나는 이제 사라지는 유전자를 갖고 있다고 생각하죠. 하하.

미나시타 그렇군요. 이 나라 여성은 실상 낳을 자유가 없다고 할 수 있습니다. 초인이 되어야 사회적 압력도, 사회경제적 요인도, 불안 요소도 극복할 수 있죠. 많은 사람들이 관습적으로 아이를 낳는데, 이런 인습과 관습·규범에서 자유로운 여성은 거의 없습니다.

우에노 맞아요.

주체적으로 욕망하지 말라는 억압

미나시타 내친김에 더 말씀드리면 유감스럽게도 여성은 '욕망을 갖지 말라, 주체적이 되지 말라'는 억압을 받고 있습니다.

우에노 정말 슬픈 일이에요. 여성은 욕망의 주체조차 되지 못했어요.

미나시타 여성이 주체가 되는 것을 막으며 쭉 반칙한 결과가 이미 나왔죠. 신자유주의를 씩씩하게 견뎌낸다거나, 이런 와중에 아이를 여럿 낳고 살아가는 여성을 찾아보기 어렵습니다. 여성이 공정한 게임을 못 하게 해온 결과, 부당 해고를 당해도 열렬히 싸우거나 소송에 나서는 여성이 적습니다.

일부 엘리트 중에 대단한 여자들이 있는데, 여성이 빛나는 사회가 돼서 이들이 나온 건 아니거든요. 진심으로 여성이 빛나는 사회를 지향하는지 묻고 싶습니다.

우에노 2010년 밴쿠버 동계올림픽 전에 사카이 준코 씨가 피겨스케이팅의 김연아 선수와 아사다 마오浅田真央 선수를 비교해서 칼럼을 썼죠. 둘의 대결에서 누가 이길지 예측하는 내용인데, 정말 글을 잘 썼어요. "필시 마오 선수가 질 것이다"라고 했는데, 그 이유가 "이길 거라고 투지를 활활 불태워도 이길까 말까 한 게 스포츠 세계인데, 마오 선수는 매번 겸양과 같은 여성의 미덕을 체화한 듯한 인상을 풍긴다"는 거였죠.

미나시타 과연 그렇군요.

우에노 자신감을 표출하는 김연아 선수를 떠올리면 누가 이기고 질 지 금방 알 수 있다는 거죠. 사카이 준코 씨가 글을 잘 쓴다고 감탄했어요.

미나시타 아라카와 시즈카荒川静香 선수가 전성기일 때는 경쟁자가 없었죠.

우에노 맞아요.

미나시타 아라카와 시즈카 선수는 2006년 토리노 동계올림픽에서 메달을 땄는데, 당시 '오리엔탈 뷰티'라며 주목을 받았습니다. 아사다 마오 선수와 김연아 선수는 동갑내기에 체격도 비슷해요.

우에노 둘 다 아시아 선수고요.

미나시타 네. 이기려는 마음이 있는 사람이 이기는 겁니다.

우에노 그래요. 사카이 준코 씨 예상이 맞았고요.

미나시타 올림픽처럼 국가주의적 분위기가 고양되는 시기에 그런 글을 쓰는 걸 보면 사카이 준코 씨가 대단합니다. 그 뿌리가 여자들의 문화라서 주류 분위기에 휩쓸리지 않는 것도 대단하고요. 과연 제 이상형입니다.

우에노 정말 뛰어나죠. 글이 갈수록 좋아져요.

미나시타 그럼 화제를 돌려 제가 왜 여자들의 문화 가운데 있다가 결혼했는지 이야기해볼까요? 사실 잘 모르겠어요.

우에노 자신이 설명하지 못하는 것을 타인이 설명할 수는 없죠. 그런데 본인조차 모르게 불쑥불쑥 행동하게 만드는 힘이랄까, 그런 맹목적인 움직임이 없다면 사람은 결혼도 출산도 하지 않을지 모르죠.

미나시타 운이 아닐까 싶어요. 교통사고를 당하는 것 같은.

우에노 행운일까요, 불운일까요? 행운이든 불운이든 그런 운을 만나는 사람이 없다면 결혼도 줄겠죠. 일본처럼 혼외자 차별이 극심한 곳에서는 당연히 출산이 줄어들 테고요. 만약 우리가 지금 대담하는 주제가 결혼이라면 모든 면에서 검토해본 결과 앞으로 결혼도 출산도 줄어드는 방향으로 가는 게 환히 보이니, 이 현상을 어떻게 평가할지만 남은 거죠. 그게 뭐가 문제냐, 누가 신경 쓰냐 하는 식으로 정리할 수 있는 문제죠.

지금까지 언어화되지 못한 '엄마와 아들' 관계

미나시타 우에노 선생님이 말씀하신 것처럼, 베이비 붐 세대가 소통을 잘 못하는 현실이 개선되지 않고 있습니다.

우에노 소통이 잘 안 되니까 부부 관계가 유지되는 거죠. 소통하려고 노력한 여자들은 이혼했어요.

미나시타 맞습니다. 베이비 붐 세대도 그렇고, 저희 세대나 저희 아래 세대도 그래요.

우에노 베이비 붐 세대 아버지들은 대부분 자녀와 소통하지 않았죠. 베이비 붐 세대 어머니들은 아이, 특히 딸을 지배하고 딸과 관계에서 공의존을 만들었고요. 그게 딸들에게 병리로 나타났어요.

미나시타 어머니와 딸 관계 말씀이죠?

우에노 한 가지 더 있어요. 어머니와 딸 관계에서 발생하는 문제는 언어화*되어 이야기되지만, 어머니와 아들 관계에서 발생하는 문제는 언어화되지 못할 정도로 뿌리가 깊어요.

미나시타 일본은 어머니와 아들 관계의 문제가 어머니와 딸 관계의 문제보다 중요할 거라는 직감이 드네요. 부부 관계를 어머니와 아들 관계처럼 비유하는 것을 봐도 가장 무거운 문제 같습니다.

우에노 어머니와 아들 관계의 문제를 언어화하는 건 당사자인 남자들이 해야 할 작업이에요. 모자 관계가 모녀 관계보다 어려운 것은, 아들은 '아버지 죽이기'를 할 수 있지만 '어머니 죽이기'는 결코 하지 않기 때문이죠.** 딸들은 이제 어머니가 밉다고 말할 수 있지만, 아들들은 어머니가 밉다고 말할 수 없는 상태니까요.

미나시타 왜 아들들은 어머니가 밉다고 말할 수 없을까요?

우에노 아들들에게 물어봐야죠.

미나시타 제가 아들과 싸우면 아들이 "엄마 정말 싫어"라고 합니다만.

• 종전에 드러나지 못했거나 말하지 못한 경험 혹은 영역이 발견되고 표현되는 것을 뜻한다.
•• 프로이트가 말한 남성의 주체 형성에서 아버지에 대한 정신적 살해를 뜻한다. 프로이트는 남성의 주체 형성을 오이디푸스콤플렉스로 설명했다. 오이디푸스콤플렉스는 남자아이가 아버지에게 거세당하지 않을까 불안을 느껴, 아버지의 권력을 인정해서 아버지와 동일화함으로써 남자로 성장한다는 것이다.

비혼입니다만, 그게 어쨌다구요?!

우에노 "정말 싫어"는 할 수 있죠. "정말 싫어"는 "정말 좋아"를 뒤집은 말이니까요. 부모도 아이가 정말 싫다고 하는 말을 진심으로 받아들이지 않잖아요. 그렇게 미워하는 것과 제가 한 이야기는 달라요.

미나시타 어렵군요. 모자 관계는 제가 신중히 생각해야 할 문제입니다. 아들이 앞으로 사춘기가 될 테니까요.

우에노 네지메 마사이치ねじめ正一 씨가 쓴 《치매에 걸린 어머니가 키스를 했다認知の母にキッスされ》***를 읽고 정말 놀랐어요. 네지메 마사이치 씨는 치매에 걸린 어머니를 간호하느라 남동생과 경쟁하듯 요양원에 다녔다고 해요. 아내가 "왜 그렇게 열심히 가느냐. 마더 콤플렉스냐"고 물어볼 정도였대요.

네지메 마사이치 씨가 시인 이토 히로미 씨하고 여성지 《부인공론婦人公論》에 나와 대담하면서 어머니한테 열심히 간 이유를 솔직하게 밝혔어요. 예순이 넘은 네지메 마사이치 씨가 말하기를, 실은 남동생하고 어머니 사랑을 두고 겨뤘다는 거예요. 단순히 웃어넘길 일이 아니죠. 정말 소름 끼치는 이야기예요.

미나시타 이 이야기는 남자라면 누구도 웃어넘길 수 없을 겁니다.

우에노 네지메 마사이치 씨는 시를 쓰고 자기 성찰 능력을 상당히 갖춘 분이라 솔직하게 그런 말을 했죠.

*** 시인 겸 작가 네지메 마사이치가 어머니가 치매에 걸린 뒤 가족의 변화를 솔직히 써 내려간 에세이.

미나시타 소름 끼치는 것을 이제 드디어 언어화했다고 할 수 있겠네요. 귀중한 작업이죠.

우에노 남자들은 대부분 그런 모자 관계를 언어화하지 못할 거예요.

미나시타 오히려 분리할 수 없는 것으로 받아들이겠죠.

우에노 여자들은 정말 힘들게 여러 가지 경험을 언어화해왔어요. 남자들이 하지 않은 일을 산더미처럼 해왔죠.

미나시타 애를 낳든 안 낳든 지금 세대가 후대에게 무엇을 이어가게 할지가 문제겠지요.

우에노 맞아요. 시대적 풍조 안에서 공유하는 관점이 있고, 이런 관점에 공감하는 남자들이 있으니까 네지메 마사이치 씨도 모자 관계를 언어화할 수 있었을 겁니다.

미나시타 최근 10년 사이에 나온 소설 트렌드를 보면, 여성 작가가 모녀 관계를 다룬 소설이 히트했습니다. 따갑고 아픈 부분을 그린 내용부터 질척이는 내용으로 깊은 정을 다룬 것까지 다양하죠. 예를 들어 가쿠다 미쓰요角田光代가 쓴 《8일째 매미》(가쿠다 미쓰요 지음, 장점숙 옮김, 미디어2.0, 2009)*, 미나토 가나에湊かなえ가 쓴 《모성》(미나토 가나에 지음, 김혜영 옮김, 북폴리오, 2013)**이 있습니다.

비혼입니다만, 그게 어쨌다구요?!

우에노 미즈무라 미나에水村美苗가 쓴 《엄마의 유산母の遺産》***도 있어요. 이 책은 표지 띠지 문구가 '엄마 대체 언제쯤 죽어줄 거야'였죠.

미나시타 가와카미 미에코川上未映子가 쓴 《젖과 알》(가와카미 미에코 지음, 권남희 옮김, 문학수첩, 2008)****도 있습니다. 가슴 확대 수술을 받으려는 엄마와 갈등하는 딸을 그렸죠. 후지노 가오리藤野可織가 쓴 《손톱과 눈爪と目》*****은 세 살 여주인공이 자신의 아버지와 불륜 관계로 있다가 계모가 된 여성과 함께 사는 이야기를 담았습니다. 문학에서 깊은 인간관계를 다룰 때 남녀의 성애는 이미 무시당하는 주제가 됐습니다.

---

* 가쿠다 미쓰요는 페미니스트 소설가로 널리 이름을 알렸다. 《8일째 매미》는 유부남과 사귀다 임신하고 낙태를 종용받던 여대생이 자신이 어릴 때 아버지와 불륜 관계였던 여자를 찾아가는 내용이다. 이 소설을 각색한 동명의 드라마와 영화가 만들어지는 등 크게 인기를 얻었으며, 영화는 2012년 일본아카데미 상에서 작품상을 받았다. 대표작으로 《종이달》(가쿠다 미쓰요 지음, 권남희 옮김, 예담, 2014), 《이 책이 세상에 존재하는 이유》(가쿠다 미쓰요 지음, 민경욱 옮김, 미디어2.0, 2007), 《보통의 책 읽기》(가쿠다 미쓰요 지음, 조소영 옮김, 엑스북스, 2016) 등이 있다.

** 산사태로 어머니와 딸 중 딸만 구하게 된 여성이 딸과 함께 살아가는 내용이다.

*** 안락사를 원하는 어머니를 돌본 경험을 바탕으로 쓴 자전적인 소설이다.

**** 소설가 가와카미 미에코는 호스티스, 가수 출신으로 소설과 시를 쓰고 영화배우로도 데뷔했다. 《젖과 알》, 《인생이 알려준 것들》(가와카미 미에코 지음, 정선희 옮김, M&K, 2013) 등이 국내에 번역·출간되었다.

***** 후지노 가오리가 쓴 《손톱과 눈》은 2013년 아쿠타가와 상을 수상했다.

'엄마와 아들' 관계에서 보이는 기분 나쁜 도착

미나시타 앞으로 남성 작가가 '엄마와 아들' 관계를 다룬 소설을 쓰더라도 문학상 심사 때는 제대로 평가받지 못할 수 있습니다. 심사 위원이 엄마와 아들 관계가 질척거리는 내용을 평가하지 않을 가능성이 있으니까요.

우에노 보고 싶지도, 듣고 싶지도 않아서요?

미나시타 엄마와 딸의 질척거리는 관계를 다룬 작품도 아쿠타가와 상*심사위원의 성비가 비슷해지고 나서 겨우 수상했거든요. 편견이 있어서 질척거리는 모자 관계를 다룬 작품은 꺼리지 않을까요? 네지메 마사이치 씨가 말한 일화 같은 것을 '아름다운 이야기'로 완성해야 작품으로 인정받을 수 있겠다 싶습니다. 그만큼 병리가 깊다고 할 수 있죠.

우에노 네지메 마사이치 씨 일화는 전혀 아름답지 않아요. 기분이 안 좋죠.

미나시타 기분이 안 좋은 건 우에노 선생님 감성 때문인가요?

우에노 저처럼 별난 사람만 기분이 안 좋다고 느낄까요?

---

* 일본 순수문학계에서 최고 권위를 자랑하는 신인상. 근대소설가 아쿠타가와 류노스케芥川龍之介를 기려 만들었다.

비혼입니다만, 그게 어쨌다구요?!

미나시타 저도 기분이 나쁘긴 합니다. 하지만《치매에 걸린 어머니가 키스를 했다》를 제대로 읽어보지 않아서 정확히 비평은 못 하겠습니다. 훑어보기만 했는데 기분이 나빠져서 오늘은《치매에 걸린 어머니가 키스를 했다》는 언급하지 말아야겠다고 생각했습니다. 그래도 부정적인 감정을 경험해보라고 추천해주시니 한번 읽어보겠습니다.

우에노 제목부터 눈에 띄죠. 이 에세이에 책 제목과 같은 제목이 붙은 장이 있어요. 치매에 걸린 어머니가 키스한 에피소드를 다뤘는데, 이 책의 백미죠. 치매에 걸린 어머니가 이름을 부르며 "아들, 아들. 키스해주렴, 키스"라고 해서 네지메 마사이치 씨가 키스를 했는데, 어머니가 갑자기 정신이 번쩍 든 것처럼 "이 녀석, 엄마한테 이런 몹쓸 짓을 하다니"라면서 자기가 아들한테 부탁한 것을 어물쩍 넘어가려 했다는 일화입니다.

미나시타 아, 지금 오싹했습니다.

우에노 그래서 이 에피소드를 다룬 장의 제목을 책 제목으로 정했을 거예요. 제목을 붙인 사람이 네지메 마사이치 씨인지 편집자인지 모르지만, 강렬한 느낌이 팍 오죠.

미나시타 강렬하네요. 당장이라도 "아들, 아들" 하는 목소리가 들리는 것 같습니다. 이 책을 두려워하지 말고 읽어볼 필요가 있겠어요.

우에노 사회학자로서 이렇게 엄마와 아들의 관계가 언어화되었고 사회에 나온 현상 자체가 분석할 가치가 있다고 생각하지 않나요?

미나시타 시인의 감성을 잠시 접어두고 사회학자로서 읽을 수 있을지 도 모르겠습니다.

어머니를 소재로 한 시는 많습니다. 일본의 현대 시는 2차 세계 대전 이전의 자유시에서 볼 수 있는 자연에 대한 동경이나 서정성을 배제하는 경향이 있는데, '어머니'란 주제는 예외였습니다. 예를 들어 현대 일본의 대표적 사상가 요시모토 다카아키吉本隆明˙도 어머니에 대한 시를 썼습니다. 어머니를 '마망maman'이라고 썼는데, 프랑스어 마망은 애들이 엄마를 부를 때 쓰는 애칭으로 프랑스 시에서 제법 나옵니다. 엄마를 왜 프랑스어로 쓸까 싶죠. 이게 딱히 뭐라 할 수는 없는데, 기분이 나빠요. 이런 현상을 보면 일본 남자들이 엄마를 어떻게 보나 싶죠.

우에노 특히 노모에 기대어 살면서도 노모를 학대하는 아들과 노모의 관계를 보면 정말로 망연자실합니다. 이런 가족의 어둠은 대체 뭔가 싶죠.

미나시타 모자 관계의 본질을 정면으로 다루고 잘 파악해서 표현한다면, 여성 작가가 다룬 모녀 관계 못지않을 겁니다.

우에노 저는 모자 관계를 언어화하는 것은 당사자의 몫, 그러니까 남

˙ 사상가이자 시인, 평론가. 1950년대부터 많은 문학가와 평론가에게 영향을 끼쳤다.

비혼입니다만, 그게 어쨌다구요?!

자들 자신이 해야 할 일이라고 봅니다.

미나시타 쓸 수 있는 남성 작가가 있을까요?

우에노 그 생각을 하면 아무래도 그런 남성이 없을까 싶죠. 이렇게 중요한 작업은 안 하고 대체 뭐 하느냐고 묻고 싶어요. 제가 읽어보지는 않았는데 다나카 신야田中愼弥가 쓴 〈사람을 잡아먹다共喰い〉**는 어때요?

미나시타 아버지와 아들 관계가 주제인데요, 이런 주제를 다룬 작품이 이제야 나왔습니다.

우에노 결국 사람은 말할 수 있는 것만 말하죠. 모자 관계를 다룬 작품이 나오지 않는 건 모자 관계가 어지간해서는 말할 수 없는 무엇이기 때문이에요.

미나시타 저희 아래 세대에서도 말할 수 있는 사람이 없는 것 같아 유감입니다. 하지만 미혼율이 높아지면서 남자들이 빠르게 고립화되는 만큼 앞으로 이 무거운 모자 관계를 말할 수 있는 사람이 나오겠죠.

** 다카나 신야가 쓴 단편소설로, 2012년 아쿠타가와 상을 수상했다. 17세 남자 주인공과 계모를 학대하며 성관계하는 아버지의 관계를 다룬 이야기. 계모가 도망가자 아버지는 남자 주인공(아들)의 여자 친구를 강간하고, 남자 주인공의 친모는 아버지(전남편)를 살해한다. 이 작품을 영화로 만든 〈도모구이〉가 2013년 부산국제영화제에서 상영되었다.

우에노 광고 감독 유야마 레이코湯山玲子 씨가 쓴 에세이《남자가 길을 잘못 들기 진에男をこじらせる前に》를 읽어보니까, 요즘 시어머니가 간섭해서 파국을 맞은 젊은 커플이 늘었다고 해요. '엄마 이혼'이라고 한다면서요?

미나시타 극작가 테라야마 슈지寺山修司 씨가 그랬습니다. 테라야마 슈지 씨는 어릴 때 어머니와 떨어져 지내다가 나중에 같이 살았는데, 어머니가 아들에 대한 집착이 강했어요. 결혼한 뒤에도 아들은 내 거라고 기세가 등등해서 아내와 이혼하게 돼요. 그런데 아내는 이혼한 뒤에도 극장 스태프로 일하면서 남편을 도와주었죠. 그러다가 테라야마 슈지 씨가 죽자 이 며느리가 시어머니를 돌봐주는데요, 놀랍게도 시어머니가 부탁을 하자 양녀가 됩니다. 그러니까 남편의 여동생이 된 거죠. 죽은 뒤 같은 묘지에 묻혔습니다.

　정말 기묘한 가족이에요. 이렇게 극단적이지는 않더라도 옛날부터 이런 관계가 있지 않았을까요? 최근에 특히 늘어나기는 합니다만.

우에노 어머니 눈치를 살피는 기특하고 순종적인 아들이 늘었죠. 아들의 삶에 개입하고 아들을 수중에 넣으려 하는 어머니가 늘었으니까요. 결혼뿐 아니라 진학이나 취직도 그래요. 예전에는 아들이나 딸이나 부모와 분리돼서 행동했지만, 지금은 분리되지 않죠.

미나시타 맞습니다. 입사식에 어머니가 참가하기도 하고, 대학 입시를 볼 때도 보호자 대기실을 마련할 정도니까요.

우에노　학생 수보다 보호자 수가 많죠. 조부모도 오니까요.

미나시타　대학원 입학식에도 어머니들이 비디오카메라를 들고 옵니다.

우에노　모두 저출산 때문에 일어난 현상이에요. 자식이 적으니 아이마다 한계효용이 상승한 거죠.

미나시타　형제자매가 네다섯이면 자식 한 사람당 가치도 떨어지겠죠.
　　여기서 다시 네지메 마사이치 씨 이야기로 돌아가겠습니다. 네지메 마사이치 씨가 쓴 서정시는 교과서에도 실렸죠. 저는 그분의 시를 다 읽었는데요, 읽기 쉽고 리듬이 좋아서 초등학생들도 낭독합니다. 지금까지 읽은 시집은 그리 끈적거리는 느낌을 주지 않았습니다. 그래서인지《치매에 걸린 어머니가 키스를 했다》를 본격적으로 읽기 두렵지만 열심히 읽어봐야겠습니다.

우에노　호기심이 들었나 보군요.

미나시타　네. 다음 세대를 위해 읽어봐야겠습니다.

비혼도, 결혼도, 출산도
자유롭게 선택할 수 있는 사회를 향하여

우에노 지금까지 남녀가 관습에 따라 결혼하고, 출산하고, 부모가 되는 것에 관해 이야기를 나눴습니다. 이런 부부 관계와 부모 자식 관계에서 가장 큰 희생자는 아이들이라고 봅니다. 결혼과 출산이 줄면 희생자도 줄어들 거예요. 그래서 저는 결혼과 출산이 줄어도 괜찮다고 생각해요. 결혼을 권하거나 구혼 활동을 하지 않아도 됩니다.

한편으로 아이들은 세상에 태어났으니 행복하게 살았으면 해요. 어떤 아이나 살기 편한 사회로 만들어야죠.

그런데 지금 일본은 정반대입니다. 여자들이 일하기 바라는 동시에 아이를 낳아주길 바라죠. 신자유주의에 맞는 여성 규격을 만들어낼 뿐이에요. 정치학자 미우라 마리三浦まり 씨가 이런 규격을 '신자유주의형 모성'이라고 했어요. 결혼하면 여자는 집에 있으라고 하던 종전의 규격과는 다르지만, 규격이란 점은 똑같아요. 이런 규격 아래 태어난 아이들이 행복할 수 없지요.

한 사람 한 사람의 다양성을 인정할 수 있는 관계를 만들면 될 텐데, 그러려면 부부간이나 부모 자식 간에 상대방을 다른 인격이라고 보고 존중해야 합니다. 그런 세상을 만들려면 어떻게 해야 할까요?

미나시타 외적인 틀을 보면 사회보장제도를 개선해야 하고, 법 제도 밖에서 태어난 혼외자에 대한 차별도 철폐해야 합니다. 모든 아이들이 평등할 수 있도록 빈틈없이 기초를 다져야 하고요. 한부모 여성 가장 세대를 공적으로 지원하는 일이 '불쌍한 어머니에 대한 시혜'

가 되어서는 안 됩니다. 부모를 골라서 태어날 수 없는 아이들의 평등을 지켜주는 게 공적 지원의 전제가 되어야 합니다. 이것을 확실히 만들어놔야 여성이 출산할 자유를 얻을 수 있습니다. 관습에 따라 결혼하고 출산하는 것에 맡겨둬서는 안 됩니다. 관습이 사회구조와 시대의 변화에 뒤처지면 도저히 손쓸 수 없습니다.

지금 일본에서는 여성의 활약이랍시고 종전의 가족 규범을 잘 지키면서 출산도, 육아도, 일도 잘하는 여성을 기대합니다. 자민당은 저출산 대책이랍시고 조부모와 부모·자녀 삼대가 거주하면 보조금을 준다면서 여성이 시부모와 살며 돌봄 노동까지 해야 하는 정책을 내놓았습니다. 여성은 지금도 벅찹니다. 잠도 못 자고 시간을 쪼개 써도 부족할 정도죠. 무상 노동인 가사 노동과 유상 노동인 집 밖의 노동에 드는 시간을 합하면, 선진국 가운데 일본 여성의 노동시간이 가장 길어요. 지금도 여성은 힘에 부친데, 출산이나 육아를 결심하는 경우 그 심리적·경제적 부담까지 여성한테 편중됩니다.

예전에는 관습에 따라 출산하면 생활이 보장되기도 했습니다. 하지만 지금은 그게 없어졌고, 전업주부로 지내면서 일생을 마칠 수 있는 여성은 소수입니다. 상황이 이런데도 여전히 여성은 가정을 돌볼 책임이 무겁습니다. 이래서는 젊은 여성이 결혼이나 출산에 희망을 가지려야 가질 수가 없습니다.

더욱이 젊은 여성들에 대한 사회적 압력이 큰데요, 협박에 가까운 말이 많습니다. '여성 수첩' 논란°만 봐도 그렇습니다. 여자가 서른다섯이 넘으면 임신이나 출산이 어려우니 계획을 잘 세우라는 내용인데, 그렇지 않아도 힘든 여성에게 심리적 부담을 가중하는 겁니다. 많은 여성들이 "정부의 저출산 대책에 질렸다"며 목소리를 높여서 결국 여성 수첩 배포가 중단됐죠. 여성들이 겪는 괴로운 현실을 잘 보여주는 사건이 잘 마무리되어 기뻤습니다.

현실에 대한 반발로 역사를 바꾸는 것. 발터 벤야민Walter Benjamin**은 역사의 진보에 관해 이렇게 이야기했습니다. "역사의 천사는 얼굴을 과거로 향하고 폭풍우가 휘몰아치는 가운데 자신을 향해 등 돌린 미래를 향해 날아간다." 사회학자 지그문트 바우만Zygmunt Bauman***은 이 말을 받아서 다음과 같이 말했습니다. "역사적 변화가 생기는 것은 인간이 자신의 상황에서 느끼는 고통과 불쾌함을 분하게 여기고, 여기에 짜증을 내는 일에서 비롯된다."

진보는 희망 때문이라기보다 자신이 등 돌리고 싶은 현실, 이 현실에서 벗어나려는 마음에서 촉발되는 면이 크다고 봅니다. 그런 의미에서 진보나 보수는 전혀 다른 것처럼 보이지만 똑같은 충동에 뿌리를 두고 있죠. 유감스럽게도 역사는 선형적으로 똑바로 진보로 향해 가는 것이 아닌 것처럼 보입니다. 시계추처럼 왔다 갔다 심하게 흔들리면서 진보해가는데, 온 힘을 다해 가장 등 돌리고 싶은 현실을 벗어나려는 충동에서 변화가 시작된다고 봅니다.

• 일본 내각부에 설치된 '저출산위기돌파팀'은 2013년 5월 지자체를 통해 여성에게 배포할 목적으로 여성 수첩(정식 명칭 '생명과 여성의 수첩')을 만들 방침을 발표했는데, 여성의 자기 결정권을 침해하고 저출산의 원인이 여성에게 있는 것처럼 책임을 돌린다는 여성 단체의 비판을 받았다. 인터넷에서도 국가가 개인의 선택에 간섭하거나 결혼해서 아이를 낳으라고 강요하는 건 여성차별이라는 비판이 거세, 결국 다음 달인 2013년 6월 제작·배포 계획이 중지됐다.

•• 1892-1940년. 유대계 독일인 문예평론가. 대표작으로 《기술 복제 시대의 예술 작품》이 있으며, 여기서 미나시타 기류가 인용한 대목은 벤야민이 남긴 마지막 글이자 그의 역사철학적 사유 전체를 응축한 〈역사의 개념에 대하여〉에 나오는 구절이다. 《역사의 개념에 대하여/폭력 비판을 위하여/초현실주의 외》(발터 벤야민 지음, 최성만 옮김, 길, 2008).

••• 폴란드 출신 사회학자이며 영국 리즈대학교 명예교수. 《현대성과 홀로코스트》(지그문트 바우만 지음, 정일준 옮김, 새물결, 2013)에서 홀로코스트가 유럽 근대 문화의 핵심을 이루는 이성과 기술 합리성이 낳은 사건임을 고찰했다.

비혼입니다만, 그게 어쨌다구요?!

일본 사회는 변화가 생기면 적응이랄까, 전향이 매우 빠릅니다. 시대가 변한다 싶으면 눈사태가 나듯 와장창 바뀔 겁니다. 우에노 선생님은 30년간 싸웠지만 여성을 둘러싼 현실이 변하지 않았다고 말씀하셨는데요, 갑자기 바뀔 가능성도 있습니다. 저는 평소에 성차보다 개성을 중시하는 사회가 될 필요가 있다고 말합니다. 그리고 여성이 아이 낳을 자유를 얻기 위해 최선을 다하려고 합니다.

여성이라고 꼭 아이를 낳지 않아도 되는 시대가 된 것은 우에노 선생님 세대 여성들이 노력해온 공이 큽니다. 그렇지만 아이 낳을 자유는 아직 얻지 못했습니다. 여기서 낳을 자유라는 말에는 아이를 낳지 않고 싶은 여성이 아이를 낳지 않는 것으로 비난당하지 않을 자유도 포함됩니다.

그런데 제가 하는 일은 정말 사소한 일이에요. 동네에서 지역공동체 활동을 하며 잡초처럼 살고 있습니다. 육아하는 어머니들을 위해 지역 정보지를 만들고, 거기에 글을 쓰고, 마을공동체 만들기에 참가하고, 해마다 근처 농가에 가서 농사짓고, 현지 농민들의 직거래 판매를 돕고, 아이들이 시를 쓰는 강좌를 열고, 지역 철도 부흥을 위한 활동을 합니다. 남편도 사회학자인데 지역공동체론을 전공해서 마을공동체 만들기가 전문이에요. 저희 부부는 마을 맞춤형 사회학자라고 생각하며 삽니다. 내가 사는 지역공동체나 인연이 닿은 지역을 좀 더 관용이 있는 곳, 살기 편한 곳으로 만들어가려 합니다. 아날로그 활동만 하니까 활동 범위가 굉장히 좁기는 합니다.

이렇게 비혼에 관해 대화하고 책도 읽으면서, 전국적으로 다양하게 사는 잡초의 인생길에 동참하실 분들이 늘어나길 바랍니다. 저도 10대에 우에노 선생님이 쓴 글을 읽었더니 하필 시인에 사회학자가 되고 말았습니다. 인간의 말은 현실에 영향을 미치고, 삶의 방식도 바꿉니다. 오늘 대담, 정말 감사합니다.

비혼입니다만, 그게 어쨌다구요?!

나는 이 대담을 하며 처음으로 우에노 지즈코 선생님을 만났다. 일본가족사회학회에서 강연하는 우에노 선생님을 본 적이 있지만, 직접 만나 이야기한 것은 처음이다. 자기소개를 하자 우에노 선생님이 "미나시타 씨, 시를 쓰신다면서요?"라고 물었다. 순간 움찔했다.

우에노 선생님이 시라고 하니까 죽음이 떠올랐다.* 문득 시인 이토 히로미 씨가 나와 똑같이 우에노 씨가 시를 말하자 죽음을 떠올렸다고 시를 읊은 게 생각났다.

시詩를 말하는 것임을 알면서도
우에노가 '시'라고 말할 때마다
당돌한 시체를
허둥지둥하면서, 죽음을 떠올린다

생각해보면 우리 주위에 '죽음'이 가득하다. 저출산이나 고령화도 이제 초저출산·초고령화라고 이야기할 만큼 일본은 인구가 줄었다. 삶보다 죽음이 훨씬 가까워졌다. 이렇게 의식하지 않더라도 나는

● 일본어로 시詩는 죽음死과 동음이의어다.

수도권 교외에 있는 친정에 갈 때마다 근처에 누가 죽었다는 소식을 듣는다. 혼자 사는 아버지는 단독주택을 팔고 전철역 근처 아파트로 이사하셨다. 아버지는 자동차 없으면 생활이 힘든 교외 지역에서 혼자 살기 불안해서 이사를 결심했다고 하셨다.

나는 1970년생으로 전후 베이비 붐 세대의 자녀 세대보다 나이가 조금 많다. 돌아가신 어머니는 우에노 선생님과 같은 베이비 붐 세대보다 조금 위 세대다. 어머니들이 벨트컨베이어에 놓인 제품처럼 결혼하던 시절, 우에노 선생님은 이런 벨트컨베이어와 싸웠을 것이다.

우에노 선생님이 하부구조나 인프라에 대해 말할 때마다 나는 일본 사회를 균질하게 만든 벨트컨베이어가 움직이는 풍경이 떠올랐다. 이제 벨트컨베이어는 그 폭이 줄었고 구멍이 마구 뚫렸다.

하부구조가 변하다면 상부구조, 즉 의식이나 젠더 규범이 저절로 바뀔 것이라는 우에노 선생님 말씀이 맞다. 그러나 그 하부구조에서 특정한 상부구조가 생겨날지 확신할 수 없었다. 마르크스Karl Marx의 오래된 질문이 계속 따라다녔다. 이 질문은 우리가 일상에서 문화적인 투쟁을 하며 복잡하게 살아가기 때문에 계속 물어야 할 것이라고 본다.

실제로 우에노 선생님을 만나니 1980년대에 선생님이 쓴 책을 읽고 받은 시원시원한 인상 그대로다. 그런데 선생님은 요즘 노년학이나 돌봄에 대한 연구를 하면서 '죽음'과 만나고 있다.

나는 일본이란 국가가 국민의 삶이 어떤지 그 내실을 중요하게 생각하지 않고 희생만 요구한다고 생각한다. 젊은 세대가 이토록 살기 힘든 사회가 됐는데, 이토록 아이를 키우기 힘든 사회가 됐는데, 껍데기만 남은 가족 규범에 집착한다. 개성과 다양성을 중시한다고

기치를 내걸었지만, 실상을 보면 극히 균질적인 생활만 허용한다. 그 뿌리에 있는 상상력의 빈곤이 두렵다.

이 나라는 사회가 변할 때 항상 여성의 힘을 이용해왔다. 고도성장기에는 농촌에서 도시로 올라와 기업 전사가 된 남성들을 온 힘을 다해 지원해줄 전업주부로 여성을 이용했다. 고도성장기가 끝나고 복지 재원이 부족해지자, '일본형 복지사회'랍시고 여성이 가족 내부에서 돌봄을 책임지라고 한다. 이제 생산이 가능한 인구가 감소하자, 여성의 노동력이 필요하다고 한다. 동시에 저출산에 대응해야 하니 출산이나 육아도 해야 한다고 한다.

종전의 가족 규범을 따르지 않는 여성과 이런 여성의 아이들에게 국가는 아주 냉담하다. 현실적으로 필요한 지원이나 배려를 하지 않고, '죽음'으로 향하는 제도만 고집한다. 능력도 시간도 없는 내가 숨을 할딱거리고 일하면서 아이를 키우다 보니 '근대 가족'이란 망령이 보인다. 미래 세대 아이들이 죽은 규범, 아니 사라질 수밖에 없는 규범에 사로잡혀 있도록 둘 수는 없다.

일본에는 죽음이 넘쳐난다. 산 사람에게 죽은 제도를 적용하려 하고, 개개인의 인생 그 자체를 규격에 넣으려 한다. 죽은 제도에, 젠더 규범에 사로잡히지 마라, 사로잡히지 마라… 이런 바람으로 대담을 마친다.

끝으로 이야기가 이리저리 튀는 나와 오랜 시간 대담을 해준 우에노 선생님, 이 책을 출간한 비즈니스사 이와타니 겐이치岩谷健一 씨, 대담집을 정리해준 마에다 가즈오前田和男 씨에게 감사드린다.

미나시타 기류

옮긴이의 말

얼마 전 한국에서도 혼인 건수가 40년 만에 최저라는 뉴스가 나왔다. 만혼화도 가속되고 있으며, 비혼자를 포함한 일인가구도 급증하고 있다. 이 가운데 비혼자에 대한 낙인, 특히 저출산 위기설에 따른 비혼 여성에 대한 낙인이 심하다. 결혼하지 않고서 아이를 낳은 싱글맘에 대한 비난도 거세다. 비혼을 둘러싸고 이렇게 한국사회에서 일어나고 있는 일들을 이미 경험한 일본에서, 2015년 두 페미니스트가 대담집을 펴냈다.

대담자 한 명은 한국에도 익히 알려진 사회학자 우에노 지즈코 선생이고 또 한 명은 시인이자 사회학자 미나시타 기류 선생이다. "비혼입니다만, 그게 어쨌다구요?!"라고 제목부터 속이 후련한 이 대담집은 페미니즘의 시각에서 비혼에 대한 부정적인 담론을 반박하고 비혼의 실체가 무엇인지 사회문화적으로 살펴보면서, 비혼이라는 삶의 방식이 전면적으로 등장한 '비혼 시대'를 살아갈 지혜를 대담하고 설득력 있게 제시한 책이다.

일본에서도 지방 소도시나 시골에 가면 아직도 비혼 여성을 일컫는 차별어가 쓰이는 게 현실이다. 그러나 2000년대 초반부터 30대 비혼 여성이 대거 등장하면서 비혼 여성 당사자의 에세이나 소설이 꾸준히 인기를 얻고 있고, 비혼과 관련된 사회학적 논의도 활발하다.

비혼입니다만, 그게 어쨌다구요?!

대담집에서 두 선생은 지난 10여 년간의 일본 사회 내 비혼에 관한 논의의 성과를 반영하여 비혼·결혼과 관련된 시대적 변화, 가족관계의 변화, 신자유주의적 사회경제 상황, 저출산 문제 등을 아우르며 풍부히 논의를 전개한다.

두 선생이 분명히 지적했듯 여태까지 결혼이란 '이성애 정상성'이란 사회규범 하에서 여자가 남자 없이, 남자가 여자 없이 자립해서 살아갈 수 없게끔 하는 것으로 기능해온 제도였다. 가족의 생계를 책임지는 남자, 남편과 아이 등 가족의 돌봄을 맡는 여자, 이렇게 성역할을 분담하여 만들어진 결혼은 역사상 보편적인 것이 아니다. 모두가 결혼하던 시대는 고도성장기의 한 특수한 예, 즉 남성 노동자에게 가족을 부양할 만큼의 임금이 주어졌고 여성이 노동 시장에 참여하는 것을 허락하지 않던 시대에 일어난 특이한 사건에 지나지 않는다. 관습에 따라 모두가 결혼하던 시대는 지나갔지만 이제는 비혼 시대가 되어, 보수적인 결혼관·가족관에 집착하는 남녀일수록 결혼하지 않는다는 것이 참 역설적이다.

그간 부부생활은 남편의 육아 참여나 살림과 같은 가정의 돌봄에 대한 아내의 단념과 포기 덕분에, 실질적으로는 남편(아버지)이 부재한 상태로 가정이 유지되어 왔다. 결혼은 계급 재생산을 위한 동질혼 지향으로 권력을 철저히 내면화한 '연애결혼'으로 성립되어왔다. 이제는 심화된 경쟁사회 속에서 경쟁을 헤치고 살아갈 일이 아득한 여성은 결혼하여 전업주부가 되고 싶어 하고, 서열 위계로 이뤄진 사회에서 패권적 남성성을 획득하려는 남성은 여성에게 선택받지 못한 것에 원한을 갖는다. 이 책 전체에 걸쳐 두 선생은 강화된 경쟁사회가 남녀에게 미치는 서로 다른 영향을 자세히 논하면서 연애나 결혼을 통해 재생산되는 젠더 규범에 통렬한 비판을 가하고 있다.

이 책을 번역하며 절실하게 와 닿은 대목이 있다. 비혼자에 대한 가장 전형적인 사회적 배제라 할 수 있는 싱글맘(한부모 여성 가장) 때리기를 논의한 대목이었다(2장 〈싱글 사회와 저출산 시대를 맞이하다〉). 싱글맘 차별은 그대로 싱글맘의 손에서 자라나는 아이들의 빈곤과 그들에 대한 배제로 이어진다. 미나시타 선생은 2014년 여섯 명의 싱글맘을 심층 인터뷰하여 책 《한부모 여성 가장의 빈곤》을 펴낸 바 있는데, 일본의 싱글맘 가정의 절반 이상이 빈곤에 허덕인다고 전한 바 있다. 한국에서 한부모 가정의 80퍼센트를 차지하는 싱글맘 가정도 절대다수가 중위소득 이하 수입으로 살아간다. 저출산이 그토록 문제라고 하면서 정작 아이들이 평등하게 살아갈 권리는 보장되지 않는다. 여성들이 결혼을 안 해 저출산이 되어 나라가 망한다는 소리가 얼마나 위선적인가.

5장 〈비혼 시대의 섹슈얼리티를 이야기하다〉 '남자에게 편리한 여자들이 나타났다' 부분을 번역할 때는 가슴이 아팠다. 남자들의 욕망의 자장 속에서 상처받지 않기 위해 감수성을 둔감하게 만들었다는 우에노 선생의 고백이 남의 일처럼 느껴지지 않아서였다. 페미니스트로 살아가기가 얼마나 어렵고 힘든 것인지 실감하게 된다. 5장에서 우에노 선생은 과거에는 성별분리문화 속에서 여성이라는 정체성을 획득하고 관습에 따라 결혼을 하게 되어 실은 이성애자라고 볼 수조차 없던 여성들이, 이제 경제력 상승을 배경으로 스스로 (이성애적) 성적 욕망의 주체가 되었지만 여성에 대한 이중 기준을 가진 남성들에게 섹슈얼리티를 이용당한다고 이야기하고 있다. 자유로워 보이지만 실은 여전히 젠더 규범에서 자유롭지 못하게 여성들을 묶어

두고 있는 사회 현실이 개탄스러울 따름이다.

이 책은 대담집이니만큼 각 장을 순서대로 읽는 게 이야기 흐름을 따라가기 편하다. 그런데 비혼 문화나 현대 서브컬처에 관심이 많은 독자, 비혼 시대를 타개할 사회적 해법이나 개인적 해결책을 찾는 독자라면 먼저 4장 〈패배자 남성, 성장한 여성 문화〉나 6장 〈비혼 시대, 어떻게 살아야 할까?〉부터 읽어도 좋을 듯하다. 만화나 드라마·영화부터 시작해 현대 서브컬처에도 조예가 깊은 미나시타 선생과 문학작품에 훤한 우에노 선생이 주거니 받거니 하면서 페미니즘의 시각으로 다양한 문화 현상을 재미있게 풀고 있다. 비혼 시대에 대거 나타난 일본의 여성 작가·만화가들이 성숙한 문화 생산자가 되어 비단 남녀관계에 머무르지 않고 모녀관계와 같은 깊은 인간관계를 이야기하기 시작했다는 점, 특히 여성주의 시각으로 대중문화의 생산을 전반적으로 주도해나가고 있다는 점이 매우 흥미롭다.

한국에서도 이미 많은 사람들이 학교나 직장에 다니려고, 이혼이나 사별을 하게 돼서, 독립해서 혼자 살고 싶어서, 질병을 앓고 있어서, 이성과 연애를 하고 싶지 않아서 등 다양한 상황에서 비혼으로 살고 있다. 이런 상황에서 비혼자를 저출산으로 국가적 위기를 만들어내는 문제아인 양 취급하는 것이나 비혼이 결국 비참한 노후를 맞게 된다고 경고하는 식의 위협이 나오는 것은 통탄할 현실이다. 저출산으로 인구가 줄어들면 줄어드는 대로 사회를 설계하면 된다는 두 선생의 말에 전적으로 동의한다. 또 비혼의 길을 선택한 많은 여성 선배들이 보여주고 있듯 비혼이라고 해서 고독한 것도, 불행한 것도 아니다. 사회적 자본(신뢰할 수 있는 인간관계)을 많이 만들면 얼마든지 행복하게 살아갈 수 있다. 아이를 낳은 여성은 아이를 안심하고 키울 수 있는 사회, 아이를 낳지 않기로 했거나 결혼을 선택하지 않은 여성은 그 선택을 존중받고 당당히 살아갈 수 있는 사회가 하루속히 오기를 바란다.

흥미진진한 대담에 푹 빠져 여느 때보다 즐겁게 번역 작업을 했다. 이 책을 추천해주신 이정신 씨, 편집에 많은 수고를 해주신 이환희 씨, 책을 출간해주신 도서출판 동녘 여러분께 깊은 감사를 드린다.

조승미